風水講義

三浦國雄

法藏館文庫

本書は、二〇〇六年一月に文藝春秋より文春新書として刊行された。文庫化に際し、巻末に付篇を追加した。

目次

風水講義

第一講　風水とはなにか

風水占いブーム

今日、「フウスイ」と聞いて「風水」と漢字に変換できない人はほとんど居ないだろう。以前は「フウスイ」と言うと「風水害」という語くらいしか返ってこなかったから、世間も変われば変わるものである。こうしたいわゆる「風水ブーム」は九〇年代に入ってからのことのようであるが、最近ではブームもすっかり定着した観がある。しかし一方で、「風水」の範囲が止めどもなく膨張して、占いであればなんでも「風水」でくくってしまう奇妙な現象も生じている。かつての「易」がそうであったように。

こうした世間の「風水ブーム」には、別の二つの「風水ブーム」が微妙にからんでいるのであるが、そのような事情は一般にはあまり知られていない。まず、そこのところから話を始めたい。なぜかというと、最初に筆者の立場を表明しておきたいのであるが、それを読者に理解していただくためには、少しもつれたところのある「現代風水事情」を解きほぐしておく必要があるからである。

とは言っても、以下の弁明には若干七面倒なところがあるので、さきに結論を述べておきたい。この小さな本は、世間の「風水占いブーム」とはかなり異なった流れのなかに立っている。本書は一部の読者が期待しているような風水のハウツウ本ではなく、本書を熱心に読んでも幸せになれるわけではない。風水というものを、それが生まれ出てきた中国の歴史的、文化的土壌にもどしたうえで、その思想的基盤や原理的な仕組みを明らかにしたい、というのが筆者の願いなのである。

風水研究ブーム

こういう言い方をしてよいかどうか、いささか躊躇するのであるが、その「別の二つの風水ブーム」のうちの一つは「風水研究ブーム」である。自分のことはなるべくなら言いたくないが、こういう話題を持ち出した以上、そういうわけにもいかない。筆者が風水なるものに興味をおぼえて、細々と勉強をはじめたのが八〇年代のことで、最初に書いたのが「墓・大地・風水」という題の、論文ともエッセーともつかぬ文章であった（平凡社『月刊百科』二六〇号、一九八四年）。その当時、筆者のまわりには風水の研究者など誰も居なくて、先年物故された牧尾良海氏のお仕事がほとんど唯一の導きの星であった。欧米ではすでに十九世紀から本格的な研究が始まっていたが、恥ずかしながら筆者は、オランダの宗教人類学者、デ・ホロートの風水研究以外には気が回らなかった（この魅力的な研究の翻訳・紹介者も牧尾氏であった）。

そうこうしているうちに、社会人類学の渡邊欣雄(よしお)氏が「全国風水研究者会議」なるものを立ち上げられて、筆者にも声をかけてくださった。一九八九年のことであった。この研究会は沖縄を会場にすることが多かったが、この集いを通して筆者は、自分と同じ物好きが、アプローチの仕方や研究分野こそ違うものの全国に少なからず居ることに気付かされたのである。

わが国の学界で時ならぬ「風水研究ブーム」が巻き起こったのはそれ以後のことである。「ブーム」は、地理学、人類学、歴史学、建築学、東洋学等々、さまざまな分野で生じたが、客観的に見て渡邊氏の精力的な活動に触発された部分が多かったと思う。やがてひと頃の熱気は去り、風水研究は、相変わらず元気な渡邊氏をはじめとする「居残り組」によって続けられ、いまや啓蒙から深化の段階に至っている、というのが同じ「居残り組」の一人である筆者の印象である。

研究ブームと占いブーム

問題は、この「研究ブーム」と世間の「風水占いブーム」との関係である。ごく単純化して言えば、前者は「学」で後者は「術（ノウハウ）」というまったく質の異なるものであって、両者の「混在現象」が存在するのは事実にしても、「風水占いブーム」は、「決してアカデミズムにおける研究書が興しているわけではない」（渡邊『風水の社会人類学』風響社、二〇〇一年）。筆者も一線を画しているし、われわれが「ブーム」を扇動したわけでもない。それどころか、「思わぬ『風水ブーム』の到来によって、いまや学術研究にとっては、たいへん不幸で困難な環境になってしまった」（同上）との思いは渡邊氏と共有している。「風水占いブーム」の渦中で実益のない風水を勉強するというのは、誤解も招くし、とても居心地がわるい。家相やインテリアを鑑定してほしいと頼まれても困るのである。

両者の関係如何というテーマについては、どなたか社会学者の意見も拝聴したいところであるが、結果的に私たちの研究が世間の「風水占いブーム」を加速させた一面は否定できないと思う。私たちが沖縄で研究会を開いていたとき、東京からTV局の若いスタッフが重いカメラを担いで取材に来るという一幕もあった。聞けば、「風水の神秘」を喧伝するような娯楽番組で、お引き取りを願ったけれども、しかし「学」という「権威」を必要とするのは「術」の体質のようなもので、私たちの研究が引用されることまで拒むことはできない。

ただ、筆者は少し軽薄で物見高い方なので、「迷惑、迷惑」とぼやきながらも世間の「ブーム」をおもしろがっている一面もある。筆者は、風水には「正しい風水」と「間違った風水」の二種類があって、われわれは「正しい風水」を研究しているのだ、などと考えたことはない。土地の善し悪しを独特の観点から鑑定して将来の吉凶を占うという風水は、当初からある種のいかがわしい臭気を振り撒いていたし、陰陽五行論のみならず、さまざまな教養を取り込んではシステムの補強と延命をはかってもきた。そういうわけで風水は、中国でも朝鮮でも、科学的、合理的、良心的知性にとっては許しがたい知の贋物として攻撃の的でありつづけた。

当今世上の風水も、見方によっては連綿と続いてきた風水の一つの展開のあり方だと言えなくもない。風水が栄えていた旧時代、風水はこのように人々に迎えられていたのかと、昔をしのぶよすがとして眺めることもある。もっとも、一種の遊び感覚で風水に向き合っている現代人と、それこそ生活と将来を賭けていた旧社会の人々とを同列に並べるのは滑稽ですらあるだろう。それに、わが国の「風水占いブーム」はインテリア風水や風水グッズが主力のようで、旧時代、中国や朝鮮で墓地風水に関心が集中したのとは大きく異なっている。墓地となると、土地問題や家族制ともからんでくるので、とても遊び感覚ではやっておれない。本邦の場合、墓地風水はすたれて陽宅風水(家相)のみ栄えたから、そういう意味でも伝統とは切れていないと言えそうである。本来そなわっていた宇宙論を捨象し、都市風水にも興味をなくし、家からさらに家のなかのインテリアへ、ひたすら縮んでいったその果てが今の「ブーム」の姿ではないだろうか。

風水のグローバル化

もう一つの「ブーム」というのは、風水占いブームの拡大現象を指している。じつは、ブームはわが国だけではない。中国大陸、台湾、韓国でもほとんど時を同じくして人々の熱い眼差しが注がれはじめたのである。さらに東南アジア、そして欧米においてもブームが巻き起こっているという情報もある。渡邊氏はこうした現象を「風水のグローバル化」と呼んでいる(前掲書)。そして、上記の中国、台湾、韓国では、本邦がそうであるようにアカデミズムとの共振(シンクロ)現象も見られる。出版活動も活発で、学術書からハウツウ本までにぎにぎしく書棚に並んでいて、韓国などは、大きな書店に行くとプンス(風水)専用の書棚もある。

ただし、これらの諸地域には本邦とは異なった風水の根強い伝統がある。伝統といっても決して一様なものではなく、その地域の歴史的、地理的、文化的土壌の特性が風水に独特の相貌を与えており、その一端は第九講で述べるつもりである。ここではただ、ブームといっても本邦のそれとは性格を異にしていて、「ブーム」というより「復活」か「再点火」と捉えた方が適切ではないか、ということだけ言っておきたい。そしてついでに、このようにそれぞれ異質な政治的、文化的風土によって隔てられながらも、風水という過去の亡霊を媒介にして、たがいに共振現象が起きている（異地域間だけでなく学界と世間という異世界間においても）ところに現代という時代の一面が露呈している、ということも。

地理と天文

長い前置きになったが、筆者の立場というものを了解していただけただろうか。

さて、「風水とはなにか」などというやや大仰な講題を掲げたが、まず用語の問題から入ることにしよう（まだ前置きが続くのか、と思わないでほしい）。風水は、「地理」「地学」「陰陽」「堪輿（かんよ）」「山」など多彩な別称をもっている。このうち「地理」というのが比較的フォーマルな呼称であり、風水書ではこの語を冠するものが多い。『地理全書』や『地理人子須知（じんししゅち）』などというのは地理学の専門書ではなく風水書である。「地理」は「天文」に対する語であることをまず押さえておこう。おいおい述べてゆくように、地理＝風水は意外なことに天空や天文学をつよく意識するからである。「天文」は文字通り天のあやで、日月星辰といった天空の事象を文様と捉えた発想である。それに対して「地理」は、山や川などの大地の理─筋目を意味する。言葉の典拠は、儒教の経典であり占いのテキストでもある『易経』で、そこに「空を仰いでは天文を観測し、下に俯いては地理を観察する」とある（本筋に関係のないことだが、このとき観察者はきっと山かどこか高所にいたのだろう）。

この「天文」と「地理」とは占術に色濃く染められながら、それを振り切ってそれぞれ近代的な「天文」学、「地理」学として自立してゆくわけである。天文学は、中国において占星術と切っても切れない関係にあった。傑出した科学史家である藪内清氏によれば、一般に考えられているように占星術から天文学が生まれたのではなく、むしろその逆で、天文学がかなりのレベルに到達していないと占星術は生まれようがないという。

科学的地理学と伝統的地理学

筆者は中国の科学的な地理学の様相や展開についてはまるきり不勉強で、風水との先後や影響関係について語るに足る知見などなにもないが、ただ用語の観点から言えば、「地理」というこの由緒正しい語を占拠していたのは風水という伝統的な地理学（民間地理学という性格を濃厚にもっている）であったから、むしろ風水地理学の方が栄えていたと思われる。そういうわけで、そのような占術的な地理学ではない、別種の（科学的な）地理学を意味させたい場合には「方輿」や「坤輿」という語を使わねばならなかった（「輿」は万物を載せる大きなみこしとしての大地）。利瑪竇、すなわちマテオ・リッチが明の万暦三十年（一六〇二）、北京で刊行した衝撃的な世界地図『坤輿万国全図』はその一例である。明治になって、欧米の近代的学問を摂取する際、geography の訳語に選ばれたのがこの「地理」であったが、明治の先覚者たちはこの語の来歴を承知していたのだろうか。

堪輿

「堪輿」もさきに少し触れたように風水の意で使われるが、この語には少しブッキッシュな語感があり、風水をややもったいぶって語る時に使われることが多い。古代においては占い師はすぐれて社会的・政治的存在であって、司馬遷の『史記』の日者列伝は彼らの言動を記したユニークなパートであるが、そこにこの語の古い用法がみえる（ただし、残念なことにこの部分は後人の補作）。漢の武帝時代のこと、当時の占術家を一堂に会して××日に嫁取りをするのは吉か凶かを占わせたことがあった。五行家はその日はよいと言い、堪輿家はよくないと言い、建除家は不吉、叢辰家は大凶、歴家は……。これから推すに、「堪輿」は元来、日選びに関わる占法であり、かなり後世までそのような意味で使われた。

「堪輿暦」という語も参考になる（『論衡』譏日篇）。

では、この語がなぜ風水の別称になったのだろうか。筆者は以下のように推測している。「堪」は天道、「輿」は地道を意味するとする字義解釈のなかにヒントが隠されている。風水を語る場合、大地にばかり目が注がれるが、このシステムが究極的に目指すものは天・人・地の調和的なあり方であったので、「堪輿」という語にはそういう風水の理念に合致するものがあると見なされたのではないだろうか。

山

「山」という語も時には風水を意味することがあった。「山師」というと今日では一攫千金を狙うサギ師まがいの人間をいうが、もともとこれは山歩きをして鉱脈を探したり立木を売買したりする人のことであった。松本清張のその名も『山師』という小説は、江戸時代、山中に鉱脈を探して歩く技術者の話である。中国では、周代の理想的な制度を記した儒教の経典『周礼（しゅらい）』に、「川師」とならべて、山から採れる物産を管理する職掌として「山師」という語がみえる。近世になると「山師」や「山人」は風水師を指すようになる。山は、のちにもしばしば言及するように風水では「気」という大地のエネルギーが活発に流れている最重要の場所で、風水師はよいポイントを求めてしばしば山を歩いた。『択里（たくり）

誌』というのは、朝鮮半島のなかでどこが最も住みよいかを追求した異色の地理書であるが、これを書いた李重煥（一六九〇―一七五六）は、若い頃、よき墓地を求めて風水師といっしょに各地の山を歩き回った。一九九一年の暮れ、私が台湾の高雄で会ったある風水師は、暇があれば山を歩き、いつでも客の求めに応じられるように風水の良地をストックしておくと言っていた。このように山を歩くことを風水では「踏山」とか「遊山」とか言い、『踏山賦』や『遊山録』などという風水書もある。

風水という用語

このようなさまざまな呼称をもつこのシステムの、現在最も一般的な呼び名はもちろん「風水」である。この語は「地理」や「堪輿」に比べてやや通俗的な響きがあり（風水という通俗的な地理学を「通俗的」というのも妙な話だが）、清朝以前の風水書に「風水」という二文字を含む風水書はじつはそれほど多くはない。たとえば、民国の銭文選著『銭氏所蔵堪輿書提要』（一九四二年刊）なる書は、ほとんど唯一といっていい風水書の解題であるが、ここで挙げられている書名で最も多いのは「地理」の語を冠しているものであり、「風水」を冠する書は意外にも歐陽純の『風水一書』しかない。風水という通俗的なテクニックが書物の形でまとめられる段階では必ず知識人の手を経るわけで、それらの知識人たち（といっても彼らは多様な出自や経歴をもっていたであろう）は「風水」という俗っぽいネーミングを嫌ったのではないだろうか。

しかしながら、「風水」という語にはちゃんとした典拠がある。郭璞（かくはく）（二七六―三二四）といえば、比類のない博学の士であり、後世風水の元祖に祀りあげられた一種異能の天才であるが、彼に仮託される風水の古典『葬経』に次のような名高い一節がある。

――気は風に乗ると拡散し、水に隔てられると（拡散を）止める。昔の人は気を集めて散らせないようにし、これを進ませても止まるようにした。だから「風水」と言うのだ。風水の技法は（気を止める）水を得るのが最上であり、風を蔵するのがその次のテクニックになる。

右の一文は風水の定義として後世たえず引用されたが、一見平易なようにみえてその実、引っかかるところが少なくない。そもそも「気」とは何なのか。それは「風」と「水」とどう違い、どのような関係にあるのか。「気」は風水の最重要な概念なのであとで少し説明するが、要するに著者は、「気」を囲い込んで拡散させないようにすることが風水のキーポイントだと言うのである。著者はまた、「風水」という語を分析して、「気」を拡散させるマイナス要因としての「風」と、「気」の拡散をさえぎり止めるプラス要因としての「水」とを組み合わせたものだとも述べている。ここからのちに風水の要諦を「蔵風得水」という四字句で言い習わすようになるが、しかしこれは一つの後追いの解釈の可能性が大きく、「風水」というネーミングの原意はよく分からない。私としては、「気」は元来目に見えないものなので、それと類縁の可視的な風と水で言い換えたのではないか、というくらいの知恵しか思い浮かばない。

基層概念としての気

さて、名称の問題はこの程度にしておいて、そろそろ本題に入りたい。

風水の最初の関門はやはり「気」である。右に引用した『葬経』にはほかにも、「葬とは生気に乗ることである」という一句が見える。墓を造って死者を葬る場合、「生気」が流れているポイントを選定すべきだと言うのである。これはさきの引用文より重要で、風水の公理と言ってもよい。

古代から中国人は、生命体だけでなく無生物も――つまりは宇宙の森羅万象すべて気から成ると考えてきた。そもそも「宇宙」という大きな入れ物自体も気が充満する空間にほかならない。そして、そうしたモノや空間だけでなく、雨や風といったもろもろの自然現象もまた気なのである。つとに戦国時代の思想家・荘子が「天下を通じてただ一気があるのみ」と喝破し、気一元論を提唱している。

気一元論とか何とかというと、我々の日常から遠くかけ離れた哲学的命題のような印象を与えるかもしれないが、気は要するに空気なのであって、ただ中国人はこの空気をあらゆる存在の原基と考え、さまざまな意味づけを行なったにすぎない。

この気の思想をギリシャ＝ヨーロッパの原子論（アトム）と比べてみると、中国的思想のありようが際立ってくる。気はガス状に連続していて分割できず、絶えず運動している。また、気は物質は物質だが、その純度に応じて「精」「気」「神（しん）」という三段階に分けられ、「神」のレベルに至ると精神作用も行ないうる。したがって気は、単純に物質とも言えず、むしろ精神と物質との双方を包摂した概念なのである。ちなみに言っておくと、そもそも「精神」という語は、右記の「精」と「神」とを組み合わせた古い漢語（中国語）であり、元来は元気やエネルギーという意味であった。これが今日のような「物質」の対義語として使われるようになるのは、明治の先覚者がドイツ語のＧｅｉｓｔ（ガイスト）などの翻訳語としてこの語を選んで以来のことである。すでに明治十七年版の学術ターム訳語辞典『哲学字彙』には登場しているが（Ｇｅｉｓｔ＝精神、霊魂）、編者の井上哲次郎たちはこの漢語の「神」に、カミのほかにそういう精神のはたらきという意が含まれていることを知っていたのだろう。

陰陽・五行・八卦

気は陰陽論や五行説ともつながっている。風水の理論的枠組みの基層にあるのは気論であるが、気論の上に陰陽・五行説、それに易の八卦説が乗っかっている。そもそも陰陽論は『易経』のなかで展開されているのであるが（八卦は陰⚋と陽⚊という二種類の記号から構成されている）、あらゆる存在を陰と陽という相対立する二つの要素に還元して捉える思考法であり、同時にまた事物の分類原理にもなっている。五行説（二二ページ右図参照）は同じ思考を木・火・土・金・水の五つに拡大したものであり、事物の構成要素であり分類原理（配当という）であると同時に、五つのパターンに還元された事物をたがいに関係づける原理でもある、というまことに便利な思考法である。その関係づけ方には「相生」（相手を生み出す）と「相克」（相手に打ち勝つ）の二種類があり、図のようになっている。八卦というのは、前述したように陰と陽の記号を三つ重ねて得られる八つのパターン（乾・坤・震・巽・坎・離・艮・兌）を言い、これらは分類原理としても機能するが、風水ではとくに方位説（八方位）としてこれを用いる（二二ページ左図参照）。

こうした陰陽・五行・八卦はそれぞれ発生基盤を異にしているが、のちには気の種々相として気論の枠組みのなかに取り込まれるようになる。陰陽については「陰気」「陽気」という語がそれを表しているが、五行も五種類の気であり、八卦は陰気と陽気を積み上げ

八卦方位図（先天図）

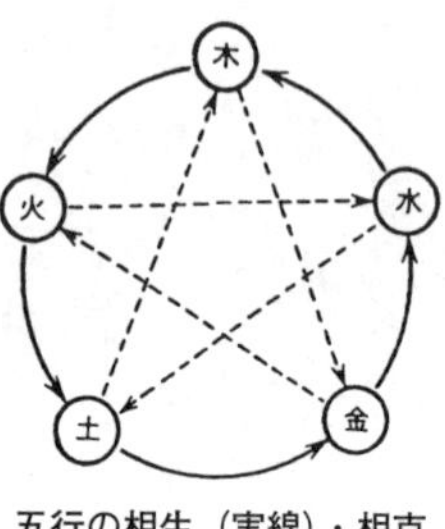

五行の相生（実線）・相克（破線）

た八種の気にほかならない。これを時間の相で見るならば、根元的な一気の、二気→五気→八気への展開ともなるわけである。その次の段階が万物の生成になる。

人体を流れる気

気の話をもう少し続けたい。

さきに述べたように生命体も気からできていて、その生命活動を支えているのも気である（英語ではこういう気をとくに vital force などと翻訳している）。荘子は前引の句に続けて次のように言う。『葬経』の気の拡散論はあきらかにこれを承けている。

――人の生命は気が凝集したもの。気が凝集すれば生き、拡散すれば死ぬ。

人の気といっても、呼吸によって出し入れする気だけではない。中国医学や武術をはじめ、中国的身体（または人体）は気―経絡―経穴という三つの特徴的な要素から構成されている。経絡は、血管や神経とは別の気が流れるルートであり、解剖してもその存在を確認することができない。経穴、いわゆるツボは、経絡の皮膚上のステーションであり、鍼灸や按摩などの治療点になるし、ツボによっては（手のひら中央の労宮など）気の出入り口にもなる（二四ページの明堂図参照）。口から摂取された飲料や食べ物は、呼吸の気とは別に「水穀の気」となって経絡中を運行する。それらは「後天の気」であり、根源的な生命力として先天的に備わっている気（先天の気）も経絡を流れる。これが「元気」や「真気」と呼ばれるものであり、道教的身体観によれば、臍下三寸の丹田に蓄えられ、またそこで生成される。なお、「気血」というタームがあるように、もとより血は重視しないわけではないが、中国医学では根源的生命力はあくまで気であり、血は気が二次的に変化したものと考えられている。

擬似身体としての大地

いま中国の身体観をやや詳しく述べたのは、じつは風水の気論や大地観と通じるところがあるからである。結論からさきに言うと、こうした中国医学ないし道教の身体観を天地宇宙へと拡大したとき、そこに風水が立ち現れてくるのである。ここで話は風水にもどる

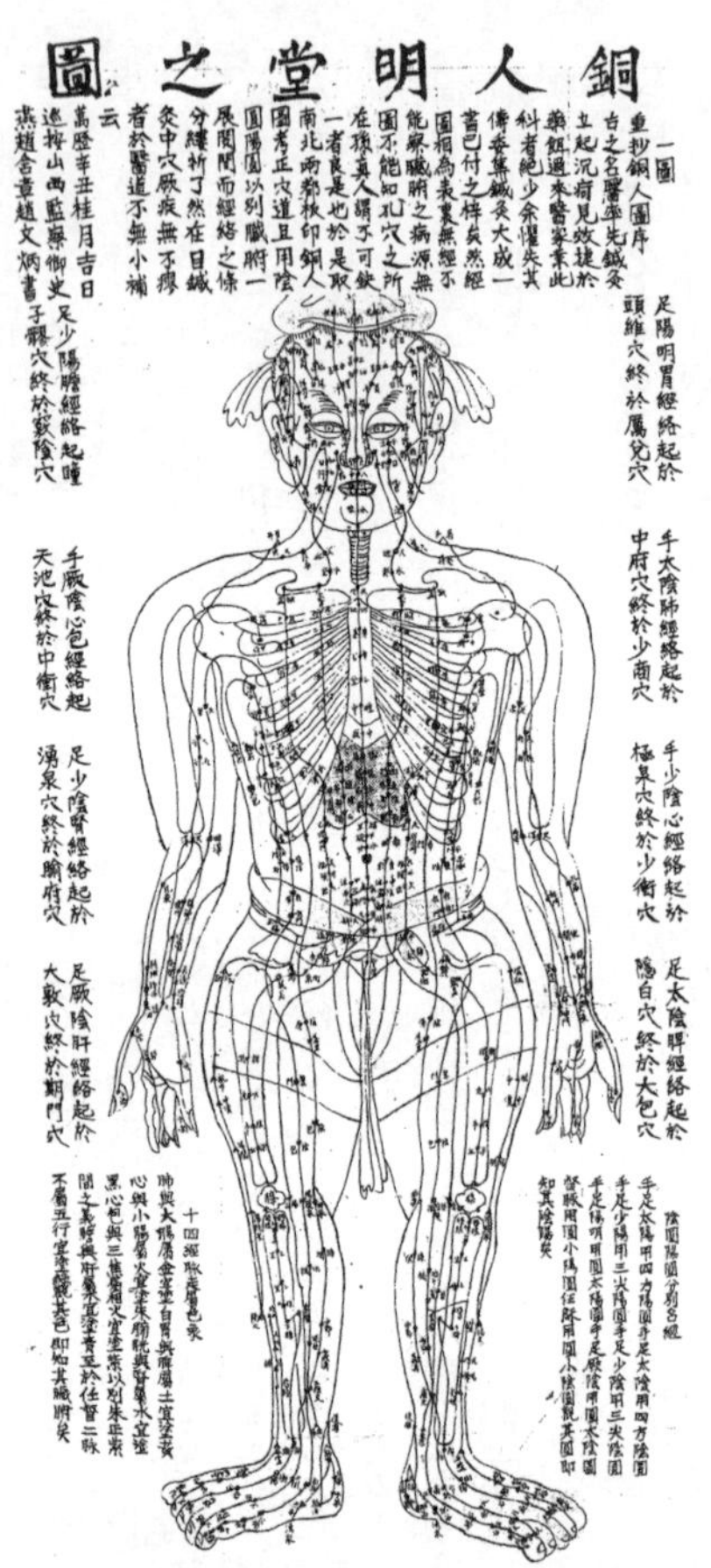

明堂図（朝鮮模写、はりきゅうミュージアム蔵）

ことになる。

風水でも人体と同様、気が最も重要な概念になっていて、人体を流れる気と大地を流れる気とがパラレルな関係になっている。風水の場合、さきの『葬経』に言うようにそのような気をとくに「生気」と呼んでいる。人体における「元気」や「真気」と対応する。なお、一般に気は生命や活力の源としておおむね人間にとってプラスの価値をもっているが、しかし全部が全部善玉とはかぎらず、病気や災厄をもたらす悪しき気もあり、これは文字どおり「邪気」である。風水においてこれと対応するのは「煞（さつ）（＝殺）気」であり、もとよりこの歓迎できない客の来訪は拒まねばならない。沖縄の民家の入り口に設けられている衝立（屏風（ひんぷん）という）やT字路に置かれる「石敢当（いしがんとう）」などは、直進して来るこの煞気に対するバリアともいわれる。

元気が経絡に沿って流れるように、生気には生気の道がある。それが「龍脈」である。これが人体の経絡と対応するのは見やすい道理である。この龍脈上にとくに生気が濃密にわだかまるポイントがあるという。これが「龍穴」で、もとより人体におけるツボの換骨奪胎である。この龍穴を探し当て、その上に墓、家、村、都市を営むと都市や村落は繁栄し、墓主の子孫、家の住人に幸運が訪れる、というのが風水説の骨子なのである。

宇宙とか天空とか大地とか、人間のせまい知覚の範囲を超えたものを捉えたいとき、人間または人体をモデルや媒介にしてアプローチするのは一つの方法である。中国の場合、こういう思考法は道教や風水に顕著にみられる。もっとも道教では、大宇宙―小宇宙（人体）の関係が双方向的で、小宇宙のなかに大宇宙を見る眼差しもある（そこでは、たとえば左右二つの目は太陽と月になる）。

さて、こうした風水の擬似身体的大地観というものを図式によってまとめておこう。

この図式には少し説明がいるかもしれない。龍脈＝経絡、龍穴＝経穴というアナロジーについてはこれ以上の解説は不要であろう。問題は、風＝気、水＝血という部分である。少し前に「風水」という語の由来はよく分からず、気という不可視のものを風と水という可視的なものに置換したのではないか、という推測を披瀝しておいたが、ここでは、これはあるいは小宇宙の「気・血」を大宇宙の「風・水」に変換したのではないか、「風水」

という語のモデルは「気血」ではないか、というもう一つの可能性を提起しておきたいのである。

生気の流れる大地

さて、このような大地を一個の巨大な人体として捉える風水の思考は、現代の地球ガイア説のごとき一種の有機体的大地観ということができよう。まずこの点が近代的な地理学(geography)と異なるところである。この風水のもっともベーシックな自然観については、つとに村山智順(ちじゅん)(一八九一—一九六八)が喝破している。村山は日本による朝鮮統治時代、朝鮮総督府の嘱託として朝鮮の民俗・習慣・信仰・暮らしなどを実地に調査し、厖大な調査報告を残した。この人物の経歴については長らくなおざりにされてきたが、朝倉敏夫氏や野村伸一氏らによって最近ようやく光があてられ顕彰されはじめた。次ページの写真は野村伸一「村山智順論」(『自然と文化』六六)による。

その主著というべき『朝鮮の風水』(昭和六年初刊、昭和四十七年、国書刊行会復刻)は今なお風水研究の最も基本的な文献であり、韓国では近年、二種類の翻訳さえ出されている。村山は本書第一章「風水の意義」において、近代地理学に風水という伝統的な地理説を対置して、後者は「地を生的、動的に考へ、地と人生(人の生活の意)との関係を直接なも

村山智順（68歳当時）

のとして観察するの相違がある」と述べたあと、さらに風水説の立場を次のように代弁している（仮名遣いは原文のまま）。

――地には万物を化生する生活力を有し、この活力の厚薄如何に依つて人生に吉凶禍福を賦与するものであり、且つ地に存在する生気は直ちに人体に至大の影響を及ぼすものと謂ふのである。

ここには風水説の思想的基盤が提示されているが、これを私流に整理し敷衍しておきたい。なお、「生活力」「活力」「生気」の三者の関係が少しわかりにくいが、この三者は実質的には同じもので、前二者を風水のタームで表現すれば「生気」になる、という理解でよいと思う。

一、大地は一個の生命体である。

二、そうあらしめているのが大地のなかを流れる生気である。
三、生気は場所によって厚薄濃淡の違いがある。
四、その生気はその上で暮らす人間の生活を左右し、吉凶をもたらす。

右のうち、四について少し補足説明が必要と思う。生気と吉凶の関係である。家や村や都市の場合は比較的わかりやすい。生気に満ちた場所は、現代風に言えばよき居住空間ということだから、そこで暮らす人間に幸運をもたらすという考え方はなんとなく納得できる。もっとも、ここでは生気は健康というより、富貴など実生活上の幸福や安楽の方に重心が置かれていて、われわれ近代人の論理を超えているところがあるが、この問題はあとで取り上げる。それより理解しがたいのは墓の風水である。

墓の場合、生気を浴びるのは死者または骨である。死者は良い気に浸されると安らかに眠りうる、というだけなら分からないでもない。しかし、いわゆる陰宅（墓地）風水はそれだけにとどまらない。親を龍穴に葬ると、子孫が栄えるというのである。じつは旧時代、東アジア世界で風水が栄えたのは、端的に言って、人々が風水のこの論理に眩惑されたからであった。風水の考え方からすると、こうなる。死者と子孫は同じ気を共有している。死者が生気を浴びると、死者を媒介に（異姓の子孫ではなく）同気の子孫にその生気が注がれる（このような互いに離れた二者間をつなぐ論理を「感応」という）。かくして、生気に浴した子孫は繁栄するのだ、と。

術としての風水

ところで、風水は科学なのか、哲学なのか、宗教なのか。これは（占）術というのが私の答えである。

地中の特定の場所に生気が流れているといっても、その生気なるものがなにか計測装置によって客観的に測定しうるわけではない。生気の存在が実証されない以上、龍脈にせよ龍穴にせよ、すべて砂上の楼閣である。周囲の地勢・地形から龍脈や龍穴を帰納してゆく方法が確立されているといっても、肝腎の生気があるともないとも分からないのだから、風水は観念的なシステムにすぎない。ただ、だからといって中国医学も非科学とまで言うつもりは毛頭ない。こちらの方は、同じく気（さらに観念論というべき陰陽五行説）に立脚するとはいえ、長年月にわたる人々の経験智によってたえず検証され修正されてきたから、これはもうひとつの（オルターナティブ）科学と言うべきであろう。

では、風水は哲学かというと、そうでもない。風水は一応、実際の山や河の観察にもとづく実証的なデータを重視するので、そういう観点からいうと哲学よりも地理学に近い。また、超越的な神格が設定されていないし（神（カミ）ではなく気から出発する）、墓を扱っても死後の世界には関心を示さないから（追求するのはあくまで現世で生きている人間の幸福である）、宗教ではない。それに、シャーマンかなにかが霊感によって土地を選ぶのではなく、あくまで集積されたマニュアルに沿って判断するから、宗教からはかなりの距離がある。

このようにしていろいろな可能性を消去してゆくと、最後に占術が残る。決定的なのは、この体系が最終的に求めるのが「真理」などではなく「吉凶禍福」であるという事実である。占術といっても、風水の場合、ほかの多くの占術のように、未来はこうなると決定論的にご託宣を下すのとは少し違う。結果の方からその原因を探っていって、一家の不幸の原因は墓のしかじかの立地にある、という風に占断を下す場合もなくはないが、しかし風水の本来的なやり方というのは、前もってよい土地を選択することによって、あらかじめ禍を避け福を呼び込むことなのである。その選択に際しては、霊感や直感には頼らない、煩瑣で複雑なノウハウの蓄積——それは「技術」とも少し異なる——を参照せねばならない。このようなシステムを中国では伝統的に「術数」または「（占）術」と呼んできたが、風水の場合、議論をもとにもどすようだが、「術」でありながらそこに、科学的、技術的、哲学的、宗教的な諸要素が混在しているところが特異なのである。

道・技・術

右で述べた「術」というものについて若干補足しておきたい。風水というものが中国の「学」の体系のなかでどこに位置するのか、知っておいてほしいからである。

中国には、伝統的に学術をおおまかに三つに分ける考え方がある。「道」「技」「術」の三つがそれである。この順序はそのまま価値の順列になっていて、最も尊ぶべき学びが「道」になる。ある文化体系のなかで最も重要な概念を「至高概念」と呼ぶとき、中国およびその文化的影響を受けた地域——具体的にいえば日本、朝鮮——においてその至高概念にあたるものは「道(タオ)」以外にはない。そこでは「道」は一種の錦の御旗になっていて、おのおのの思想的学派はそれぞれの思想的中身を「道」という共有の器に盛ったのである。周知のように老荘思想などは、あつかましくも「道家」という看板を掲げ、「道教」はそれを継承したが、宋代にいたって「道学」という名の新儒教、つまり朱子学にイニシアチブを奪い取られたのであった。わが国では「道」が茶道、華道、柔道などのように「道(どう)」になる。

それはともかく、「道」の学びとは、簡単に言えば人間としての生き方にかかわるもので、儒教をはじめ諸子百家が追求した哲学、倫理学、または経世済民の学（政治学）などを指している。それに対して「技」の学びとは、天文、暦法、医学、農学といった、いわゆる実学、あるいは今で言う科学技術に相当する。

この「道」と「技」とのランク上の格差については、『荘子』にみえるよく知られた寓話が端的に示している。庖丁（ほうてい）という名の牛の解体人――この「庖の丁（コックてい）」さんがいわゆる「庖丁（ほうちょう）」の語源になる――が、文恵君という君主の前で一頭の牛を解体して見せたとき、その水際だった包丁さばきに感極まった文恵君が「技はここまでやれるのか」と絶讃する。それに対して庖丁は、「私の追求しているのは道であり、それは技を超えたもの」と応じる。つまり荘子は、牛の体の天然の筋目に沿って刃を滑らせてゆく庖丁の刃さばきは、単なる技術のレベルを超えた、人間のあるべきあり方を示す「道」に至っている、と庖丁に言わせているのである。「技」のなかに「道」を見出すところに荘子らしいひねりがある。そして、この「技」のさらに下に位置づけられるのが「術」なのである。これを書物の分類法で見てみよう。

清の時代に編纂された空前の典籍叢書『四庫全書』は、それまでに刊行された厖大な書籍を改めて書き写し、まず大きく、経（儒教の経典）、史（歴史書）、子（諸子百家）、集（文集）の四つの庫（くら）に仕分けする。「術」（術数）の書はこのなかの子部に収められている。子部はさらに細分化され、儒家、兵家、法家、農家、医家、天文算法（暦法）と続いて、そのあとに「術」（術数）の場所が与えられている。この子部の順序がここでもそのまま旧時代の価値観を表しており、儒家が「道」の学びであり（むろん「道」の精髄は経部中の四書五経などの経典のなかに存在する）、兵家、法家、農家、医家、天文算法までが「技」の書になる。「術」（術数）のなかには、以下のような占術書が含まれ、ここにわれわれの風水書も居場所を与えられている。

一、数学の属（いわゆる数学ではなく、易と結びついたシンボリックな数〈象数〉を扱う）
二、相宅・相墓の属（風水）
三、占候の属（科学的な気象観測ではなく、雲気占など）
四、占卜の属（亀卜や易占）
五、命書・相書の属（四柱推命と人相・手相）
六、陰陽五行の属（陰陽五行説にもとづく占い）
七、雑技術の属（夢書や文字占など）

このような術数書は、実用的な価値にともむ「技」（技術）の書よりも一段低く見られ、まっとうな学術とは見なされなかった。「道」の立場からすれば、吉凶禍福を行為の基準にするような生き方は許しがたかったのである。人間は、義・不義をこそ準則とすべきであり、吉・凶にもとづく生き方はきわめて打算的に見えたのである。こうした批判は、親孝行をだしにしてわが一身の幸福を求めるとして風水にも向けられた。

ただ、術数書のおもしろいところは、「道」の学びを装うところがある点である。先述したように風水をはじめとして、その教義には陰陽五行説や易といった、「道」の学びを支えている形而上学が理論化と権威づけのために取り込まれている。朱子学の基礎になった太極図を巻頭に掲げる術数書も少なくない。こうした「権威の呼び入れ」（鈴木健太郎「占い本と近代」『消費される〈宗教〉』春秋社）は、コンプレックスの裏返しなのかもしれない。台湾では占い師は自分の事務所に「＊＊学会」という看板を麗々しく掲げているし、韓国ではそういう占い館を彼らは「哲学館」と自称している。

第二講　儒教風水のスタンス——『地理人子須知』というテキスト

風水説の典拠

第一講では風水説の基本的な枠組みを紹介し、それが人体とパラレルな、生気―龍脈―龍穴という三本の柱によって組み立てられていることについて述べておいた。この章ではもう少し踏み込んで、風水説の具体的な仕組みを眺めてみよう。そのまえに、若干の前置きが必要と思う。

第一講で筆者は、世上の風水ブームに触れて、風水には「正しい風水」と「間違った風水」の二種類があるわけではないと述べた。「科学的根拠」という観点から言えば、どの風水も同じ穴のムジナにすぎない。ただ、当今世間に出回っている風水説なり風水書なりを目にして、それらはほとんどすべて言い放しで、なんの根拠も示していないことに少なからざる違和感をおぼえる。「根拠」といっても、もとより「科学的根拠」ではない。だから、「根拠」というよりむしろ「典拠」というべきかもしれない。ハウツウ本に「根拠」

や「典拠」を要求するのはお門違いかもしれないが、筆者としてはせめて、その説は著者独自のアイデアなのか、そうでなければどの師匠から伝授されたのか、どの風水書にもとづいているのか、といったことがらを明記してほしいと思うのである。

だいたい、風水説には大別して二種類のソースがある。一つは伝承であり、いま一つは書物である。前者は文化人類学の守備範囲であり、後者は、筆者などのような文献派が扱う。筆者とて、アジア各地を歩き回って文化人類学者のまねごとをしてこなかったわけではないが、本書では文献派らしく一冊の書物を通して風水説の仕組みを紹介したい。

『地理人子須知』

その書物というのは、徐善継と徐善述という兄弟の手になる『地理人子須知（じんししゅち）』という明の時代に編まれたテキストであるが、一冊の書物に限定するについてはいくつかの理由がある。そもそも、風水説といってもなにか一個のがっちりした不変の体系というものがあるわけではなく、その説き方は各人各様とまでは言わないが、多種多様と言っても過言ではない。それに、風水のような「術数」と呼ばれるものは、わざとらしい特有の専門用語や煩瑣な教理が幅をきかせていて、門外漢の参入を拒絶している。また、自分の説や流派だけが正宗（正統）で、他はまがいものとまで主張する、きわめてセクト色の強い世界であり、素人はとまどうばかりである。そういうわけで、風水説の原理的な仕組みについては一つのテキストにそって解説した方が分かりやすいと考えたのである。

本書のタイトルであるが、「人子」は文字通り人の子、人の子である限り「須知」、つまり知っていないといけない、という意。ここまで聞いて、この背後にあるのは「孝」だと気づく読者はかなりの中国通である。書名が伝えようとしているのは、人の子たるもの、本書を読んで親の葬地を慎重に選ぶべし、というメッセージである。

無数にある風水書のなかから本書を選んだのは、次のような理由による。

一、著者は儒教的教養を備えた知識人であり、風水の専門家（風水師）のためでなく、広く人の子である一般人のために書かれていて、記述が比較的平明である。

二、風水説には多くの流派があるが、本書は従来の諸説を総合しようとしている。著者の出身地は江西省であり、基本的な立場はいわゆる形勢派に属しているが、方位や羅盤（らばん）（風水師の使う方位盤）も軽視していない。

三、本書は明代に刊行されて以来、民国時代に至るまで何度も版を重ねた、きわめてポピュラーな風水書であり、最大公約数的な風水説を知ることができる。

四、図版が豊富で、地形の具体的なイメージをつかみやすい。

著者の伝記

著者兄弟は双子であったようであるが、その詳細な伝記は分からない。特筆すべきことは、彼らが一時期、王龍渓（一四九八—一五八三）に師事したという事実である。王龍渓は陽明学を創始した王陽明（一四七二—一五二八）の高弟で、いわゆる陽明学左派の巨頭であった。本書のフルタイトルを『人子須知資孝地理心学統宗』というが、この「心学」という語に若い頃の学業の痕跡を見出しうるかもしれない（「心学」は陽明学の別称であった）。しかし、彼らはやがて儒学と科挙（官吏登用試験）に訣別し、風水研究に傾斜してゆく。そのきっかけになったのは、亡き父の墓所の問題であった。彼らは幼いときに父を喪い、十分に孝養を尽くせなかった痛恨の思いをずっと抱き続け、よき墓所の選定によって父に報いようとしたのであった。このことが本書の性格を大きく規定している。

ところで、本書の成立を考える場合、江西省徳興県という彼らの出身地も無視できない。江西省の北東、景徳鎮と上饒とのほぼ中間に位置するこの小さな町は、宋の風水大家・呉景鸞の出身地であり、われわれの徐兄弟も、この偉大な同郷の大先達の著作を耽読して風水の奥義に至ったと言われる。宋代にはほかにも、傅伯通という風水師が出ている。彼の師がこれも有名な廖金精であり、廖はまた呉景鸞の門下生という関係になっている。傅伯通は、宋が異民族の金に国の半分を奪われて南方に逃げ、杭州に南宋の都を定めようとしたとき、杭州の風水を鑑定して、この地では百年の大計は成しがたい、と上表したという。元代では、趙友欽（ちょうゆうきん）という特異な道教徒がいる。その天文学上の著作『革象新書』は、この『地理人子須知』でも引用されている。風水説はもっぱら土地を扱うが、前講でも少し触れたように実は天文学とも無縁ではないのである。

　このように、徳興という町は風水や術数史上かなり重要なところなのであるが、明代からも一人、董徳彰（とうとくしょう）という人物をあげておきたい。この人は多くの著作を残していて、風水は言うにおよばず、広く術数に通じていた。彼の択日（日選び）書は、今日でも利用されている。たとえば、香港で毎年出されている『広経堂通勝』や『聚宝楼連勝』など、ほとんどの日選びの本に「董公選択日要覧」というパートがあるが、この「董公」とは董徳彰にほかならない。徐兄弟は、むろんこの董氏の風水書からしばしば引用している。

　少し徳興にこだわりすぎたかもしれないが、筆者が言いたかったのは、徐兄弟のこの風水書はこの町の文化的遺産と決して無関係に産み出されたものではない、ということなのである。

『地理人子須知』の完成

また、本書は一朝一夕に成ったものではない。その成立の経緯については、ここで詳しく述べることはできないが、著者は本書の完成までほぼ三十年かかり、原稿も七回書き改めたと言っている。その間、中国各地を踏破して、名山や名墓を見て歩いたという。事実、本文中に、この土地は実見した、といった記述がよく出てくる。本書に数多く挿入されている地形図も、その大半は実地に見て描いたものらしい。

脱稿したのは明の嘉靖四十三年（一五六四）のことで、それから二年後の嘉靖四十五年（一五六六）、江西省鉛山（えんざん）の鵞湖（がこ）というところで刊行された。しかし、この初版本は残っておらず、今伝わっている最も古いテキストは、万暦十一年（一五八三）の序文を備えた重版本で、たとえば、わが国立公文書館内閣文庫に所蔵されているテキストの一つは、万暦十二年刊本である（四二ページの図版参照）。

なお、この文庫版では筆者手持ちの、清朝最後の年である宣統三年（一九一一）、上海江左書林が刊行した『重刊人子須知資孝地理心学統宗』を底本として使うことにする。明刊本とは構成などで若干相違があるが、挿絵が比較的きれいだし、使い慣れているというメリットが捨てがたいからである。明刊本も座右に置いて参照するが、この文庫版は専門書ではないので文字や文章の異同はいちいち注記しない。

軍門趙爺發刊

人子須知

余氏克勤齋重補証

地理心學

明・万暦刊本封面（国立公文書館蔵）

風水と親孝行

さて、本書のフルネームは右にも示したように『人子須知資孝地理心学統宗』という大層なものであるが、基本的なコンセプトは、すでにそのタイトルのなかの「資孝」という二文字に示されている。要するに、親孝行に「資」す、役立つと謳っているのである。なぜ親孝行なのか。中国の「孝」は半端ではない。生前に孝養を尽くすことだけが親孝行なのではない。死後の孝、つまり、冠婚葬祭の「葬」と「祭」、つまり埋葬を含む葬礼と祭祀もまた「孝」の範疇に入るのである。したがって本書は、親の遺体を安らかに憩わせる墓地の選定に有用な本、ということになる。これは、通常の風水書が子孫の繁栄に重きを置くのとは逆の立場である。さればこそ本書は、民間の通俗的な風水書とは一味も二味も違うとして、国家的な後押しを獲得したのであった。本書の序文を見てみるがよい。そこには、術数の本としては異例とも言える、政府の高官たちの序文、有り体に言えば推薦文が麗々しく掲げられている。したがって、本書は風水の諸ジャンルのうち、墓地風水に厚く陽宅風水（家相）に薄い。薄いというより、具体的な論及がほとんどない。ただし、後述するように都市風水にはかなりのページを割いている。

しかしながら、この「資孝」という謳い文句は単純ではない。ここには、実は二重の意味が含まれている。第一義は言うまでもなく親孝行のため、という意であるが、それがそのまま子孫自身のためにもなる、とするところに著者たちのいわば「儒教風水」の立場がある。本書には、しかじかの風水めでたき墓所に親を葬って以来、その子孫に高位高官が輩出した、というたぐいの記述が多数出てくる。これは、「資孝」という建前だけでは当時の人々を満足させられそうにないので、著者たちは彼らの欲望に妥協したのだ、というふうに考えるのは正しくない。少なくとも著者兄弟にとっては、親のためという大義名分と、子孫のためというエゴイズムとの間には矛盾や葛藤はなかったと思われる。子孫が立身出世を成しとげることは子孫自身のためであると同時に、親の名を輝かせるというより大きな孝になるからである。

著者の立場

もう少し著者の立場に踏み込んでみよう。彼らは本書の「瑣言（さげん）」という文章のなかで、自分たちの風水観を次のように箇条書きで述べている。少し長くなるが、著者たちの考え方だけでなく、当時の人々の風水観もよく分かるのでコメントともども引いてみる。

一、人の子たるもの、地理（風水）を知らないではすまされない。

孔子は言った、墳墓の地を占って選び、親を安らかに眠らせよ、と。程子（ていし）（北宋の儒者）も言った、よき土地に親を葬れば、親の霊魂は安らかに、子孫は栄える、と。朱子（朱子学の祖）も言う、親の遺体を完全に保ち、その霊魂を安住させれば、その子孫は栄えて家が断絶することはない。もし墓地の選択を誤れば、地下水・蟻・地中の風が親の遺体を犯すため、その身体も霊魂も安住できず、死亡やお家断絶などの災厄が子孫に襲いかかってくる、と。陸象山（朱子の論敵）も言う、地理の学は一つの「芸（技芸）」にすぎないが、しかしこれは、親を送る孝であり、後々のはかりごと（祭祀をいうか）につながる重大な営みであるから、これをいかさま風水師や巫（みこ）に任せてはいけない、と。

聖賢たちは右のように述べている。してみれば、よき墓地の選択は、仁愛をめざす人や孝行に努める子にとっては、決してゆるがせにしてよいものではない。もしも普段から地理を蔑視して学ばないでいて、突然親の不幸に見舞われたら一体どうするのか。あわてて墓地を探して、幸いに吉地を見つけられればそれでよいが、知らずに蟻や地下水の湧くところに親を葬ったなら、これ以上の不孝はない。それなら、いかさま風水師や巫に任せるのとなんら変わらなくなるではないか。

二、停柩（ていきゅう）（霊柩をそのままにして埋葬しないこと）はいけない。

司馬光（宋の儒者、歴史家）は言う、当節の世間には、お日柄がよくないとか、吉地が見つからないとか、遠方に赴任していて帰れないとか、貧しくてお葬式が出せないとかいった理由で埋葬しない人がいる。なかには、何世代にもわたって葬らず、霊柩がどこへ行ったのか分からなくなってしまったケースもある。礼のきまりでは、どんなに遅れても七ヶ月を越えてはならないことになっており、通常三ヶ月で埋葬する。また、埋葬しないうちは喪服を脱がず、お粥を食べて掘っ立て小屋で暮らすのがきまりなのに、今の人は礼法に背いて、埋葬しないまま勝手に喪を解き、地方に赴任はするし、酒は飲むし、音楽は楽しむと、したい放題である、と。また、呉澄（元の朱子学者、風水に理解あり）も、戦争や子孫の意見の不一致などといった、さまざまな停柩の原因を列挙している。このご両人のことばはきわめて痛切である。今の世間の人々も地理をないがしろにしていて、いざとなって茫然自失し停柩して土地を探す。こうして父祖をいつまでも葬らないのは、天地の間の最悪の罪人と言わねばならない。

三、祖塚（そちょう）（ご先祖の墓地）を侵して埋葬してはならない。

そもそも地理の法は、「葬は生気に乗る」という一語がすべてを言い尽くしている。ことわざに「墓地は一線」と言うように、祖塚は細い一筋の生気の上に乗っているから、その左右上下はみな死気である。祖塚を侵してこんなところに葬ったら、その新葬の霊柩が災いを被るだけでなく、祖塚の生気が漏れ、ご先祖の魂魄を驚かせることになる。中原は平野がひろがり、川は深く土も厚いから、祖塚の一穴に十以上の霊柩を埋葬しうる場合もありうるが、南方の場合、山が多く川が馳せ巡り、土は薄く水が湧きやすく石が多いから、とても中原とは比較にならない。

祖先の側に付葬したり、父母なら必ず合葬するのは由緒正しい古礼であるが、しかし礼というものは変化を尊ぶ。付葬は祖塚を侵すのとまぎらわしいので止めたほうがよいし、合葬もやむを得ずできない場合があれば合葬に拘泥する必要はない。

われわれ兄弟は以前、福建に旅をして、考亭（朱子が学問を講じたところ）に行って朱子先生の遺像に拝礼し、その祖先の墳墓を参観して回ったことがある。祖父の退翁の墓は政和県にあり、父の韋斎先生の墓は崇安県にあり、母の祝夫人の墓は建陽崇泰県にあり、朱子自身の墓は建陽嘉禾里の九峰山の麓にあった（その地形は「風　羅帯を吹く」である。次ページ図参照）。退翁以前の墓は福建ではなく、朱氏の本籍地である安徽省の婺源（ぶげん）にあり、考亭から遥かに隔たっている。退翁や韋斎や朱子の墓もそれぞれ福建の各地に散らばっていて、みな考亭から百里余り

朱熹墓（風吹羅帯形、葉公回『朱子年譜』による）

のところにある。朱家でさえもこうなのだから、どうして祖塚の付葬にこだわる必要があろうか。また、朱子は父の墓所を三度も移し、最後に移したのは母を葬った同じ年のことであった。だから、父母合葬にも拘泥する必要はないのである。

四、旧穴（過去に福を産み出した他人の墓穴）に葬ろうと考えてはいけない。

曾葛渓（元の風水家）が言った、旧穴に葬ろうと考えるのは、この上もなく誤っている。以前、こういうことがあった。貴人を出した旧穴を馬鹿な子孫が他人に売って、結局、その墓地は三たび主を変えたが、その間二百年、一度も効力を発揮できなかった。旧穴というものには、もはや発福（福を産み出す意）する力はない。その上、埋葬後、風は遷り水は変わるものである。まして、財力や権勢を恃んで他人の墳墓を発くのは、天も味方をしない行ないである。天がそうである以上、地はどうしてそんな人に福を授けうるだろうか。それに、地脈が動きだすのは、ちょうど火が初めて燃えるようなもので、その地がエネルギーを使い果たせば、火の消えた灰のようになってしまう。昔の人も言っている、旧穴に葬ろうと考えるのは、白髪の婦人に跡継ぎの出産を期待するようなものだ、と。思うに、この曾葛渓の意見は的を射ている。というのは、孝子が土地を探して親を葬ろうとするとき、なによりも先に自分の徳を修めるべきだからである。人の親を移してそこへ自分の親を埋葬するのは、はなはだ残忍で背徳的な行ないである。たとえその土地に風水の理があるとしても、天の理はそこにはない。そんなことをすれば、天はまた他人にその旧穴を奪わせるという罰を下すだろう。

五、公位（分家の葬地の位置）に拘泥すべきではない。

世間では公位の説（分家に福をもたらす特定の葬地があるとする考え）に拘泥して、結局、親をいつまでも葬らず、亡魂に安らう場所を与えない。兄弟の多い家では兄弟それぞれに思惑があり、たがいに自分の利害を主張するから親の墓所がなかなか決まらないのだ。房分（分家）の平等を望むなら、その一穴にこだわるべきではなく、別の一穴を探して補塡すれば均等になる。

楊筠松（唐の著名な風水家）は言った、一つの墳墓で公位を分けられようか。必ず複数の墓所を選んで論議すべきである、と。蔡元定（朱子の学友、術数に詳しかった）は言う、当節の人たちは、ややもすれば公位の説で争って親を長く葬らないが、これはまちがっている。自然というものにはおのずから秩序があり、こざかしい人間の力の及ぶところではない。土地を選ばねばならないのは亡魂を安住させるためであって、自分の福を求めるのは風水の埒外である、と。程子は言う、親を大切に思わないで、もっぱら自分の将来の利益を優先させるのでは孝子とはいえない、と。これらは誠に至論であり、人の子たるもの、公位の説なんぞに拘泥するより大義を知るべきである。

六、軽々しく改葬すべきではない。

孔子は言った、昔の人は墓を修復しなかったというが、これは文字通りの意味ではなく、一旦造営したらずっと手を加えないでよいように念入りに造った、という意である、と。墓造りのみならず、埋葬後の改葬も慎重であらねばならない。今の人は、水や蟻の災いといったやむを得ない理由もないのに軽々しく改葬して、えせ風水師にしてやられている。

『青烏経（せいうきょう）』に言う、土地に五つの不祥（不吉）があるときは改葬してもよい。すなわち、

1、墓が理由もなく陥没したとき。
2、墳墓の上の草木が枯死したとき。
3、家に淫乱の風があり、死者が絶えないとき。
4、家のなかで男女が背きあい、刃傷沙汰が起き、流行病に見舞われたとき。
5、家族が死に絶え、財産もなくなり、訴訟沙汰が止まないとき。

また、三つの吉祥を見つけたなら改葬してはならない。すなわち、

1、墳墓に生きた蛇と亀と生気ある物を見つけたとき。
2、しな藤が棺に巻き付いているのを見つけたとき。
3、乳色をした水珠琣があって、暖かい。また、霧のように気が湧き出ているが、穴のなかは乾燥していて水と蟻がないとき。

まことにこれらの語には味わいがある。私（徐兄弟）はこれをパラフレーズして、次の五戒を作った。

1、子宝にめぐまれ家族が増えている場合には移さない。
2、歴史のある墓所は移さない。
3、『青烏経』に言う五つの不祥がないのものは移さない。
4、程子の言う五つの患害に抵触しないものは移さない。（五つの患害とは以下を指す。将来墓地が、①道路になる、②町になる、③池になる、④畑になる、⑤竈（かまど）が権勢あるものに奪われる）。
5、家庭が平安な場合には移さない。

礼には、改葬の際に着る喪服の規定があり、暦には「啓攢（けいさん）」（墓穴を開きお骨を拾い直して改葬すること。洗骨、拾骨）するのによい日が設定されているから、古人も改葬しなかったわけではない。しかし、改葬には慎重であるべきで、どうしてもやむを得ない場合には、立派な風水師になんども相談すべきである。

七、大地（広い土地）にこだわるべきでない。

土地は龍穴の真偽が大切で、大小は二の次である。大地の真偽は見極めがたく、その上、鬼神が支配しているので無理に求めてはいけない。楊筠松（ようういんしょう）は言う、大きい地は得難く、小さい地は求めやすい。小さな墳墓も合わせると大きな力になる、と。

八、古格（古墓の格式）を観察すべきである。

そもそも地理の学（風水学）には、道眼と法眼というものがある。道眼は生まれつきのものなので、これはどうしようもなく、ここでは法眼が大切である。法眼は必ず師匠から授けられるものだが、あまねく名墓を見歩かないと身につかない。かくして、なにが吉でなにが凶か、龍穴はどのようにして格に入り、砂と水はどのようにして局を形成するのか、といったことを一つ一つ実地に調べてゆくとそれらを法則化できるようになる。法眼というゆえんである。卜則巍（ぼくそくぎ）（唐の風水家）や楊筠松たちはひとしく、広く旧墳を見て回るのは千巻の書を読むより勝る、と言っている。

九、良き師を選ばねばならない。

會葛渓は、良き師を選ばないとその害は深刻だと言ったが、まことにその通りで、択師（師えらび）は択地（地えらび）の先務と言わねばならない。とは言っても、①儒学に通じている、②教授法を心得ている、③道徳的である、という三つの条件を備えた地学（風水学）の良師は得難いのも事実である。

十、陰徳（隠れた善行）を修めねばならない。

蔡元定は言う、徳を積むのは土地えらびの基礎である。自分の徳を修めないでいて、福がやって来ない原因を祖先・父母の遺骨のせいにする親不孝者は、造化（造物主、自然）から罰せられずにはおかない。

呉澄は言う、世間で、吉地を得たのに子孫に福が来ないばかりか、逆に災難に見舞われる家があるのはなぜか。これにはさまざまな理由が考えられる。穴のポイントを誤ったのでなければ、方位にずれがあったのだろう。また、あまりに深く掘り下げすぎて龍や穴を傷つけたのかもしれない。また、吉地を得、そのうえ立派な風水師にも巡り会ったのに、自分の意見に固執しすぎて判断をあやまった、というケースもある。また、風水師がよこしまな思いに囚われて、自分の術（技術）を十分に発揮できなかった場合もあるし、子孫が他人の言葉を軽々しく信じ、せっかくの吉地を他人に譲渡して改葬し、その他人が福を得た、という話もある。

しかし、悪しき結果の原因は、すべてがすべて術の過誤によるとは限らない。人間を超えた世界でそのようにさせる力が動くのは、その人間が徳を積まなかったからなのだ。耕作しないで収穫が得られるだろうか。

右のご両人の意見はまったく正しい。よき陰地（墓地）がほしければ、まずよき心地（こころ）を修めるべきなのである。われらが祖父・存耕公は、風水宝地は方寸（こころ）の地中に求めよ、という趣旨の詩を残している。徳があってこそ鬼神は吉地を与えてくれるが、それは至高の存在である天が善行に報いるからである。こういう質問をしてきた人がいる、土地えらびが徳にもとづくのなら、徳を修めておれば十分で、択地の術など不要なのではないか、と。答えて言う、子たるもの、親のためになるのならあらゆる手段を講じねばならない。徳を修めて天の審判を待ち、地学によって土地を択んで人事を尽くす。この二つは矛盾しない、と。

風水の根拠

かなりのボリュームであるが、以上で「瑣言」は終わっている。ただし、付録がついていて、最後の「陰徳」の条を承けつつ、全体の締めくくりとして戚継光（せきけいこう）の一文を引用している。戚継光（一五二八―一五八七）は明の名高い武将で、彼が著した武術・兵法の書『紀効新書』は、本国のみならず日本・朝鮮でも広く読まれた。彼の文集『止止堂集』にみえるこの文章の大意は以下のごとくである。

琥珀（こはく）（宝玉の一種）が草をつなぎ止め、磁石が針を引くのは不思議な現象である。草にはもとより知覚はないし、針には生命がない。にもかかわらず、草や針の動きはまるで生きているかのようである。これから推せば、風水説も成り立ちうる。枯れた骨に知覚がないと言い切れるだろうか。琥珀や磁石が山川で、針や草が遺骸と言えないだろうか。山川と遺骸の間には、人間の目には見えない引き合う関係がある。風水は信じられないと言う人は徳を修めていないし、地の理と天の理とがたがいに交流しているのが分かっていない。天はよき地を生むが、徳ある人にしかそれを与えない。世間の人々が徳という天の理を失念したまま風水という地の理を求めるのは、惑い以外の何物でもない。

第三講　三本の大龍脈

マクロな地理観

テキストは、前章の長い序説のあと、ようやく本論に入る。まず、「天下の大幹」を知らないと見方が浅薄で近視眼的になるとして、マクロな地理観が展開される。「天下の大幹」というのは、中国大陸を西から東へ横断する三本の大動脈、いや大龍脈のことであるが、風水がこのようなマクロな地理観の上に立ってミクロな地理――「局（きょく）」としての個別的風水――を論じるという姿勢は十分留意されてよい。以下に紹介するそのマクロな地理観が、現代人の眼から見ればいかに荒唐無稽に映ろうとも、大地の全体像への志向は珍重すべきではないだろうか。私見では、中国の地理学にマクロな地理観を導入したのは風水説の功績だと考えている。

崑崙山（藤森哲朗氏による模写）

崑崙山

さてテキストは、その「天下の大幹」の源泉としての崑崙山(こんろんざん)から語り始める。

崑崙山は、古くは中国最古の地理誌『山海経(せんがいきょう)』にその名が見え、以来、西北の果てに鎮座する聖なる山として崇拝され信仰され、そして語られ続けてきた。山は三層から成り、頂上の「層城」と名づけられた空間はまた「天庭」とも呼ばれ、そこには宇宙の主宰者・天帝が棲んでいた。だから「帝の下都」、天帝が治める最も下方に位置する都市であり、そこから自由に天に昇ることができた。真上に北斗星が輝くこの山は、同時に大地の中心であった。山は高く険しい上に、山の周囲には羽さえも沈めるという弱水が巡っていて、人々の接近と登攀をきびしく拒んでいた。

やがて崑崙山は、天帝から女神・西王母の結界へと支配者が変わり、神仙思想や道教と結合し、東方の海上に浮かぶ三神山に対する西方の不死のユートピアとして人々の渇仰の的となってゆく。修行の果てに入山を許されて仙人となる、あるいは、死してのちに山に登って永生を得るという「崑崙昇仙」の思想が人々の心を捕えるようになるのである（曽布川寛『崑崙山への昇仙』中公新書）。五八ページの図は、湖南省長沙の前漢初期の墓から出土した外棺に描かれているもので、これを崑崙山に比定したのは曽布川氏である。

テキストは、そうした崑崙山を記述する古代のいくつかの文献を引用して、その標高やそこに至る距離が文献によってまちまちなことに当惑している。つまり著者たちは、同時代の知識人がそうであったように、たとえそれが『山海経』のごとき空想的で神怪な地理誌であれ、古代の文献の記述は事実として受け止めており、したがって崑崙山の実在を疑ってはいないのである。しかしながら、著者たちの主要な関心はそこにはない。

この「崑崙が諸山の祖たることを論ず」と題された巻頭の文章は、タイトルが示しているように天下の山のみならず水もまた、西北の崑崙山から発源することを多様な文献を引きながら立証している。いったい、黄河が崑崙山に源を発するとするいわゆる「崑崙河源説」については、つとに漢代の大旅行家・張騫によって提唱され、十九世紀末まで中国では信じられていた（中野美代子『辺境の風景』北海道大学図書刊行会）。ただ、天下の山を「脈」として流体化し、その源流を崑崙山に束ねて一元化するという地理観がいつ頃生まれたのか、筆者にはまだ詳しい調べがついていないが、風水地理説がそこに介在した可能性は否定できないと思う。テキストはさまざまな風水書を引用するが、冒頭に引くのは著者らしく『性理大全』という明代の勅撰の朱子学全書で、誰の言葉かというと、元の呉澄である。この元代を代表する謹厳な朱子学者は、郭璞に仮託される風水説の古典『葬書』のテキスト・クリティークを行ない、これを内篇・外篇・雑篇に整理した人物でもある。彼の語は次のごとくで、水源と山源とが崑崙山に一元化されている。

——天下の山脈は崑崙より起こり、山脈の起こるところは水の発するところである。数ある水のなかで崑崙より発するものは、その源は最も遠い。黄河がそれである。……山脈が最初に起きるところを追究しなければ、黄河の源も特定できない。それゆえ、最も遠い源をもつ黄河が最も尊い。

テキストは次に、この崑崙山をも包摂するさらに大きな枠組みを提示する。須弥山説がそれである。須弥山すなわちスメール山は、仏教の宇宙観で語られる世界の中心にそびえ立つ聖山で、その東西南北に広がる四つの世界のうち、南の大陸がわれわれの住むところ

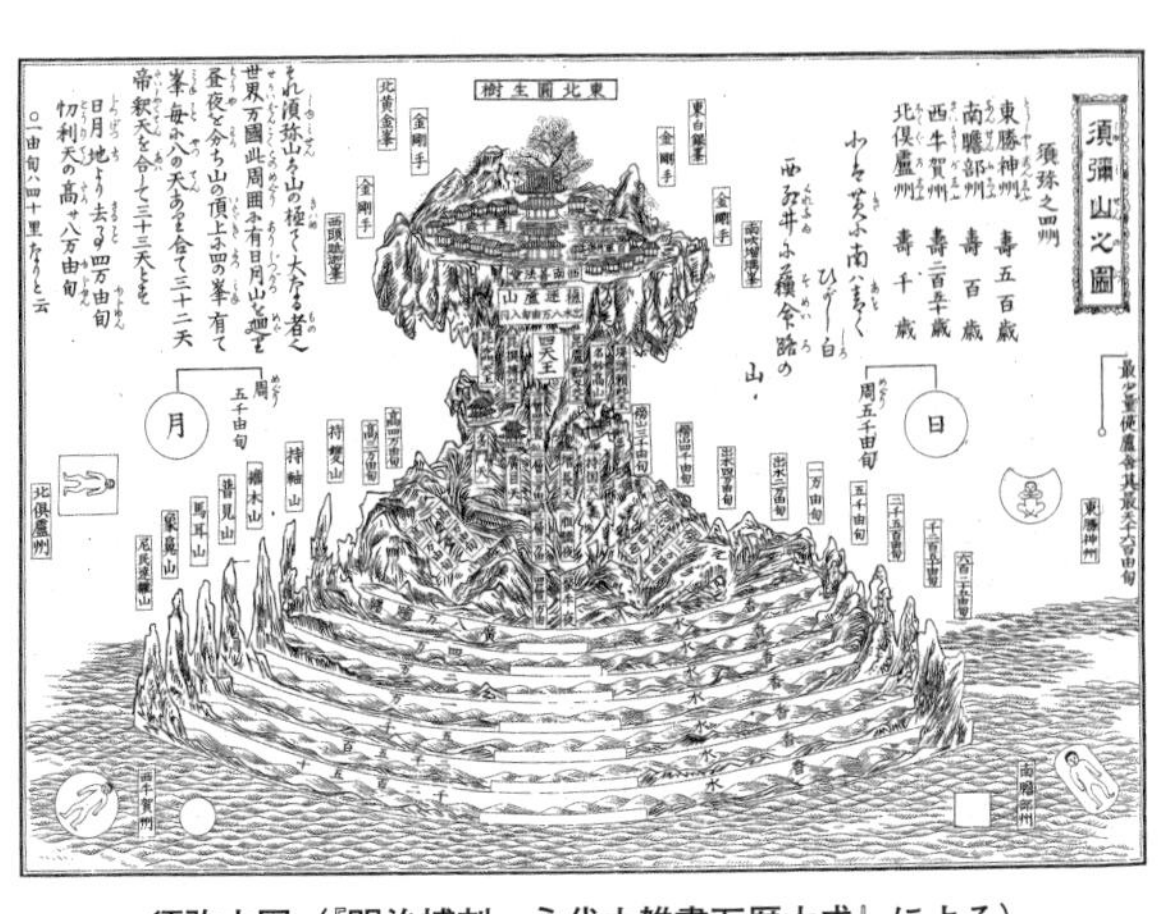

須弥山図（『明治補刻・永代大雑書万暦大成』による）

とされる。テキストは、須弥山は四龍を生み、崑崙山はその南龍とする風水家の説を引用している。須弥山の風水的解釈として興味ぶかい。

中国の山河

テキストは次に、中国の山と河を論じる。この章を読むと、なぜ「風水」が元来「地理」と呼ばれていたかがよく分かる。このあたりの記述は、今日的な地理の教科書とほとんど変わらない印象を受ける。ただしよく読むと、これを風水的地理観と言ってよいのかどうか、風水地理ではない、まっとうな中国の地理学に暗い筆者には断言しかねるところはあるのであるが、中国全土の山水を連続する流体のようなものとして捉える視点は、筆者にはきわめて風水的に見えるのである。

ここで、いささか唐突ながら次ページの図版「大東輿地全図」(一八六一年刊)を見ていただきたい。朝鮮の金正浩(?—一八六四)によって作成された朝鮮半島の地図である。金正浩は、分かりやすく言えば朝鮮の「四千万歩の男」(伊能忠敬)である。この図を含む彼の『大東輿地図』は実地踏査によって作り上げられ、朝鮮王朝最大・最高の科学的実測地図と評価されている。その一方で(これは必ずしもその高度な「科学性」と矛盾しないと思うのだが)、風水的地理観の影響も指摘されている。事実、その詞書き(図版では細かくて読めないが)には、『山経』(風水の古典)に言うとして、次のように述べられている。

——崑崙山に発源する三大幹龍の一つ(北条幹龍)が医巫閭山(遼寧省にある山)となり、脈が断たれて遼東の平原となったあと、白頭山として隆起する。この白頭山こそ朝鮮の山脈の祖山であり……。

三大幹龍については後述するが、この地理観は明らかに風水的である。地図もまた、白頭山から発した脈が半島全域にわたって生命組織のように張り巡らされた、いわば山のネットワーク(気のネットワークというべきか)を描いている。白頭山については、第九講で改めて取り上げるつもりである。

「大東輿地全図」

朱子の国土観

中国でこのような地図が作成されなかったのは、国土があまりにも広かったためであろうか。テキストにもどると、「中国の山を総論す」という一文は、「朱子いわく」として次のように述べている。

――『河図（かと）』という書物に、崑崙は大地の中心である、と書かれている。中国から于闐（うてん）（現在の新疆ウイグル自治区和田一帯）まで二万里である。于闐から来た使者が、西へ四三〇〇余里行くと、そこが崑崙だと言っている。いま中国は崑崙の東南にあり、天下の山は崑崙を祖として、そこから三つの幹に分かれて中国に入ってくる。夷国（外国）の山については考察のしようがないし、またその値打ちもない。いま中国の山に限定して言えば、その河北の諸山は……。

以下、マクロに大局的に中国の山系の全体が「一支（一支脈）」という語を重ねて記述されるが、あまりに煩瑣にわたるので水系ともども省略する。なお、テキストに従えば、いわゆる三大幹龍説は朱子に帰せられることになるが、そのような言説は朱子の書き物に出てこない。しかし、朱子は風水に理解があったし、風水的観点を導入しつつマクロに中国全土を把握しようとしたのはまぎれもない事実である。国の半分を異民族の金に奪われていた誇り高き儒教徒が、自分の国土というものに無関心でおられたはずがない。

ここでは、一例だけ引いておこう。これはテキストにも引用されている発言である。ここには、龍法（雲中）、水法、砂法（白虎、案山）など、風水の主な方法がそろっている。なお、朱子の自然（科）学や自然哲学については、山田慶児氏や韓国の金永植氏らによって目覚ましい成果があげられているが、どちらかというと天文学が中心で、「地の学」に関してはほとんど研究が進んでいない。

――冀州（伝説上の帝都）は、天地のどまん中に立地したためでたき風水のところで、その山の脈は雲中（山西省大同あたりか）から発して来ている。雲中はちょうどその高い尾根のところに当たっていて、尾根より西側の水は西流して龍門（洛陽近郊）付近の黄河に注ぎ、尾根より東側の水は東流して海に入っている。冀の都の前方には一筋の黄河が巡るようにして流れ、右には華山（陝西省）がそびえ立って白虎をなし、華山からの山脈が中ほどで嵩山（河南省）となり、それが前の案山の役割をつとめて、そのまま進んで泰山（山東省）となり、左にそびえ立って青龍となる。淮南の山々は第二の案山であり、江南の山々は第三、第四の案山をなしている。（『朱子語類』巻二）

三本の大龍脈

テキストは次に、本題である三大幹龍論に入るが、その入口に図版に掲げた独特の地図

中国三大幹龍総覧図

が置かれている。これは非常に有名なもので、現代でも風水書だけでなく、まともな地理学の研究書にもよく引用される。この地図は当時からかなりポピュラーであったようで、たとえば、その題名通り、図入りの百科事典として有名な『三才図会（さんさいずえ）』の地理の巻に、先に紹介した「中国の山を総論す」と「中国の山水を総論す」という文章とともにそっくりそのまま掲載されている。われわれのテキストの初刊は先述したように明の嘉靖四十五年（一五六六）のことで、『三才図会』は同じく明の万暦三十五年（一六〇七）に序文が書かれているから、そこに約四十年の時間の隔たりがある。ただ、『三才図会』の著者は、これを中国全土を捉えたオーソドックスな地図と考えていたわけではない。地理の巻の巻末に「堪輿（風水のこと、第一講参照）諸図」として、龍・穴・砂・水の基本的なパターン図が掲載されているが、そのあとに、あくまで風水家の地図という扱いで置かれているのである。参考までに、そこに付せられた著者・王圻の言い分を聞いてみよう。この一文は、明という時代に知識人が風水をどう考えていたか、あるいはまた、風水の社会的位置といった事柄を知るための有力な資料にもなる。

——堪輿家の言うことなど、むろん一々気にするべきではない。しかし、孔子が墓の吉凶を卜した記録があるし、程子（北宋の儒者）は墓地を選ぶ上での五つの患害（既出）に注意を喚起したし、公劉（民に慕われた周の為政者）は都邑を移すさいに土地の陰陽を観察したし、周公旦は周を造営するとき、瀍水と澗水の間をあらかじめ卜した。してみれば、『葬経』『青嚢』『金函』といった風水書も廃棄すべきではなかろう。『易経』に、「天と地が上と下にその位置を定め、山と沢が気を交流させる」とある。ここでいう「位置を定める」とは、墓地風水の説であり、「気を交流させる」とは龍脈・砂水の説である。仁と孝をめざす人が本書に掲載した風水図を味読し、うつむいては山川のうねうねとした連なりを観察し、仰いでは木・火・土・金・水の五行の星宿を観測して、山川の配置と星座の区切りを見極めたなら、必ずしも郭璞・卜則巍・

曾文遄・楊筠松・廖金精・頼文俊などの俗説と符合せずとも、堪輿のポイントは腑に落ちるはずである。そういうわけで、堪輿の諸図をとりあえず掲載したのである。

さて、この地図であるが、計測にもとづく近代的な地図とは異なるので、眺めているといろいろ想像力が刺激される。「京師」とあるのは明国の首都・北京のことである。崑崙山と太行山のほかに、東西南北のいわゆる五岳は黒く塗りつぶされている（一々注記できないが、たとえば「東岳」は泰山のこと）。格が高いからである。現在の万里の長城は明代に修築されたものだが、これがくっきりと描き込まれているのは、いわゆる「華夷の辨（弁）」、すなわち中華と夷狄の領域を明確に弁別するためであろう。朝鮮が中華帝国と陸続きの半島でなく、海中に浮かぶ島になっているのもその華夷観念のなせるわざであろうか。「琉球」は台湾ではなく沖縄であろう（台湾は「福建」の文字の下の頂きの黒い島がそれであろう）。明代、琉球は朝鮮とともに明の冊封体制（形式的・儀礼的な支配体制）のなかに組み込まれていた。

ひょうたん——黄河の源流

図の左側では、黄河の河源がひょうたん形になっているのが目を引く。ひょうたんの中に「黄河　星宿海」という文字が入っている。黄河の源流には、小さな無数の沼沢が星屑のように煌めいていると考えられていたのは事実にしても（さしあたり宮本輝氏の小説『星宿海への道』を読まれよ）、まさかそこに、大きなひょうたんがゴロリと横たわっていると当時の人々にイメージされていたわけではあるまい。この場合のひょうたんはシンボル、と言って分かりにくければ寓意なのである。ひょうたんが選ばれたのは、この植物はあたかも子宮のように万物の種子を宿すとする伝承にもとづいているのであろう。水もまた、そこから滾々と湧き出てくる。それにしても、河源は崑崙山ではなかったのか。図では、河源と崑崙山とはかなり離れている。この問題を解くためにはもう一度シンボル操作を持ち込まねばならない。

ひょうたんは、漢語では瓠（こ）、壺（こ）、匏（ほう）、瓢（ひょう）などと表記され、一般には葫蘆（ころ）と書かれることが多い。フランス・シノロジーの碩学（せきがく）、ロルフ・スタン氏などは、その「葫蘆」を取り上げて、この語の発音 hu-lu は、渾淪（カオス）hun-lun とともに崑崙 kun-lun にも音声的に通じていると言う。言葉は文字よりも先に音から始まるから、葫蘆も崑崙もカオスという根本義を共有していることになる。単純化して言えば、河源のひょうたん図は崑崙山に通じ、したがってこのひょうたんは、二重の寓意を帯びていることになるわけである。

この図はほかにも疑問点があるが、いま一点だけ指摘しておきたい。著者たちの説明によれば、「天下の山は、崑崙を祖として、そこから三つの幹に分かれて中国に入ってくる」

のであった。しかし図では、「三大幹龍」は山というより、黄河、淮水、長江の三筋の大河として表示されている。「幹龍」というのはつまりは大河のことなのか。いや、そうではあるまい。あとで章を変えて述べるように、龍脈は基本的には山、つまり山脈であり、山のない平地に限って水とするのが風水の原則である。しかし、中国の地勢の現実として、西の果てから東の沿海部にいたるまで連綿としてとぎれない大山脈というものは存在しない。存在するのは三大河だけである。風水において、水はまた一方で、生気を導き、生気の漏出をさえぎるという役割を付与されている。かくして風水家たちは、そうした水の性質を媒介に、架空の大山脈＝大龍脈を三本の大河に投影したのである。河は、ここでは一個の寓意としても眺められるべきであろう。

北条・中条・南条

またまた前置きが長くなったが、テキストは次に三大幹龍の各論に入る。その文体は、「その脈は……より起こり」で始まって山脈の流れを「一枝」でつなぎ、最後に「その水源は……」として河川の流れを記述してゆく、というふうになっている。山と水の「脈絡」が即かず離れず二元的に記述されているのである。風水上の理念と現実の地勢とを両立させようとすれば、このように書くほかはなかったのであろう。ただ、『三大幹龍図』

に記載のない地名・山名・水名がふんだんに出て来て、中国大陸に土地カンのない読者には結局抽象論で終わってしまうので、その南・中・北の三条の「幹龍脈絡」のトレースは省略せざるをえない。要するに、「三大幹龍図」（六六ページ）を見れば分かるように、北条は黄河、中条は淮水、南条は長江沿いにそれぞれ西から東へ走っている、と考えておけば大過はない。ただ、ここで述べられている「分野」の区分だけ転記しておきたい。

北条――冀・燕の分野
中条――雍・豫・徐・青の分野
南条――梁・荊・楊の分野

九州説

右に言う「分野」であるが、これはいわゆる九州説にもとづいている。九州説とは、中華の支配と文化の及ぶ境域を九つの行政区画に分割してとらえた考え方である。この文献上の初出は、『書経』のなかの「禹貢」という篇で、前三世紀の戦国時代にできたとされている。この文章は、伝説上の治水の英雄、夏の禹王が山川を修復し道を通しつつ、中国全土を踏査した報告書の体裁を取っており、九州各地の地形、交通路、物産、貢ぎ物などを記している。中国の別称の一つである「禹域」はここに由来する。この行政区画はあく

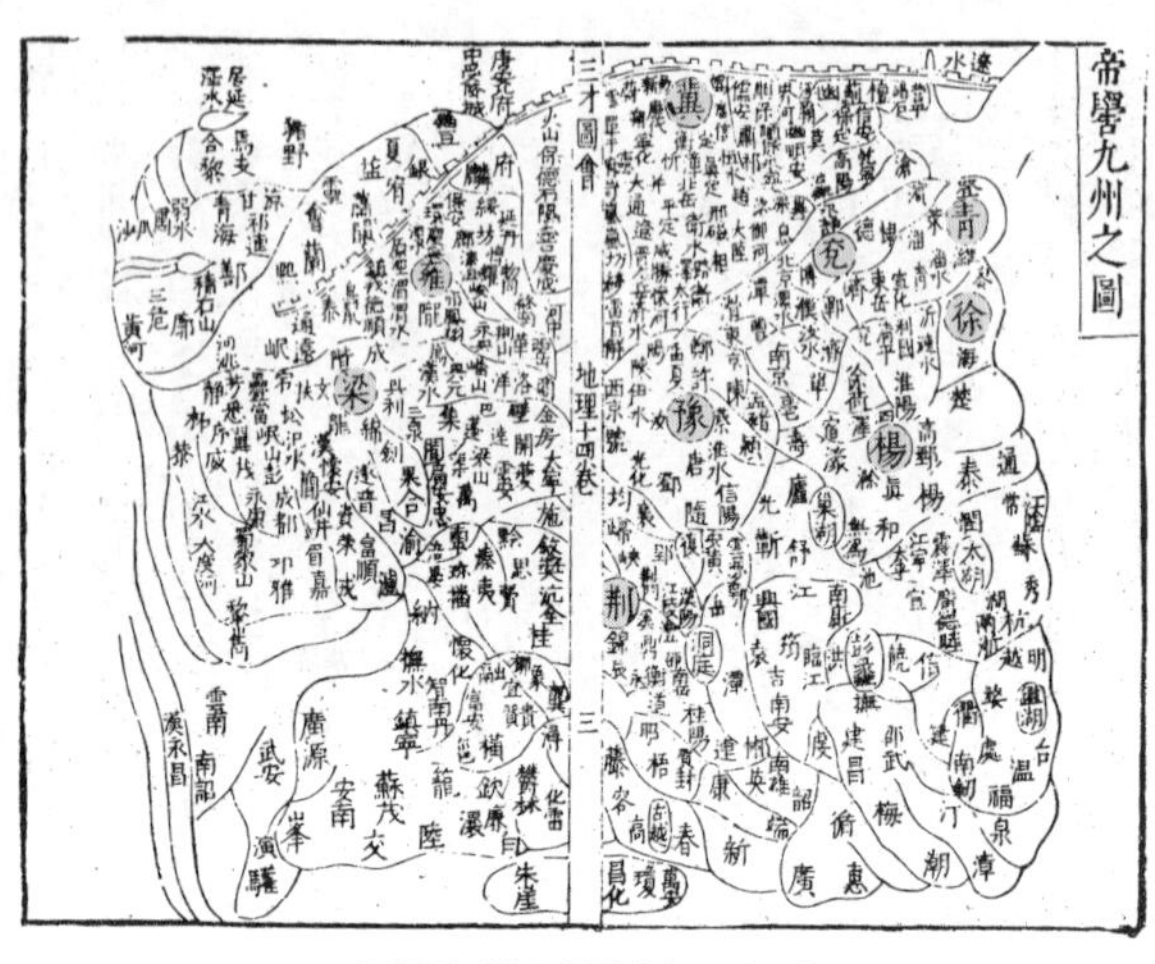

九州図（『三才図会』による）

までフィクションであったが、聖人が作ったものと信じられていたため、後世、実際の統治においてしばしば規範として仰がれた。のみならず、中国の山川そのものも、禹が正しく導き定めたものと観念されて、大がかりな改造を抑止したこともあった。宮崎順子（よりこ）氏は、自然でさえも聖人を介在させて意味づけをするというこの国特有の文化様式を指摘したあと、この古い地理・地誌の書を風水説の遠い源流と見なして、「禹の導いた三、四条の山脈は、のちの風水説においては気が流れる道筋である龍脈に反映されたと考えられる」と述べている（東京大学出版会『中国思想文化事典』「地理・風水」）。現に、本書の著者たちは九州説をベースにして幹龍説を開陳しているのであり、その文体も「禹貢」の文章を意識して書いているように思えてならない。文化人類学のテーゼの一つに、正統的文化はかえって辺縁に残る、というのがあるようであるが、一種辺縁の文化である風水が朱子を引き『書経』を引用するのは、別段奇妙な現象ではない。逆に言えば、辺縁という自意識が強ければ強いほど、正統的権威への欲求もそれだけ激しくなるのである。

三大幹龍説から歴史観へ

テキストは次に意外な展開をみせる。三大幹龍説がそのまま歴史をとらえる基軸に転用されるのである。空間から時間への変換である。風水のよき土地は英傑を生み、英傑は輝かしい歴史を創造する。このような考え方を「地霊人傑」という。霊妙な土地は傑物を生む。

まずテキストは、歴史の観点から上記三幹龍の優劣をつける。中幹（条）、北幹（条）、南幹（条）という序列である。そして、その理由を次のように述べる。

> ――漢の高祖（劉邦）の泗上、後漢の光武帝の白水村、宋の太祖（趙匡胤）の夾馬営、そしてわが太祖（朱元璋）の鍾離郷（現代の江蘇省盱眙県）はすべて中幹上にあり、世宗（著者たちの同時代の皇帝）が天意を受けて即位されたのも中幹でのことである。

右は、歴代の帝王のなかから中幹上で生を受けた人物をピックアップしたものである。こういう歴史観は現代人の眼から見れば笑止千万という他はないであろうが、しかし、白頭山という朝鮮風水の聖なる祖山と自己の生誕とを結びつけ、おのれの存在と政権とに人間離れした超越性を付与する、ということが今の今、つい御近隣で真面目に行なわれているのだから笑い事ではないのである（第九講参照）。テキストは次に北幹、南幹の評価に移る。

――唐・虞の君（伝説上の聖王、堯と舜）はともに北幹上で生まれた。南幹は宋になってから運気が集中・興隆して、万代にわたる儒教の宗師・朱子（福建省尤渓県で出生）を生み、以来、文化も人物も東南地域が栄えている。その南幹上のもっとも優れているポイントは金陵（南京）で、わが明王朝の根幹をなす重要な土地であり、太祖皇帝が帝業の基盤を築かれたところである（明は第三代・永楽帝のときに南京から北京に遷都）。ふたたび明代に生を受けた著者が最高と評価する中幹にもどり、明王朝との特別な関係を強調する。その大意は以下のようなものである。

――中幹上の優れているポイントは東岳泰山で尽きるが、この一帯は、聖人・孔子をはじめ、幾多の賢人・豪傑を生んだ。しかし宋の末に黄河の河道が変わり、龍脈を断ち切ったためにそのパワーは衰え、中幹の王気（帝王を生み出すエネルギー）は泗州鳳陽

（安徽省鳳陽県）に凝集するようになった。本朝の熙祖・仁祖（太祖の祖父と父）の御陵もそこにあり、太祖が生まれたのもその鳳陽府の鍾離（盱眙県）であった。父の仁祖陵は九龍の頭上に営まれたといわれ、祖父の熙祖陵は、中幹から発したその龍脈に王気が集まり、前の湖が内明堂（龍穴を囲む区域）をなし、淮河と黄河が着物のえりを合わせたように合流するところは外明堂となり、淮河流域の九峰は遠い案山をなしている。仁祖陵は元来、宋の呉景鸞が宋王室に献上したもので、宋はこれを採用できなかったのである。天がわが王朝まで留め置いてくれたのは偶然であろうか。

このように南幹と中幹は、明の王室と特別な関係で結ばれていた。では、そのかみ堯・舜が生誕したという北幹と明とのかかわりはどうか。テキストは、北幹上の優れているポイントは燕京（北京）、つまり今の帝都だとして、「冀州は天地のどまんなかに立地したためでたき風水のところ……」という六五ページ既引の朱子の語を引く。そして、北京を北幹の枝結（幹龍の支脈が龍穴を結んだところ）とし、朱子の言う冀州の都は堯の帝都ではないとする説に反論を加える。著者たちは、北京は支脈なんぞではなく北幹のまぎれもない本流に位置しており、冀は堯が都を置いたところであって、また、冀の東側は幽州であり、古代では幽と燕（すなわち北京）は同意義であり、したがって朱子の言う冀には今の帝都・北京も含まれている、と主張する。いささか強引な気もするが、北京讃歌という前提から出発しているので仕方がない。

明朝への讃歌

かくして、著者兄弟は自分たちの言い分を以下のようにまとめる。

——そもそも南幹が正しく気を結ぶところは南京であり、わが太祖皇帝の孝陵もここにある。中幹が正しく気を結ぶところはわが熙祖と仁祖の二陵であり、中結はわが（承天）献宗皇帝の顕陵である。北幹が正しく気を結ぶところは今日の北京であり天寿山（北京郊外北北西）に抱かれた諸帝王の御陵である（現在いうところの明の十三陵）。三大幹龍はわが王朝だけがそのすべてに関わっている。歴史を振り返れば、堯・舜以来、正幹の一つだけを得ていたり、支脈の一つを得ただけの王朝でも、数百年以上存続し得たのであるから、三大幹の福とエネルギーのすべてを獲得しているわが大いなる王朝は、今後億万年も繁栄すると、今ここに予言しうる。野にある賤しいわれわれは、その盛時に際会しているが、聖なるお国のために衷心より慶賀せずにおれようか。

テキストの三大幹龍論は、なんのことはない、明朝への最大限のオマージュで帰結しており、残念ながら、歴史論と呼びうるほどのまとまったものではなかったように思う。風水的発想を取り込んだ歴史把握にかんしては、清朝の学者・趙翼（ちょうよく）（一七二七—一八一四）

の史学評論集『廿二史箚記』に収める「長安地気」が必読の文献である。そんなに長い文章ではないが、「地気」の移動というキー・コンセプトを軸にして、人間の力を超えた歴史の展開をダイナミックにとらえている。

地気の移動と王朝の盛衰

著者趙翼によれば、唐の開元・天宝時代（七一三―七五六）がその重要なターニング・ポイントになっているという。開元・天宝といえばかの玄宗の治世で、大唐国が最も栄えた時代であり、李白・杜甫たちがその文学的才能を存分に開花させ、国際都市・長安には今と変わらないアジア的喧噪と熱気が渦巻いていたであろう。「盛が極まると必ず衰える」という、これも中国的（あるいは易経的、陰陽論的）な歴史観を踏まえて著者は、その盛衰の根拠を「地気」の移動に求める。

地気とはなにか。地気というと、こういうエピソードが想起される。宋代のこと、洛陽の天津橋上を友人と散歩していた邵康節（北宋の思想家）は、ホトトギスの鳴き声を耳にしてにわかに顔をくもらせ、こう言ったという。

――本来南方の鳥であるホトトギスが北の洛陽に来たのは、地気が南から北へ流れる前兆だ。地気が南流すると太平、北流すると乱世になる。天子は南人を重用して、やがて天下は多事となるだろう。

この話は、南方出身の王安石（北宋の学者、政治家）の登場を予言したものとして中国史では比較的よく知られている。王安石は清朝末期まで、新法という悪法を断行した姦人としてはなはだ評判が悪かった。朱子にも、「北方の地気は厚いので人々はみな健康だ」といった用例がある（『朱子語類』巻一三八）。

風水では「地気」の語はほとんど使わず、かわりに「生気」というが、趙翼の言う「地気」は実質的には「生気」と同じものと考えてよい。第一講で述べたように、生気は特定の大地の下を流れてその上で生活を営む人間にさまざまな福をもたらす。都市や村落の場合は、個々の人間というよりその都市や村が繁栄しつつ存続する。趙翼は、地気にも盛衰があり、そのような地気が開元・天宝年間を境に、西北から東北へ移動しはじめた、と言うのである。換言すれば、西方の地気が衰え、東方の地気が興隆しはじめた、と言うのである。彼は、安史の乱をきっかけに唐の屋台骨にひびが入りはじめ、黄河以北の河朔三鎮を統御できなくなり、やがて契丹（きったん）が起こり、金、元、明、清（いずれも首都は北京）へと移ってゆく歴史の展開を地気の移動で説明しようとしたのである。彼もさすがに清朝人である。結局言いたかったことは、開元・天宝ターニング・ポイント説と次のような清朝正統説なのであった。

――わが王朝（つまり清）に至って、天下のすべてを領有しただけでなく、西北の辺境数万里にまで領土を拡大したが、その支配の中心は東北（北京と離宮のあった河北省の承徳）にある。これは、王気がすべて東北に凝集していることの明白な証拠である。

趙翼のこの地気説が風水説と密接にかかわっていることは、文中に「堪輿家」の言を引いている事実からも了解される。地気は、開元・天宝を境に一挙に東北に動いたのではなく、途中幾つかのプロセスないし通過点があった。洛陽と開封（いずれも河南省）がそれである。前者は、周代いらい都が置かれ、のちに「九朝古都」と謳われる名城であるが、この場合で言えば、唐代においては長安に次ぐ第二の都市として栄え、次の五代ではここに首都を置いた国もあったし、宋代では東京（開封）に対する西京としてその都市としての格は高かった。黄河に近い開封は、言うまでもなく北宋の首都であった。趙翼は、この二都市を「堪輿家の言う過峡」と表現するのである。「過峡」は風水用語で、詳しくは一三二ページを参照されたいが、要するに「峡」は峡谷の峡で、山と山のあいだの低地を指す。龍脈は基本的に山沿いに走るから、谷になるとそこで生気が途切れるかのようであるがさにあらず、むしろここでじっと凝集してパワーアップするのだという。つまり、地気は長安から東北へ移る前に、洛陽と開封で一休みして力を蓄えたと趙翼は言いたいのである。

趙翼の地気説は、わが内藤湖南（一八六六―一九三四）に継承される。湖南は、もはや現代では伝説的な中国学の巨峰である。湖南は、江戸時代の中葉、西（関西）から東（関東）へ繁栄が移った日本史を枕に、「頗る斬新の論」として上記「長安地気」をほとんど全文引いて評価しつつも、そこでは唐以前が説かれておらず、また、地勢のみあって人文的要素が欠如しており、中国全土に対する目配りが欠けているとする立場から、趙翼の論を豊かなスケールで補充している。ここではその大綱しか紹介できないので、くわしくは「地勢臆説」（明治二十七年、全集第一巻）を読まれたい。

湖南は「地気」をキーワードに（湖南によれば、本邦でもかつて幕末の儒者・塩谷宕陰に「地気の説」があったという）、趙翼の分析が不十分な東北（北京以北）、そして彼が取り上げなかった東南（南京を中心とする江南）、西南（四川）、両広（広東と広西）の地勢と人文（人物、財物、文化などの総体）を縦横に論じている。まことにその該博な学識には感服するほかはないが、しかし彼の関心はもっぱら過去にあるのではなく、歴史を踏まえながら当時混迷の度を深めていた中国（この論文を書いた年に日清戦争が勃発）の帰趨を見きわめ、ひいては世界政治の動向を読み解くところにこそ湖南の狙いはあったのである。結局のところ湖南は「支那の存亡」と「（世界）文明の大勢転移の方嚮（＝向）」については結論を述べず、「更に同好の士と之を詳論せん」と書いて文章を結んでいる。

第四講　都市と龍脈

都市と風水

テキストの大龍脈論はまだ続く。本講のテーマは都市――といっても帝都――の立地の風水的解釈である。

都市と風水との関係については分からないことが多い。都市は自然と対立する人為の産物、というのが中国の都市の基本的コンセプトであるが、その場所の選定や設計思想には、土地の生産性や利便性や防禦といった現実的条件のほかに、宇宙論などの理念的要素が取り込まれている。風水説はその双方と関わりがあるはずであるが、設計段階で風水説を採用したという痕跡を留めていないケースが大部分で、いきおい後付けの解釈にならざるを得ない。

テキストも当然のことながら言及している北京などは、自然からの人間の自立と、その人造的空間への馴致された自然の導入という都市形成のシナリオに最も適合する規範的な都市と言ってよいが、風水説との関係ということになると、決定的な証拠に欠けている。ただ、紫禁城の背後に築かれた景山（この頂上に登ると紫禁城の美しい黄瑠璃の甍の波を一望できる）を風水説でいう主山（または坐山）と見なしたり、入り口である午門と宮殿とのあいだに掘られた金水河を風水説でいう玉帯水（気の漏洩を防ぐバリア）とする解釈などはかなり説得力があると思う。つい最近（二〇〇五年七月）、『紫禁城の風水』という本が中国で出版された。著者・王子林氏は風水師ではなく故宮博物院の研究員であるが、風水説や易のシンボリズムの観点から北京と紫禁城というテキストを読み解こうとしていて、筆者個人としては示唆に富む研究だと考えている。

帝都と星座

さて、われわれのテキストは、帝都の風水を天象（星座）と結びつけて論じるのであるが（前掲王子林氏も紫禁城と天象との関係について一章を設けている）、本論に入るまえに著者たちは次のように弁明している。帝都などという国家の重大問題を論じるのはわれら在野の賤人の分を超えたことであり、それに、よき墓地を求める人の子には関係がないように見えるが、土地を論じるにはまず大幹龍を知らねばならないし、大幹龍が集まるところは必ず大都市と大垣局（星座の大区画）なので、これもまた、君子たる者は知らねばならないのである、と。

テキストは、古代の聖王たちの建都の故事を引用しながら、いかに彼らが都城づくりに慎重であったかを述べ、風水との関係を考察する。むろん著者たちは、堯・舜が風水に従って都を営んだなどと、経典に根拠がないようなことは言わない。聖王たちの行ないは天地自然の道理に合致しており、風水がもとづくところもそこにあるから、帝都の立地は結果的に正龍を得て天星の垣局に合っており、逆に、風水の道理に合致しない都市はただちに壊滅しているではないか、という言い方をするのである。

歴代の帝都とその寿命

テキストは、まず「歴代帝都の図」とともに「歴代帝都考」という一覧表を掲載する。ここには、今日の歴史学からすれば噴飯物の部分もあるが（もとより禹までは伝説にすぎない）、当時の人々の歴史観を知る資料ともなるので転載しておきたい。文中に「今」とあるのはむろん明の時点での「今」である。

伏羲（ふっき）の都　陳　今の河南省開封府陳州　在位一一五年
神農の都　陳　河南省より曲阜（きょくふ）に移る　今の山東省袞州（えんしゅう）府曲阜県　在位一四〇年

黄帝の都　涿鹿　今の北直隷涿州　四世に伝う　合計三九〇年
堯の都　平陽　今の山西省平陽府　在位七二年
舜の都　蒲坂　今の山西省蒲州　在位六一年
禹の都　安邑　今の山西省安邑県　一七世に伝う　合計四五八年
湯の都　亳　今の河南省帰徳府　二八世に伝う　合計六四四年
周の都　鎬　関中にあり　東のかた洛河の南に移る　三七世に伝う　合計八七三年
秦の都　咸陽　今の陝西省西安府　三世に伝う　帝と称すること合計一五年
前漢の都　関中　今の陝西省西安府　一二世に伝う　合計二一四年
後漢の都　洛陽　今の河南府　一二世に伝う　合計一九六年
三国の都　漢（蜀のこと）は成都　二主　四三年／　魏は鄴　五主　四六年／　呉は建康（南京）　四主　五二年
西晋の都　洛陽　今の河南府　四世に伝う　合計三七年
東晋の都　建康　今の応天府　一一世に伝う　合計一〇四年
南朝の都　宋・斉・梁・陳はみな建康／　宋は七帝　五九年／　斉は九主　二三年／梁は四主　五六年／　陳は五主　三三年
隋の都　長安　今の陝西省　三世に伝う　合計三八年

唐の都　長安　一八世に伝う　合計二六九年／　昭宗　洛陽に移す　二世に伝う　合計一八年

宋の都　汴（べん）　今の河南省　九世に伝う　合計一六七年／　高宗　杭州に移す　九世に伝う　合計一五三年

元の都　燕　今の京師順天府（北京）　九世に伝う　合計八八年

皇明　太祖皇帝の帝都　金陵　今の南京応天府／　成祖文皇帝　燕に移す　今の京師すなわち元の故都　万万世

帝都は星垣に合う

帝都の各論に入るまえに、テキストは「帝都は必ず星垣に合うを論ず」という一文を掲げている。大地の摂理を求める風水地理が、なぜ星空を見上げる必要があるのか。テキストは言う、

——天にあって帝座（玉座）をそのなかに持つ星座が、地にあっては帝の住まう都になるのは、天象と地形とが上と下とでたがいに相似しているのが自然の道理であるからだ。

楊筠松（よういんしょう）は言う、山は地上にあるが、地から出る光は天上の星に属しているし、遺体は地中にあるが、その光は天にある星の光を認識してこそ真の技芸なのである、だから

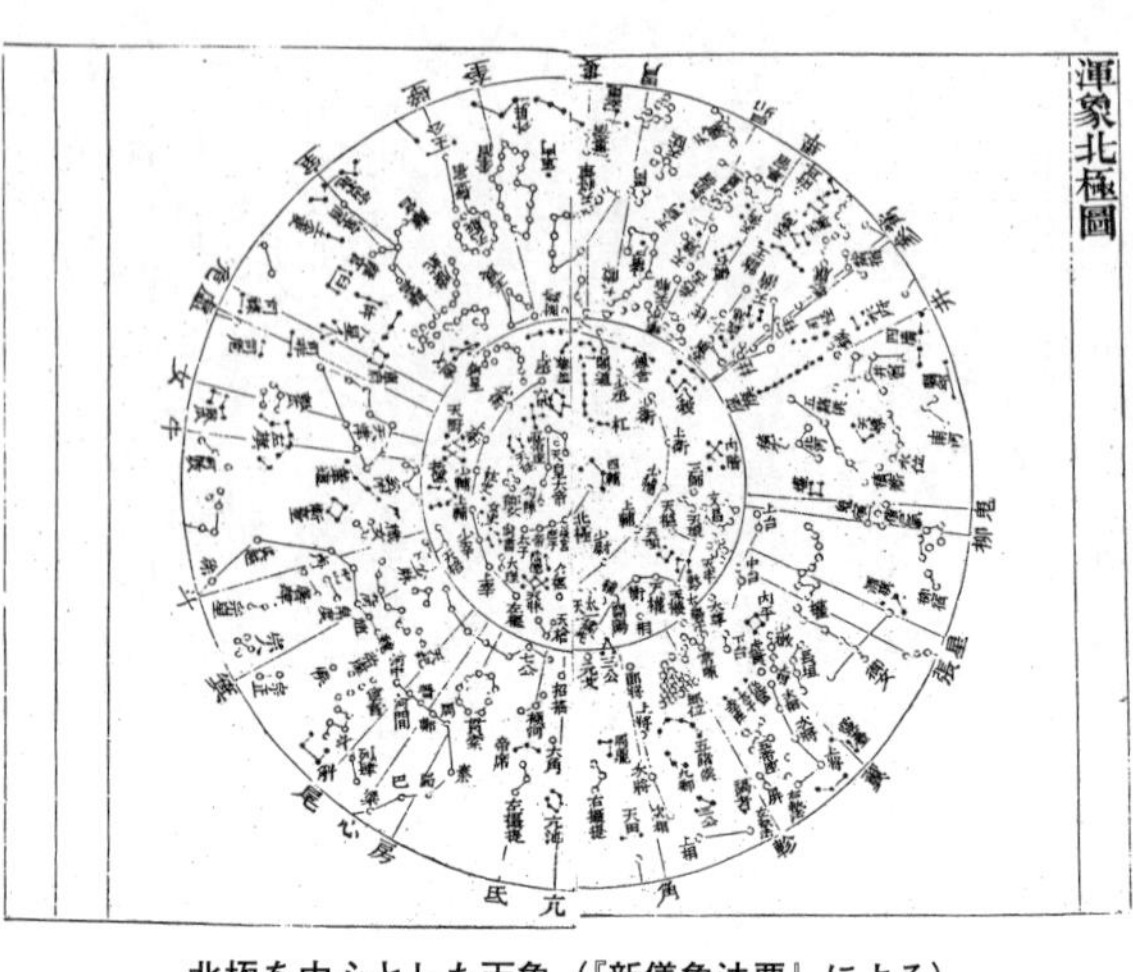

北極を中心とした天象（『新儀象法要』による）

地学（風水のこと）は、うつむいて地の理（筋目、模様）だけを見ていたのではだめなのだ、と。

そう言われても、もひとつ腑に落ちないのは、こうした思考が拠って立つ、中国固有のバックグラウンドが省かれているからであろう。まず、大きな枠組みとして天人相関という世界観がある。天（自然）と人とはたがいに没交渉の別々の世界なのではなく、眼には見えない感応（コレスポンダンス）という糸で繋がっているのだ、という考え方である。たとえば、天災を悪政に対する天の譴責（罪のとがめ）とするのはその一例である。

分野説というのも、この天人相関説の枠内にある思考と見てよい。さきほど

「禹貢」の九州説に関連して「分野」に言及したが、ここでいう「分野」はあの九地域を天空に貼り付けたものである。これは、「天は象を垂れて吉凶を見す」（『易経』）をテーゼとする中国的な占星術の一つで、天空という大スクリーンをいつも観察していて、空の特定の「分野」で生じたなんらかの天変を、それと対応する地上の分野——冀州とか徐州とか——での事変に読み替えて、吉凶を占うのである。

典拠としての『歩天歌』

ただし、著者たちが取り込むのは、このようないわば古典的な分野説ではない。テキストが問題にするのは帝都の置かれた地域だけであり、したがって天空の分野も、そこと対応する星域に限定される。北極のまわりの広い領域である、紫微・太微・天市の三垣がそれである。というのも、それらにのみ帝座があるからである。このような星座観は風水家の恣意的な創作ではない。中国科学史、とくに中国天文学の世界的な碩学である藪内清氏に解説していただこう。

——史記（天官書）では全天を五官に分け、北極附近を中官とし、其他を東、南、西、北の官に隷属せしめた。次に晋書（天文志）では中官に対して赤道以南の星座を外官とし、残りは二十八宿に分属して説いている。これに対し歩天歌では、北極附近を紫微、太微及び天市の三垣に分ち、残りを二十八宿に分属せしめている。全天の星を三垣二十八舎によって呼称することは、実に歩天歌に始まるものと言わねばならぬ。そして此の分類が後世にまで沿襲されて来たのである。

（『支那の天文学』恒星社　昭和十八年刊）

ここで論及されている『歩天歌』こそ、風水家たちの典拠だったのである。もっとも、二十八宿の方はほとんど捨象される。この作品は韻文による「一種の星座案内」で、「説明が要を得、星座相互の相対的位置が略々（ほぼ）明白」（藪内氏）と評価されている。作者は丹元子という隋の隠者だという。テキストは、右の「帝都は必ず星垣に合うを論ず」の条において『歩天歌』を引用するのであるが、ここでその一節を引いておく。ざっとこんな調子である。

中元北極は紫微宮なり
北極の五星はその中に在り
大帝の座は第二の珠にして
第三の星は庶子の居なり……

紫微垣

テキストはまず中元北極・紫微垣を取り上げる。紫微垣の中心は、宇宙全体の中心である北極星である。次ページ右上にかかげた「紫微垣天星之図」の中心部に「天皇大帝」という文字が見えるが、これこそは北極星を神格化した、宇宙を支配する至高神であり、「太一」と呼ばれることもある（北極星は神格化されると「太一」になり、哲学化されると「太極」になる）。したがってこの紫微垣（紫微宮）は、宇宙の至高神の宮殿ということになる。天皇大帝の周囲を、大帝を支えるさまざまな星の官僚が取り巻いている。ギリシャ神話とゆかりの深いヨーロッパの星座と比較すると想像力の飛翔がないが、官僚制は中華文明の精髄の一つであり、その中華の文明では天空は地上の鏡なのだから、これはこれで味があると思うべきであろう。

地上は逆にまた、天上に似せようとする。中国では古代から、地上の宮殿を天上の宮殿に近づけて、王権に超越性をもたせようとする志向が強かったので（天子は天の子である）、天の紫微垣にならって天子の居城を紫宮、紫宸殿などと、紫の字を冠して呼んだ。明・清時代、北京の皇城を紫禁城と称したのもその流れである。

ここから風水の出番になる。地上の紫宸殿を天上の紫微宮に似せるだけでなく、紫宸殿のある都市——つまり帝都のスケール全体を紫微宮化する、というのが風水の発想なので

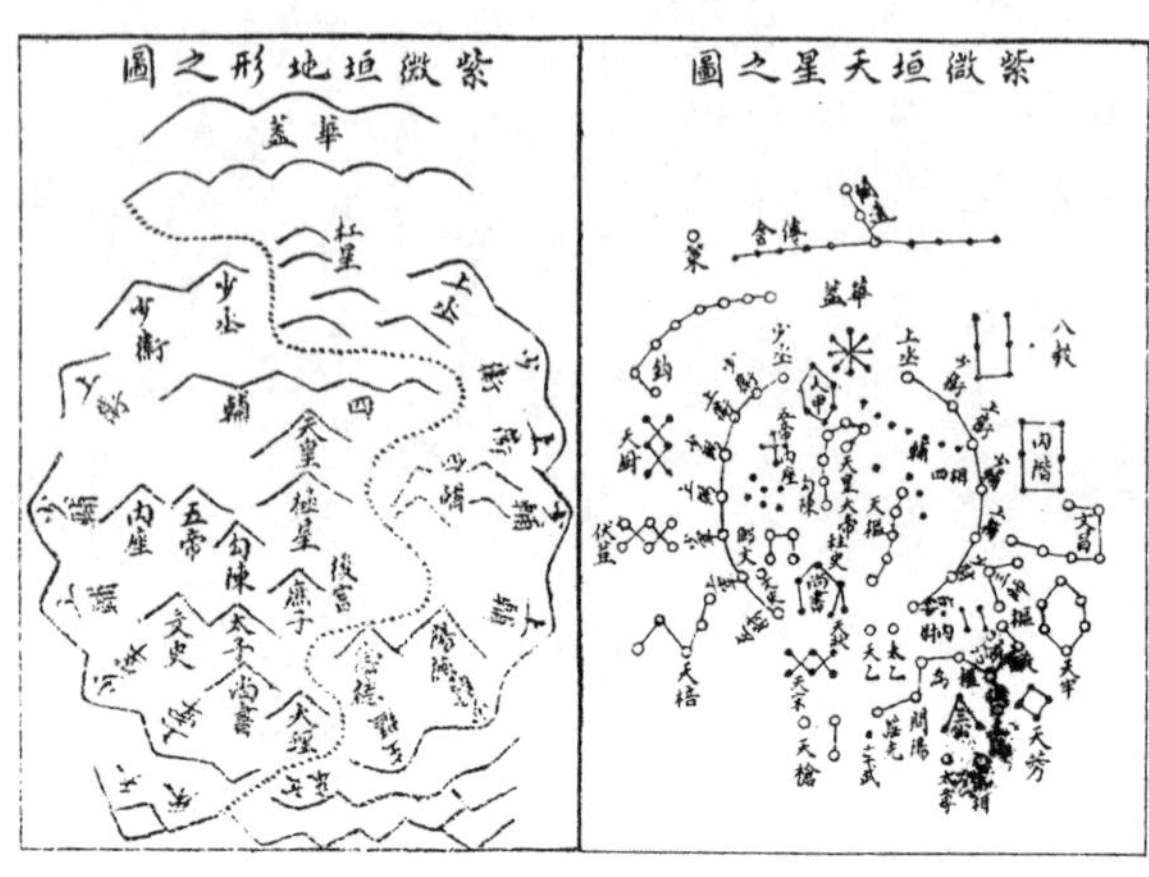

紫微垣地形之図　　紫微垣天星之図

ある。そういうわけで上の図版左側の「紫微垣地形之図」は、いわば地上に下ろされた紫微垣ということになる。このような地形こそ理想的な帝都だと風水家は考えたのである。

天上と地上の両図を見比べていただきたい。星は山に換えられ、まん中の天皇と北極星を護っている。テキストが引く楊筠松のコメントによると、この紫微垣には前後に（図に即してわかりやすく言えば、上下に）門があり、華蓋（貴人用の大がさ）と三台が前後を護衛しているという。図では上部、円周の欠けたところに華蓋があるが、三台星はこの図には見えず、テキストでは太微垣図の中に登場する。華蓋は、地形図では二筋の山並みに変換されている。前門とい

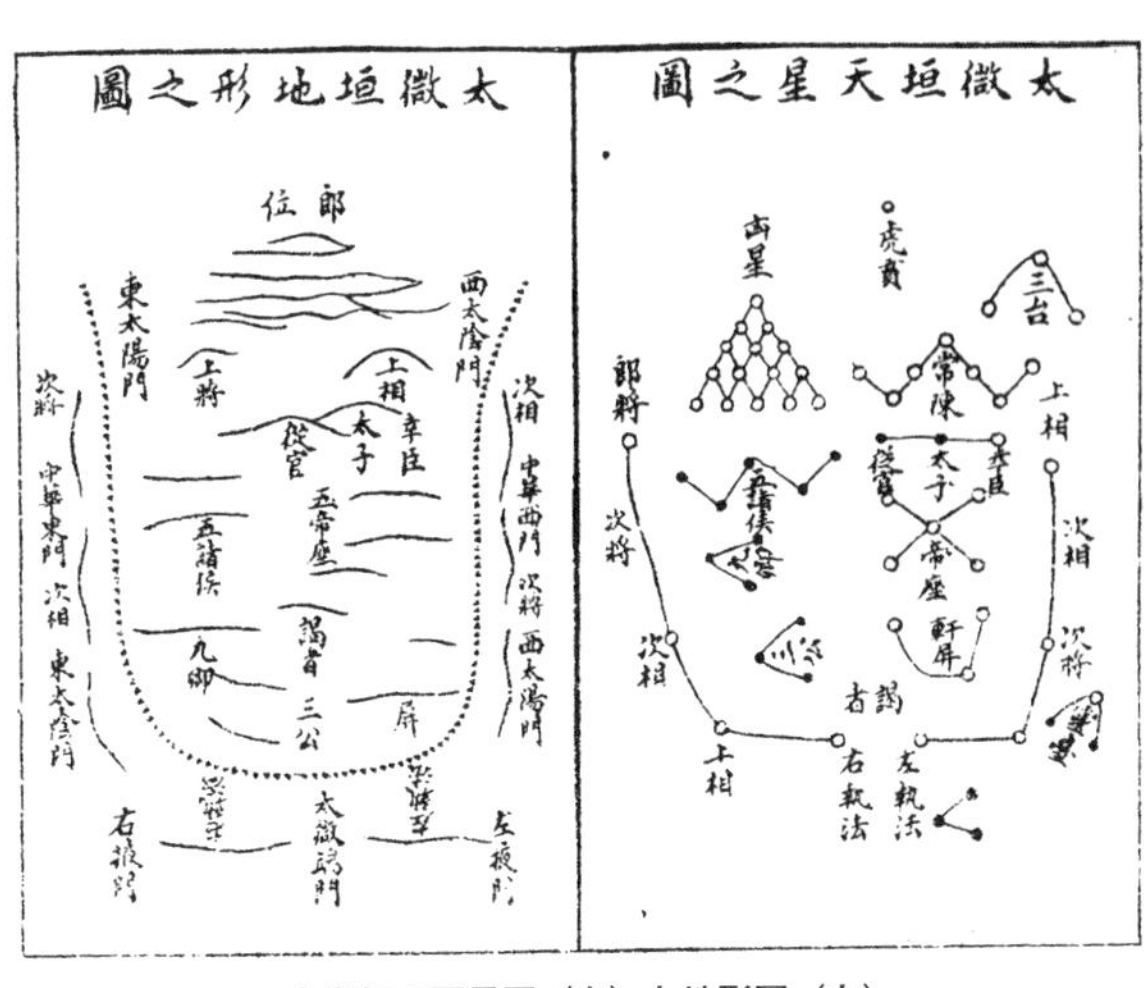

太微垣の天星図（右）と地形図（左）

うからには、華蓋山は風水でいう朝山（龍穴の前方にある山）の役割を担っているのであろう。また、地形図では、一筋の水が城を抱くように屈曲しつつ前門から後門へ縦断しているが、テキストではこれを御溝と呼ぶだけで、対応するはずの星座が示されていない。しかし、大筋では両図は相似形だと認めてやってよいだろう。

太微垣

次は上元天庭・太微垣である。ここでもテキストにしたがって、天星図と地形図の二枚の図を掲げておく。太微垣は、天帝がお祭りのお下がりの肉を受け取り、自分の功業を告知する場所といわれる。この図では中央ではなくやや右寄りだが、五星からなる帝座（五帝座）が見える（あわせて八六ページの「渾象北極図」も参照されよ。帝座は、円周上の二十八宿でいうと翼と軫の間）。周囲は例によって、官僚たちによって固められている。テキストは地形図について、例の楊氏や廖金精を引きながら、太微の地形は方正（四角）と言っている。上相から左執法、右執法から郎将にいたる線が直線だし、それに執法が門を護っているところから方正というイメージが出てくるのだろう。ここでも水が流れている。「一水、城横をめぐる」という説明しかないが、先述の直線が城壁に見立てられ、城壁から掘り割りの水が連想されたのであろう（たとえば今に残る西安城がそうであるように、中国でも城壁の外に堀をめぐらす。もっとも、この場合は城壁の内側のようであるが）。門は九つも開けられている。

天市垣

次は、最後の下元一宮・天市垣である。その位置は、「渾象北極図」でいえば、東方七宿の房・心・尾・箕・斗の方角にある。テキストによれば、天市は天帝の泉布（お金）の蔵であり、はかり（斗、斛）や市場（列肆、市楼）などがそろっている。もう一つの特徴は、列国をあらわす二十二星が帝座を囲繞している点である。先述した分野説である。これら

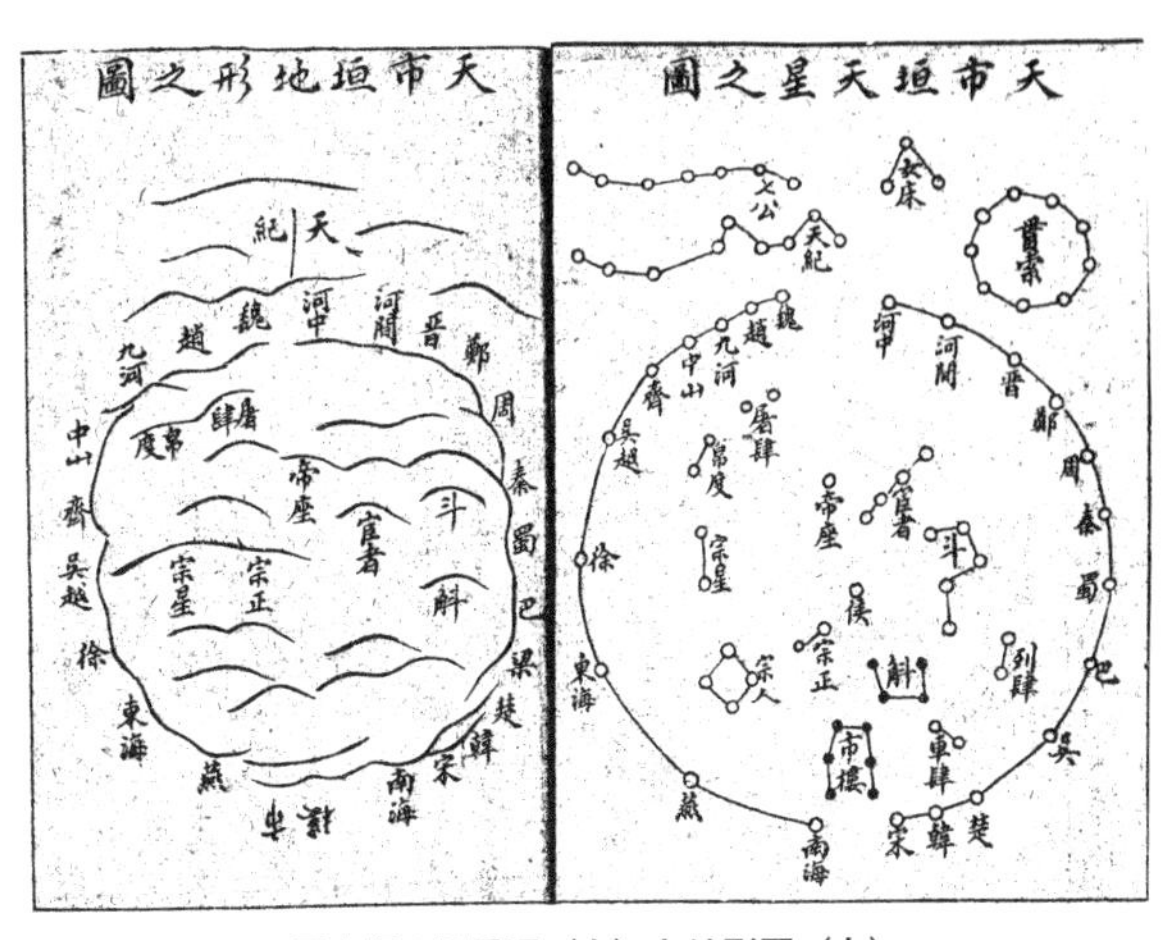

天市垣の天星図（右）と地形図（左）

は、そのまま山として地形図に写し取られている。テキストは、東西南北に門が四つあって、多くの水流がここに集まり、大河となって東海に注ぐ、と言うが、この図上には水の痕跡は認められない。こうして三垣を論じおわったあと、テキストはかく言う、天星図は天文志、地形図は廖金精の『金璧玄文』に依拠し、調べやすいようにこのテキストでは両図をならべたが、地形の解説文では山水のおおまかな形勢を述べたまでであり、また、両図の細かな対応を求めないでほしい、と。

現実の帝都と三垣図

さて、以上が前書きであった。問題は

現実の帝都と三垣地形図との関係である。テキストが取り上げる帝都は、北京、平陽、咸陽、長安、洛陽、開封、南京の諸都市であるが、ここまで述べてきて、筆者は語り手として大いに悩んだのである。結局、あとで読者をがっかりさせるよりは初めに言っておいた方がよいと判断して、ここであらかじめ断りを入れておくことにする。いったい何のことかというと、テキストは帝都諸都市の立地・地形と三垣の地形との具体的なつながりをまったく語らないのである。というより、あれだけ天の垣局について熱弁をふるったのに、地上の帝都の問題に入ると、天の三垣のことは申し訳程度にしか出てこない。理由は分かっている。かの天上の三パターンだけでは、現実の地上の都市の複雑な地形をカバーできっこないからである。テキストが、両図の細かな対応を要求しないでほしいと言った裏には、実際の地形との対応も求めてくれるなという含意もあったのであろう。三垣天星図＝三垣地形図＝帝都の地形というのは、あくまで風水家の願わしき当為だったのである。

北京の風水的解釈

はじめに、「北龍の結ぶところの帝都の垣局を論ず」と題して、北京が俎上に載せられる。北京を冒頭に置くのは、むろんこの都市が栄光ある皇明の首都だからである。テキストは、崑崙山に発した龍脈が北京に至るまでの経過をたどる。すなわち、北龍は異民族の境域を通ること万余里ののち、ようやく燕然山に至って中国に入り、大同（山西）からさらに東行すること数百里、天寿山（明の十三陵を抱く山並み）として起き上がったあと、平野に落ちる（北京にいるとふだんは山を意識しないが、たとえば景山などの高所に登ると、南を除く三方が山に囲まれているのに気がつく）。北京の地勢については「燕山図」（燕山は北京のこと）を参照されたいが、うしろには天寿山が鎮座し、さらにその奥は鴨緑江が護衛し、前には（前後左右は南面する帝王のからだを基準にしていう）黄河が巡り、左手には遼東・遼西の枝脈が気の漏出を防ぎ、右手では桑乾河などの水流が境界を区切っている。著者たちはこのように北京の地勢と歴史を縷々語るのであるが、結局のところ、言いたいことは次の数行に尽きていよう。

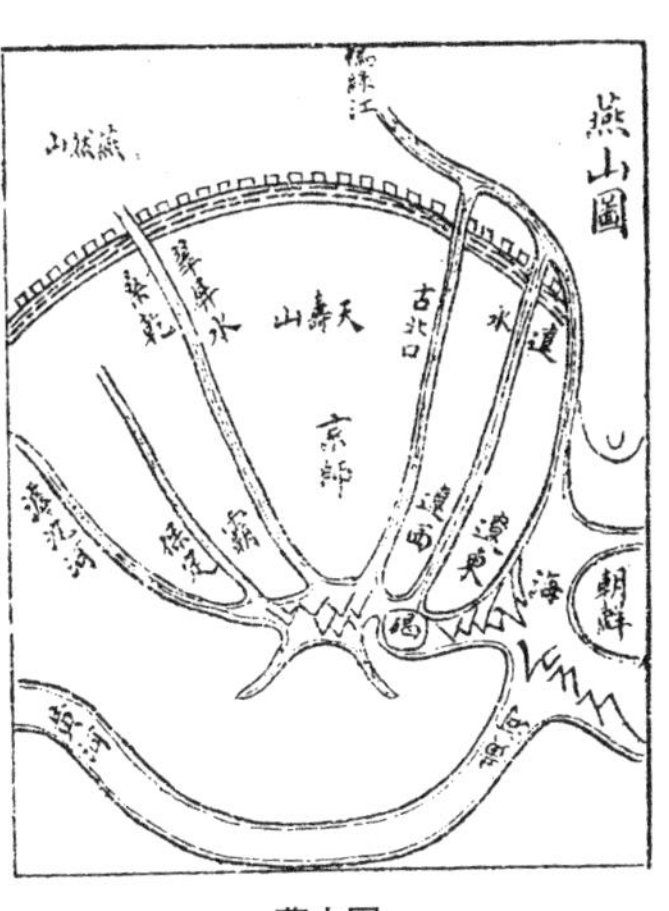

燕山図

――昔この地に都を置いたのは、周の武王に封ぜられた燕の召公が最初で、金・元で繁栄がきわまった。しかし召公は一介の諸侯であり、金と元とは夷狄という雑気（不純な気）であって、いずれもこの大いなる土地を担うには器量が不足している。わが皇明だけが国家としての正統を得、堯・舜の国土の広さに匹敵しており、漢や唐のおよぶところではなく、その国家としての功績と徳行が隆盛をきわめている。これは北京が、上は天の中心に当たり下は地の気に乗っていて、万世にわたる堅固不抜の大業を成就するための基盤たりえているからだ。

この北京を讃える一文を読んでいて気がつくことがある。「風水」と「形勝」の使い分けがそれである。ここでいう「風水」は例の「蔵風得水」のことで、上述のように山に護られ水で区切られている北京は、気が封じ込まれていると評価される。また同時に北京は、「形勝」もすぐれていると言う。著者たちの言う「形勝」も広い意味での風水から決して逸脱していないはずである。彼らの言う「地理」（テキストのタイトルにも含まれている）こそは、この「風水」と「形勝」とを統合した概念なのだろう。

「形勝」の北京は、テキストではたとえば次のように記述される。この文章は、清代にまとめられた古きよき北京の総合的な地誌『日下旧聞考』にも引用されている。

――幽燕（北京地域の古称）は、昔から雄勝の地として聞こえる。南に向かって左には滄海（渤海）がぐるりと弧を描き、右には太行山脈がここを抱くように連なり、南は黄河・済水を襟となし、北は居庸関を枕としている。蘇秦（戦国時代の遊説家）のいう

「天府百二の国」であり、杜牧（唐の詩人）のいう王者が王者とならざるを得ないところである。

帝都を南京から北京へ移したのは明の成祖であるが、著者たちは謙虚なことに、成祖は「風水の説」を顧慮して北京を選んだのではないが、結果的に北京は風水と「黙契」（計らずして合致）している、というような言い方をしている。ここで言う「風水」は、上記の狭義のそれであろう。なお、一カ所、楊筠松を引いて、「燕山はもっとも高く、天市に象る」と言っているが、それ以上の説明もなにもない。

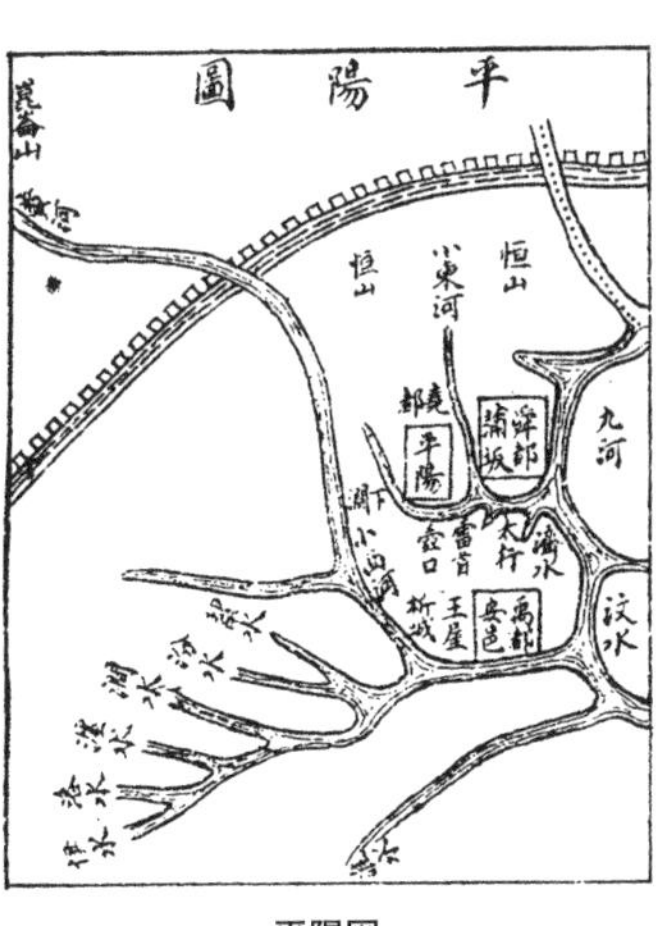

平陽図

堯・舜・禹の都、長安、咸陽

テキストは北京論を受けて、次に堯・舜・禹の都を論じる。上の「平陽図」を参照されたいが、これらはいずれも北京と同じ冀の境域に属しており、テキストは、「堯は、中原の極めて風水のよきところに都を定めた」という朱子の語などを引用して、これら伝説上の帝都（古人には実在が信じられていた）の立地を讃えている。結びは以下のようなものである。

――今、これらの帝都は風水が変化し（往時のパワーが別所に移動）、王気が枯渇衰滅して、もはや都を置けない。

次は「中龍の結ぶ所の帝都垣局を論ず」である。ここでは、中条幹龍上の長安、洛陽などの帝都が扱われる。

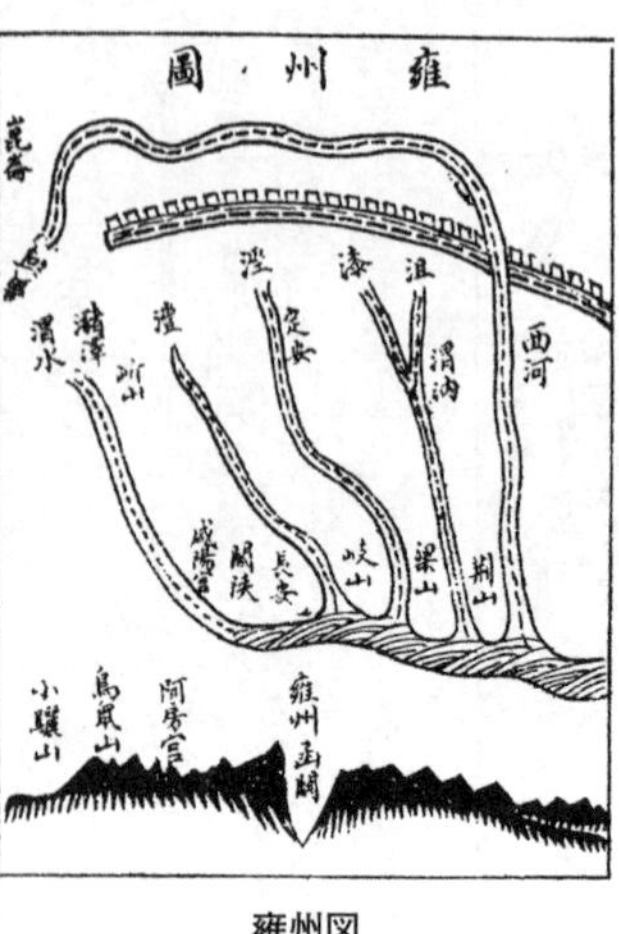

雍州図

まず、いにしえの雍州（ようしゅう）、つまり関中（陝西省）の諸帝都である。上の「雍州図」を参照されたい。なお、言い遅れたが、これらの諸図は『三才図会』の地理巻にも収載されている。このテキストから転載したのか、あるいは両者に共通の祖図があったのか、いまのところ未詳である。図中に見える岐山（きざん）は、周の先代がここに最初に都市を造った、いわば周王朝発祥の地であるが、わが織田信長がそれまで井之口と呼ばれていた城下町を再編成するに際し、そこに岐阜（阜は丘の意）という新しい名を与えたが、その典拠はこの岐山だったといわれる。

関中には、豊・鎬（いずれも西周の都。西安の西郊外、豊水を挟んだ両岸にあった）、咸陽（秦の都。西安の西北郊外。今その近辺に西安咸陽空港あり）、長安（漢、隋、唐の都。今の西安市、およびその西北近郊）の諸都市が置かれた。

テキストは、おなじみの楊筠松を引いて、関中は太微垣であり、中龍の尊所である長安はすっぽりその垣宿のなかに入っていると述べているが、天垣にかんするそれ以上の説明はない。三方を川が巡る太微垣地形図は、雍州図中の長安の立地と似ていなくもない。もっとも、長安の位置は正しくは渭水の南であって、北にあったのは秦の咸陽である。

その秦の咸陽については、宋の張子微を引いて、この都には長安の正気はなく、長安の枝脈にすぎない、と冷ややかな評価を与えている。漢以後、清にいたるまで中国の各王朝は儒教を建前としたから、儒教の「礼」の対極である苛酷な「法」による圧政を敷いたとして秦の評価はすこぶる低かった。ここには、そのような秦観が風水を通して表現されている。

もっとも、テキストは、同じ宋人である蔡元定の次のような語も引いている。

――咸陽の地は、風水の奥ぶかい理にかなったところであり、前後左右の諸山が包護している。

蔡元定の場合は、秦都を風水的には評価していると考えざるを得ないが、この問題はこれ以上深入りしないでおこう。それより、朱子の畏友でもあり、数理や術数にくわしかった蔡氏のこの語のなかに「包護」という語が含まれていることに留意したい。というのも、この「包護」という語は、たんなる用語法を超えて一個の思想として沖縄で根付くのである。この間の事情については、章を改めて述べるつもりである（ただし、沖縄の場合は「抱護」と表記する）。

さて、この中龍論でも、「風水」と「形勝」との二本立てで論じられる。右に引いた張子微や蔡元定の言説は「風水の美」を述べたものとされる。「形勝」は、漢の高祖に長安への遷都を勧めた婁敬（ろうけい）の、「秦の地は山に庇護され河に区切られ、四周がおのずから自然の堅固な要塞になっている」という言葉などがそれに当たる。「形勝」は「形勢」とほぼ同義で、「関中は山河が四方の砦をなし、その形勢は天下第一」などという用語例が示しているように、風景の勝れる景勝の地というより、要害の土地という意に近いであろう。そして著者たちは、この地は漕運（物資の運搬流通）に難ありとする説に対して、周や漢・唐の豊富な物資の蓄積はこの地に流通経路が確保されていた証（あかし）ではないかと反論する。そして、この雍州というところはたんに形勝・形勢が険要堅固なだけでなく、風水宝地の美点が集約しているところが素晴らしく、さらに、土は厚く水は深くその民は質実重厚であると賞讃を惜しまない。もっとも、宋人が開封に都を移して以来、今にいたる五、六百年、王気は消尽してしまった、と残念がるのではあるが。ともあれ、風水家――というより著者たちの眼差しが、いわゆる狭義の風水を超えて、一種の地政学や風土論にまで及んでいるところに留意したい。

九朝の古都・洛陽

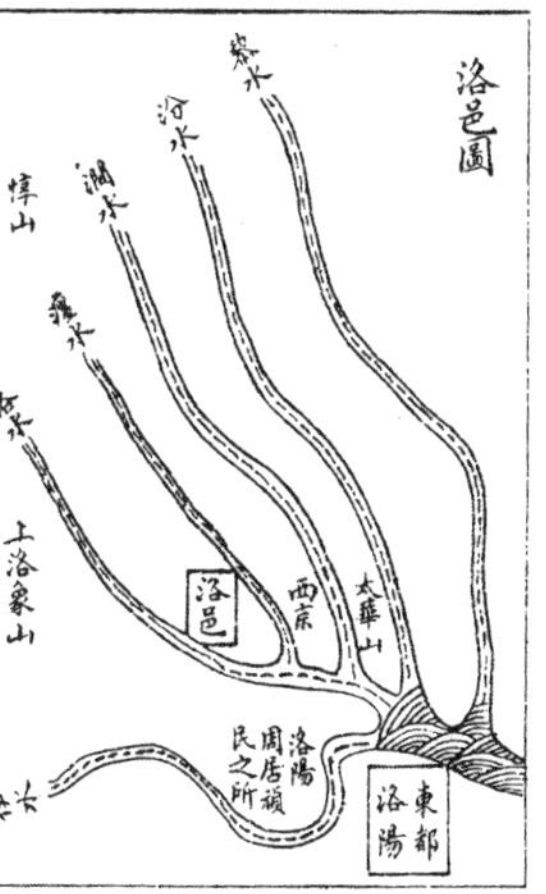

洛邑（陽）図

中龍の次のポイントは洛陽（河南省）である。本ページ上に掲げた「洛邑図」を参照していただきたい。先述したように「九朝の古都」と謳われる洛陽は歴代、九つの王朝の都が置かれ、帝都が置かれた期間は合計すると千年に近く、長安に次ぐ長さを誇っている。「洛中洛外」とか「上洛」などというように、「洛陽」はわが京都の古称の一つであった。これは平安時代、中国の両都制を二都ではなく一都の京都のなかで模倣して、右京を長安、左京を洛陽と名付けたが、右京（長安）がさびれたために左京の洛陽が京都の代名詞になったのである。ちなみに言う、「京都」の京も都もがんらいは王都を意味する普通名詞であった。北京を「京都」と呼ぶこともある。

さて、洛陽は紀元前七七〇年、周の平王が鎬京（西周）からここに遷都して東周を建てたのが最初の帝都になる。一口に「九朝の古都」といっても、洛陽の同じ場所に都が置かれ続けたわけではない。長安でも漢の長安城と隋・唐のそれとは位置がかなり大きくずれていたが、洛陽の場合はもっと複雑で、東周、漢（河南県城）、それに、現在の洛陽市がその一部になっている隋・唐の洛陽城は、たがいに近接しているものの微妙にずれており、南北九里、東西六里で九六城とも呼ばれる漢・魏の洛陽城となると、隋・唐城から十五キロも東に造営されている。テキストは洛陽の地形を次のように述べている。

――前（南）は伊闕に当り、後ろ（北）は邙山に拠り、左には瀍水、右には澗水が巡り、洛水がその中央を貫いて、天上の天の川に象っている。この王都は紫微垣局である。

テキストが右のように言うのは、隋・唐の洛陽城の立地であろう。「洛邑図」で言えば、「西京」とあるのがそれである。「伊闕」の「伊」は伊水、「闕」は凱旋門のような形をした城門のことであるが、筆者はながらくこの意味が分からなかった。ところが、一九八七年、現地に立って一発で理解できたのである（一〇三ページ写真参照）。洛陽の南郊に龍門石窟で名高い龍門山がある。その向かいが白楽天の墓のある香山である。この両山の間を伊水が北へ、つまり洛陽の町へ（写真では手前の方へ）ゆったりと流れているが、眼を南に転じると、両山が石窟のあるあたりで接近して、まるで門のように見えるではないか。同時に、「龍門」というネーミングの意味も氷解した。伊水が洛陽に生気を送り込む龍に見立てられているから、ここが龍の上って行く入口になるのである。「伊闕」と同じ光景を別の観点から表現しているわけで、こちらの方はまるきり風水的発想と言わねばならない。

伊闕（右が龍門石窟、左が香山。筆者撮影）

「邙山（ぼうざん）」は洛陽の北に広がる黄土の台地で、漢・魏以来、貴族たちの墓所だった（今ここに古墳博物館が建っている）。さらにその北をチョコレート色の黄河が流れている。隋・唐の洛陽城は、テキストに言うとおり洛水が都城の中央を東西に貫流していた。紫微垣というのは、中心部を川が流れる前掲の「紫微垣地形之図」と突き合わしてみると、なんとなく納得させられる。じつは、テキストのこの一文にはそっくりそのまま先例があり、そこでは、洛陽の皇城（天子の居城）を太微城といい、宮城（皇城の中枢的空間）を紫微宮という、と書かれている（『新唐書』地理志など）。本書は専門書ではなく、出典の詮索は馴染まないのでこれ以上は論じないことにする。関心のある向きは、たとえば、清の顧炎武『歴代宅京記』や、同・徐松『唐両京城坊考』などを参照されたい。

テキストは視点を風水から形勝に転じる。洛陽は風水の法にはかなっているが、周囲に険害がない平野なので敵の侵入を許しやすいという。だから周の成王と周公旦は、天下の険である豊と鎬を主都とし、天下の中（洛陽は天下の中心に位置すると信じられていた）を副都とするという両都制を採用したのだった。しかし、平王が洛陽に一元化したためその後周は衰えたが、それでも戦国時代、強力な列国から敬意をもって遇せられたのは、文王・武王の徳の蓄積があったからだ、というのが著者たちの洛陽論の結論のようである。

北宋の都・開封

中龍の最後は北宋の都・開封（河南省）である。洛陽の東方、直線距離で約百八十キロの黄河の南岸にあり、北宋時代には副都の西京（洛陽）に対して東京と呼ばれた。人口百万を誇ったこの大都市の繁栄ぶりは、長さ五メートルにおよぶ絵巻物『清明上河図』によって今に生き生きと伝えられている。

テキストは、黄河と淮河に挟まれた汴梁（べんりょう）（開封）は「天の苑垣（えんえん）」と言っているが、これはかの三垣とは別のものかどうか、よく分からない。この帝都の場合、問題は黄河との関係である。黄河の河道が歴代、堤防の決壊によってしばしば変化したことはよく知られているが、著者たちによれば、彼らの時代にはなんと黄河は開封の南を流れるようになっていて、もはや往時の「風水・形勝」は回復のしようがなかったという。テキストは、明の洪武二十四年（一三九一）と同・正統十三年（一四四八）に発生した深刻な決壊の様子を次のように述べている。

開封（復元された宋代の街並み。筆者撮影）

――洪武二十四年、黄河は原武で決壊し、東へ進んで開封の北五里にまで迫り（平常時は四十里）、南行して項城に至り、潁川（えいせん）をへて淮河に入り、もとからの河道はついに淤泥（おでい）（ぬかるみ）になった。

正統十三年、またしても黄河は滎陽で決壊し、開封城の西南を通り、城市の北の新しい河道はまたもや淤泥となり、これ以来、開封城は河の北になった。かくして龍脈は、変化した河による穿孔を受けて破壊され、形勝もまた黄河を頼りにできず、台無しになった。

この記述を読むと、決壊と氾濫によってしばしば河道を変えて人々を苦しめてきた「害河」の脅威がよく分かる。実際、たび重なる氾濫が運ぶ土砂の堆積によって、明代の開封は地下五メートルに、そして北宋の帝都はさらにその七メートル下に眠っているという。しかし一方で、一つの都市を跨ぐような、そんな河道の大変動が現実に起こりうるのか、という素朴な疑問が湧いてくるのも事実である。『明史』の河渠志は明一代の河川の状況を記録したパートであるが、ここでは黄河のために二巻も費やされていて、いかにこの名うての暴れ龍が御しがたかったかがよく理解できる。この河渠志の正統十三年の条を開いてみると、たしかにこの年の氾濫はすさまじかったようで、とりわけ「開封の患、特に甚だし」と書かれている。しかし、これ以来、黄河は開封の南を流れるようになった、という記述は見出しえないのである。ともあれテキストは、黄河がもたらす災害は人力を超えており、こういう土地に都の建設などもはや望みようがない、と結ばれている。

金陵南京

帝都垣局論の最後は南龍である。ここでは金陵（南京）と臨安（杭州）が取り上げられる。

まず、南京である。「金陵図」（一〇九ページ）を参照されたいが、この古都は最初、金陵という美しい名を与えられ、その後、建業や建康とも呼ばれた。金陵という地名は、テキストも引く以下の伝承による。南京は遠く戦国時代、越がこの地に築城したことに始まる。そして紀元前三三三年、越は楚によって滅ぼされ、楚はここに金陵邑を置いた。これが「金陵」という名の起こりである。なぜそう名付けたかというと、楚王がこの地に王気（王者を生み出す大地のエネルギー）が立ち昇っているのを嫌い、黄金を埋めてその気を鎮めたことに由来するという。また一説に、秦の始皇帝がやはりこの地の王気を恐れ、地脈を断ち切って王気を漏洩発散させ、「金陵」を「秣陵」と改名したという。この話には、地脈を断つために掘られた跡が秦淮河（南京城の南西を囲繞して流れる運河）になったのだという尾ひれがついている。いずれにせよ、このような伝承は戦国時代や始皇帝の在世中からあったわけではなく、土地や地理に対する関心が高まった魏晋南北朝時代の産物と考えられる。

この帝都には、一つの大きな歴史上の問題がある。なぜこの都の建都期間は短いのか、換言すれば、南京に都を定めた王朝はなぜ短命なのか、という疑問である。この南京を含む江南の地は四世紀以降、住み慣れた華北・華中を異民族に追われた貴族たちによって開発され、東晋以降、六つの王朝がここに都を置き（それゆえこの時代を六朝（りくちょう）という）、さらに五代の南唐、そして明へと継承されていったが、北京と比べるといっそう目立つことに、各王朝の寿命がおしなべて短いのである。百四年間存続したもっとも長い東晋は例外として、他はみんな六十年を超えられない。明は六十年も持たずに北京に遷都してしまったし、著者たちが見ることのできなかった中華民国は三十八年にすぎない。なんなら、ここに「天京」を置いて十年あまりで壊滅した太平天国を加えてもよい。

この複雑な要因のからむテーマについては、もとより多面的な観点から考察されねばならないが、風水家たちは土地の問題として彼らなりに考えていたようである。テキストは、形勝から言えば、長江が天然の要害をなしていて英雄が力を振える土地としている。一方、風水の観点から言えば、この他は紫微垣局に合致するものの、ただ垣気が多く漏れる欠陥があると指摘する。どこから気が漏洩するのか、テキストは具体的にはほとんどなにも語らない。

次ページの図版に掲げた「金陵図」は少しデフォルメされているのみか、上が北ではなくほぼ東になっていてかなり見づらい。参考として、明代の宮城が記載されている図も載せておいた（一一〇ページ）。実際には、テキストのように南京の三面を長江が囲繞しているわけではないし、紫金山（鍾山）が皇城の主山（龍穴の背後にあって気をプールする山）の位置にあるわけでもない。テキストも引く諸葛孔明の語、「鍾山は龍のように蟠り、石頭城（南京の西にある古城壁）は虎のように踞る」に従えば、むしろ紫金山は四神の青龍になってくる。

南京のほぼ北に位置するのは玄武湖（テキストの図では「後湖」）であり、その「玄武」というネーミングは、四神のうちの北方の守護神を思わせ、これが主山の代わりをしているのだろうか。しかし、一般に風水では玄武は山（＝主山）がそれに当てられ、水という例は聞いたことがない。逆に、前方の低地にある湖沼が四神の朱雀に当てられることが多い。したがって南京には主山がないばかりか、現実の地形では皇城の北は山と湖の中間になっていて、むしろここから北方の殺気が侵入して来

金陵（南京）図

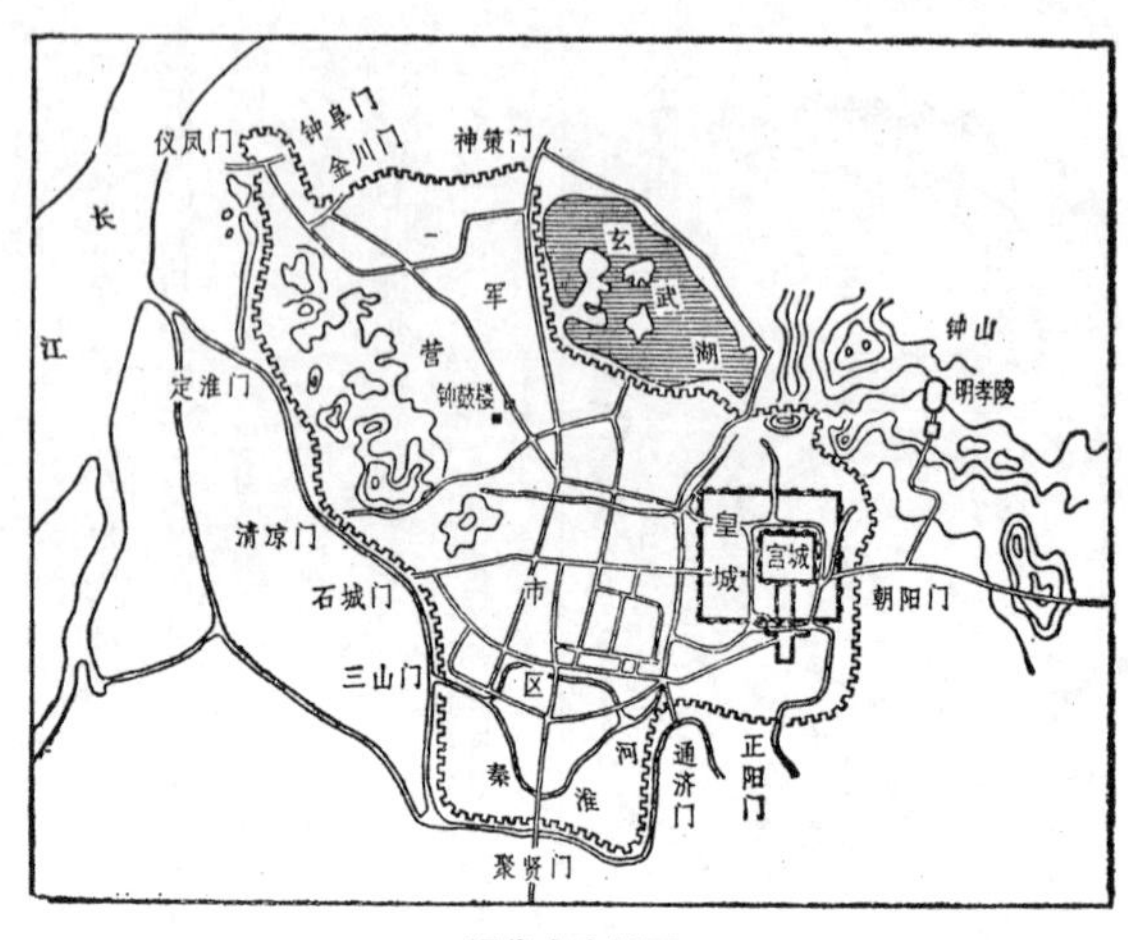

明代南京城図

る可能性もある。

また、南京の南に眼を転じると、図では長江が屈曲して水のバリアのように描かれているが、実際には気の漏出を防ぐ山も水もない。「紫微垣地形之図」の中央を縦断する水流を長江に当てたとしても、その南方には図のような稠密な山並みはなく開放的すぎ、かろうじて城壁と秦淮河が人工のバリアの役割を果たしているにすぎない。風水家たちが気の漏洩を危惧したのは、このような地形判断にもとづいてのことではなかったか。成祖が北京に遷都したのは、こうした地理の説を顧慮したうえでの決断ではないが、結果的には風水の理に合致しており、これはわが明に対する天の恩寵にほかならぬ、と著者たちは締めくくっている。

偏安の地・杭州

帝都論の最後は臨安である。臨安というより杭州と言った方がわかりやすい。ここは、宋が国の半分を異民族の金に奪われたとき、いずれは中原に帰る臨時の行在所として選ばれた都市であった。まちのなかに西湖という隠れもなき名勝があり、古来、地上のパラダイスとして、「上に天堂（天国）あり、下に蘇（州）・杭（州）あり」と讃美されてきた。

テキストには杭州だけ図が掲載されていないのでイメージが湧きにくいであろうが、著者たちが引く風水家のほとんどは、杭州の風水の特徴を西の天目山（天目茶碗の天目である）と東の海門との配置に見出そうとしている。海門とはこの場合、地名ではなく海口、または河口の意で、銭塘江がラッパ形の杭州湾へ注ぐあたりを指しているのだろう。ちなみに銭塘江河口には、毎年旧暦八月十五日前後、海潮が高く盛り上がって逆流して来る。この豪快な「銭塘の潮」は、五世紀の魏晋時代にはすでに人々の観光の対象になっていた。

さてテキストは、このような地形はかの三垣中の天市に似ると述べ、開放的な海の方向には、舟山列島が杭州湾外に点在していてバリアとなり、垣気の漏出を防いでいるとする。たしかに、天目山と海口とは相対峙してはいるが、この地形が天市図とどこが相似しているのかよく分からない。天市垣の天星図を見ると、星を環状につないだ円形（城壁をあらわすか）の下方に「南海」、その左上あたりに「東海」星があり、あるいはこれらを地上の海に見立てているのだろうか。

テキストはさらに、形勝から論じると、杭州は一隅に偏りすぎている「偏安の地」であり、これが結局、南宋が天下を回復できなかった理由であると結論づけている。こういう言い方をすると身も蓋もなくなってくるのであるが、著者たちの帝都論というのは透徹した予見などではなく、結果論であり、現状の追認論にすぎない。すでに判明している揺るぎない結果から、当該都市の命運を予見のような振りをして説明しているだけなのだ、などと言うと少し酷かもしれない。筆者などは、その説明の仕方を愉しんでいるのだから。

帝都論のまとめ

帝都論のまとめとして、以下のように結ばれる。ここには、儒教風水家の面目が躍如としている。

――結局のところ、建都の長さで言えば、北京が最上で、関中（長安周辺）がその次、そして洛陽がまたその次になる。しかし、りっぱな帝王はまだ他に重んじたものがあった。秦や隋は関中に都を置き、金や元は燕京（北京）に都を置いたが、風水の美も形勝の堅固さも効き目がなかった。風水の説は土地にあって、もとより為政者の選択すべきところであるが、禍福得失の契機というものは人にこそある。為政者たるもの、ここのところによくよく思いをいたすべきなのだ。

第五講　風水説の仕組み——龍法

龍の文化

テキストは前章の長い序説のあと、ようやく各論に入る。ここから、いわゆる「地理の四科」、すなわち①龍法、②穴法、③砂法、④水法という四つの科目が、図と著者の実地踏査を挿みつつ具体的に述べられるのであるが、本論に入るに先だって、ここで「龍」なるものについて簡単にスケッチしておきたい。というのも、風水説を陰に陽に支えているのが龍のイメージであるからである。

聞一多（ぶんいった）（一八九九―一九四六）というのは、豊穣な才能にめぐまれた詩人であり中国古典学者であるが（四十六歳で国民党によって暗殺）、その雄編「伏羲考（ふつき）」において、中国文化は結局のところ龍をトーテムとしていた古代の漢民族（龍トーテムクラン）にその基礎を置いている、と述べている。ここで「龍トーテム」について語る余裕はないし、また聞一多説の当否を判定する力量も筆者にはない。興味のある向きは原文を参照していただきたいが（中島みどりさんのすぐれた訳注がある。平凡社東洋文庫『中国神話』）、なぜ中国人はかくまで龍を好むのか、という問題を考えるとき、聞氏のような民族の原体験から説き起こす見解もそれなりの説得力はあると思う。

龍は蛇を原型とするキマイラ（合成動物）である。古代中国人には度し難い空想癖があって、たとえば古代地理誌『山海経』には眼も眩まんばかりの多様な怪物やキマイラが登場する。こうした妖怪変化は明・清の中華帝国期に至るまで生き続けるのであるが（日用百科事典『万宝全書』を見よ）、しかし由緒正しいキマイラといえば、龍と麒麟と鳳凰にとどめを刺す。そして、この御三家のなかで龍が圧倒的な人気を博していることに誰も異存はあるまい。さきの聞一多も、「要するに龍はわが立国の象徴であり……帝制から民主制に変わるとともに、龍は帝王の象徴から個々人の象徴になった」と書いている。

もとよりヨーロッパにも龍——いや、ドラゴンは居ることは居る。しかしマイナスイメージが強いのは如何ともしがたく、インドや東南アジアで人気のあるナーガになってようやく龍に接近してくるが、文化体系における重みがちがう。聞一多も言うように、中国ではなによりもまず、天子や聖人などの至高の存在の分身であった。儒教の聖典『易経』は、龍が水中深く潜み隠れ（潜龍）、やがて地上に姿を現し、ついに天空に昇ってゆく（飛龍）記述から始まっている。

龍と風水説

風水説がこのような龍でその身を装おうとしたのは、龍の威光によってみずからを権威づけようとしたのだろうか。それとも、龍の比類のないパワーに生気のエネルギーを重ねようとしたのだろうか。おそらく、その両方であろう（そういえば、風水説自体も種々の教義を取り込んだ一種のキマイラであった）。テキストは、山の形状は千形万状さまざまであり、またその変化も測りがたいから、これを喩（たと）えるなら龍しかない、という言い方をしている。「変化」のシンボリズムだけで「龍脈」や「龍穴」というネーミングを解釈するのは少し弱い気がするが、テキストの背後には中国の龍文化が横たわっているはずである。山の姿は「変化　測るなし」と言っても、山自体が動くわけではない。しかし、峰あり谷あり、延々と続く山並みを一個の生命体として捉えたとき――そのなかを生気が躍動しつつ走っているとする――それを一頭の巨大な龍として表象するのは、中国的龍文化の文脈からして不自然ではないからである。

「龍脈」の「脈」にも留意したい。がんらいこの語は中国医学のタームであり、気血の運行する脈管または脈拍を意味する。「龍脈」と「山脈」という語はいずれが先に生まれたのかよく分からないが、発想としては両者は同じ文化的基盤を共有している。つまるところ龍脈とは、山のつらなり（すなわち山脈）を生動する龍に見立て、その内部に流れる生エネルギー（生気）を龍の脈としてイメージしたものであった。なお、風水でいう龍は、これまで述べてきたいわば総論としての龍（龍脈）と、本章で述べる各論としての——つまり四神の一つとしての龍という二重の意味を含んでいる。

風水の二大流派

われわれのテキスト『人子須知』は、このあとようやく本論に入る。すなわち、風水説の仕組みを、一、龍法、二、穴法、三、砂法、四、水法、五、天星法、という五つの観点から解きほぐしてゆく。第五講以下においても、テキストに沿いながら説明を加えてゆくことにしよう。

ただ、その前にいくつか前提になる事柄を知っておいてもらわねばならない。最後に置かれている「天星法」のことである。風水書によっては、「天星法」の代わりに「向法」（方位論）を設けているものや（趙九峯『地理五訣』）、「天星」「向法」ともに含んでいるもの（万樹華『入地眼全書』）もあるが、この第五法はじつは風水の大きな流派にかかわっている。

どの風水の概説書にも書かれていることであるが、風水には大別して形法（形勢）と理法という二派があった。簡単に言えば、前者は風水の良地を探し求めるさいに地形を重視し、地形から風水宝地を帰納してゆくのに対して、後者は陰陽・五行・八卦といった理的・数的側面を重視し（一口に五行と言っても何種類もある）、したがってそれらを文字盤に刻んだ羅盤という計器を重用して、地形より方位によって判断する。それが隆盛した地域の観点から、前者を江西派、後者を福建派と呼ぶこともある。もっとも、実際には二派を折衷して風水判断を行なったようであるが、二通りのアプローチの仕方があったのは事実である。たとえば、第一講でも引いた風水書の解題『銭氏所蔵堪輿書提要』の「目録」では、第一類を「巒頭（らんとう）」（形法のこと）とし、第二類を「理気」（理法のこと）として、われわれのテキストは巒頭に分類している。

事実、著者たちは江西の出身だし、テキストの記述の仕方も本講以下で見てゆくように形法に大きく傾斜している。著者自身も、はじめは理法をまったく評価しなかったと述べている。しかし、嘉靖二十七年（一五四八）の春、趙懶雲（ちょうらんうん）という師に出会ってから考えが一変し、理法にも眼を開かれたという（巻七、天星法「堪輿宗旨」）。このテキストが完成する十八年も前のことである。テキストに「天星法」が附されたゆえんである。「天皇」も「向法」も理法派の理論である。ただし、これらは数理的な性格がつよく、その理論はとても複雑かつ煩瑣なので、本書ではあまり深入りできないことをあらかじめお断りしておく。

風水のジャンル

もうひとつ、テキストの姿勢にかんして述べておかねばならないことがある。一口に風水と言っても、じつは以下のようなジャンルに分かたれる。

一、陰宅（墓地）風水〔墓相〕

二、陽宅（家）風水〔家相〕

三、村落・都市風水

しかし、規模に大小があり、陰宅風水だけが死者によって媒介されるという相違はあるものの、生気にもとづくそのシステムは基本的には三者ともに変わらない。わがテキストはこの三者を扱っているのかというと、そうではなくてもっぱら陰宅風水を論じるのである。前講で紹介した帝都論は龍法の一部を成しているが、実質的には序説のようなものであり、あのあと都市は登場しない。陽宅風水にいたっては、少し立地に言及する程度で、家相などはまったく取り上げられない。これには、風水の原点が墓地風水にあるという事情のほかに、著者兄弟の経歴が大きくかかわっているはずである。第二講で述べたように、彼らが科挙を捨て風水研究に打ち込んだのは、亡き父を良き墓地に葬って孝を尽くそうとしたからであった。

地理四科

さて、テキストにもどる。この第四法までは、おおむね近世の風水書が共有する枠組みと考えてよい。われわれのテキストは、とくにこの四法を重視して「地理四科」と呼んでいる。この四科の「龍」「穴」「砂」「水」について、『入地眼全書』は次のような簡明な定義を与えている。

――龍はこの生気を運ぶもの、穴はこの生気を集めるもの、砂はこの生気を護るもの、水はこの生気を養うものである。　（巻三　穴法）

これをもう少しパラフレーズしておこう。

一の龍法は、生気が流れる筋道（龍脈）を見つけ出す方法である。

二の穴法は、龍脈上に生気が濃密に凝集しているポイント（龍穴）を探し出す方法であり、これが風水術の眼目であるが、「三年、龍（脈）を尋ね、十年、（龍）穴を点ず」という風水の口訣（くけつ）（口伝えの秘訣）が示しているように最難関のテクニックとされる。

三の砂法の「砂」とは、龍穴の周囲の地形（主として山）を言い、これを四方位に分節してそれぞれ青龍（東）、白虎（西）、朱雀（南）、玄武（北）の四神（四霊）の名で呼ぶ。いわゆる「四神砂」である。「砂」という語は、むかし模型を使って風水の説明をしたときに、四神は砂で盛り上げて造ったからだともいう。

四の水法の「水」は先述したように「風水」の「水」でもあるが、文字通り河川や溝渠などの水路を指す。前引の『葬経』にも言うように、水は生気の動向を左右する重要な要因である。

平地の龍

右に述べたように、龍脈は基本的には山沿いに走る。韓国の田舎を旅したことのある人なら、手入れの行き届いた立派な墓がほとんど例外なく山の中腹に散在しているのを見たはずである。風水の栄えた朝鮮半島では、龍脈は高所にのみ流れると信じられていたのであろう。しかしテキストは、平原にもないわけではないとして、高山の龍を「壠龍(ろうりゅう)」というのに対して平地の龍を「支龍」と呼んでいるし、『明山宝鑑』なる風水書を引用して「平洋たる大地、水を認めて龍となす」と述べて、河を龍脈と見る見方があったことを紹介している。

実際問題として、龍脈は山中にしか走っていないと決めつけてしまうと、豊かな山水に恵まれた南方はそれでよいとしても、たとえば中原のような、行けども行けども山を見ないところには龍脈がないことになってしまう。テキストが平地の龍の見分け方についてかなりのページを割いているのはそのためであろう。以前、四川省の重慶から河南省の洛陽まで汽車で旅したことがあるが、鄭州から洛陽にいたる間（この一帯はまさに中原）、汽車は山もなく川もなく水田も人家もない、ただ一望千里の緑の沃野のなかを何時間も走り続け、「中原に鹿を逐う」という故事成句の意味に合点が行ったことであった。

ついでに言っておけば、「山」といい「水」というも、風水では実景を少しずらせた見方をすることがある。テキストは『呉公口訣』を引いて、平地の場合、少しでも高ければそれが山であり、少しでも低ければそれが水である、と述べている。筆者も、韓国済州島のある風水師から、実際に水が流れていなくても、雨が降れば水路になると予想されるところは風水上、水と見なしてよいと教えられたことがあるし、韓国のユニークな風水研究家・崔昌祚氏も次のように言う。ここでは、文中の「朝鮮半島全域」を「中国大陸全域」に読み替えてもらいたい。

――風水では周辺より少しでも高い所は山とみなすことができ、少しでも低い所は水と見ることができるので、よしんば平坦な平野地域であっても、一律に脈が切れているとはいえない。平地に穴がある場合でも、地中で山からの気脈が通じていると見ることができるからである。このような論理によって風水説は、朝鮮半島全域で適用されうる普遍的な相地術となることができたのであろう。

（人文書院刊『韓国の風水思想』）

家族制の見立て

山を龍と見ることもすでに述べたように「見立て」であるが、ほかにも風水はさまざまな見立てをする。これも本テキストだけのことではなく、風水の一般的な発想と言ってよいのであるが、山の連なりをそのクラン（一族）の生命連鎖に見立てるのである。こうした自然の擬人化は風水がよくするやり方である。

あるひと筋の龍脈の終点は龍穴である。終点があれば起点がある道理で、この起点から終点に至る道筋に家族制（正確には宗族制）を投影するのである。その場合、終点としての龍穴は自己であり、生気が発祥する起点は自己の遠い祖先になる。始祖からいきなり自分が生まれるわけではないから、その間に幾人もの祖先たちのリレーがある。風水では、その一族の起源としての遠方の比較的大きな峰を「太祖山」と呼び、途中の目立ったいくつかの峰を選んで上図の

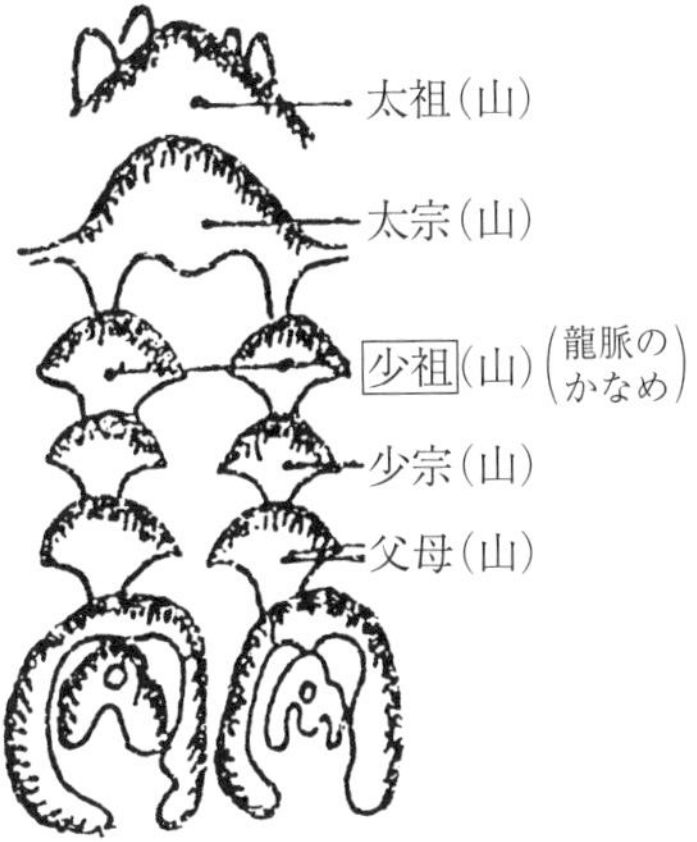

太祖（山）
太宗（山）
少祖（山）（龍脈のかなめ）
少宗（山）
父母（山）

一族の生命連鎖
（少祖は龍脈のかなめ）

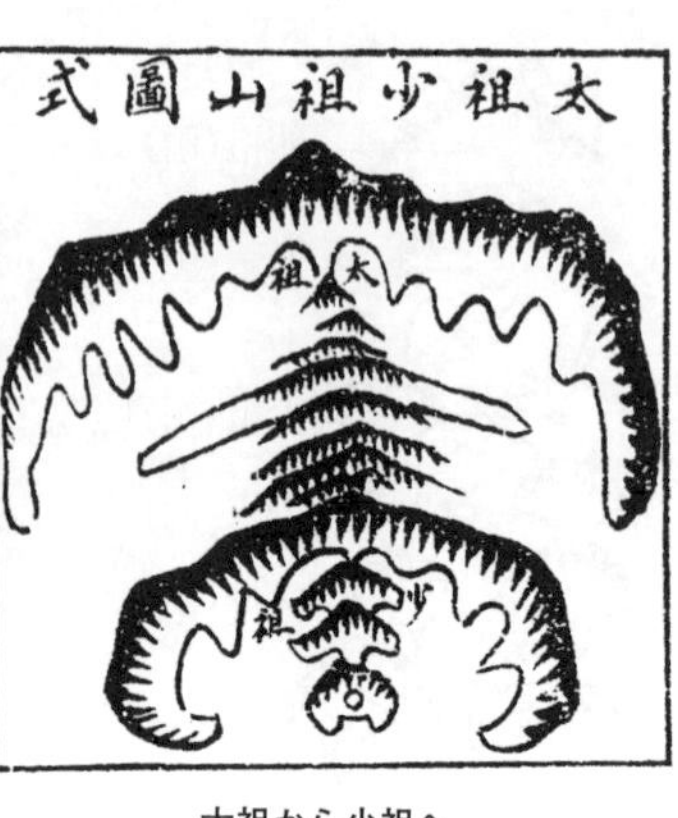

太祖から少祖へ

ような連鎖を考える。むろん、これはひとつのモデルにすぎず、常にこのように五つの峰がなければ龍脈として失格というものではない。太祖山が大きく高く、それを承ける祖先の諸山も立派であれば、その龍脈の力量——したがってその一族の力量も大きい、と言うより大きくなる、つまり自分以下の世代になって繁栄する、と判断する。

そういうわけで、父祖の墓所を選ぶ場合、龍穴の起点となる峰を探し求めねばならない。何事であれ、根源が大切である。太祖となる山を探し出すことができれば、「龍の遠近、長短、生気の軽重と厚薄、力量の大小、福が久しく留まるかどうか、すべて太祖山の器量によって察知しうる」とテキストは言う。しかし、太祖山と呼ぶに値する山は尋常の山ではない。大きなものでは、州を跨（また）ぎ郡に連なり、名山や五岳のように延々数百里にも渉り、小さなものでも、一州一郡、または一邑（むら）一方に冠たる山でなければならない。

このように龍脈を探す場合、太祖山を見つけることが肝要であるが、しかし太祖山はあまりに世代が遠く――つまり距離的に遥かなところにあるので、実際には本当に自分の祖宗かどうか見極めがたい。だから、むしろ自分に近い少祖山をしっかり観察することの方が現実的である。その鑑定の仕方というのは、テキストの図（右）のように太祖山から伸びて来た低い丘陵が龍穴の少し前に急に高く大きく盛り上がったものを少祖山と見る。ただ、その山が高大であっても、いくつもの支脈に分かれ、龍穴までの距離が遠い場合にはある。少祖山とは呼ばないで駐蹕山（ちゅうひつざん）という。ついでに言っておくと、少祖山は主山と言うこともある。主山は龍穴の少し後方に位置するので後山とも言い、龍穴を鎮護するところから鎮山（ちんざん）とも言う。もっとも、鎮山という呼称は朝鮮半島では比較的よく使われるが、中国ではあまり見かけない。

いずれにせよ、このような家族制の見立てでは、時間を空間に変換することによって生まれている。自分と今は亡き祖先たちとが同じ時間軸上に共存することなど本来ありえないが、この場合、自分と祖先との時間差が空間的な隔たりとして同じ平面上に表現されているから、あたかも同じ時間を共有しているような錯覚を与える。これを記号化すると家系図になるわけだが、しかしこの風水図を見ていると、自分と祖先とが気によってつながっていて、祖先からの生気の供給によって自分がいま生かされていることが、家系図などより生き生きと感じられてくる。

祖宗父母胎息孕育之図

出産・生育の見立て

龍脈にかんして、もうひとつ出産・生育の見立てに触れておかねばならない。これはいま述べた家族制の一環で、生命連鎖の末端——少祖山から龍穴にいたる起伏を比較的詳細に分節するものである。大体この部分は「入首」と言って、千里の彼方からやって来た龍が龍穴を結ぶ直前のところで、風水ではことのほか重視する。

テキストの図（一二六ページ）を見ていただきたい。少祖山から降りてきた脈がふたたび盛り上がったところが「父母」で、それが龍穴直前でもう一度隆起したものが「孕育（よういく）」である。「胎息」はその間の落ち込んだ部分になる。風水書によっては、「孕」と「育」、そして「胎」と「息」とを場所的に異なった部分を指すとしているものもあるが、煩瑣なのでこれ以上立ち入らない。いずれにせよ、『山法全書』にも言うようにこの「胎・息・

孕・育の四つは葬法のキーポイント」ということになる。なお、ここで言う「息」というのは呼吸の息ではあるまい。「息」には一方で「利息」の「息」のように「増える、成長する」という意味があり、そこから「息子」や「息女」といった子供の意味にもなる。ここはそちらの方であろう。

ここに至って読者は、ある種の違和感を覚えられたのではないだろうか。主題は死者の葬地である。それなのになにゆえに「胎」や「育」であるのか、この四者がそろっている場所が吉地とはいかなることであるのか、と。これはひとつのパラドックスにちがいない。この場所は、ここに葬られる人の終の棲家であると同時に、再生という新たな旅立ちへの願望が託されているのであろう。

女性の性器としての穴場

話が龍法から穴法へ入りかけているのであるが、再生願望まで来ると、龍穴が女性の性器に見立てられることがあるというのも自然の流れになってくる。墓を子宮に見立てるのは世界各地に見られるかなり普遍的な考えのようであるが（たとえば墓 tomb と子宮 womb との語源的近似性を見よ）、墓というより墓所をストレートに性器に見立てるというのは風水だけではないだろうか。図には孟浩の『雪心賦正解』所載のもの（次ページ）と例の村

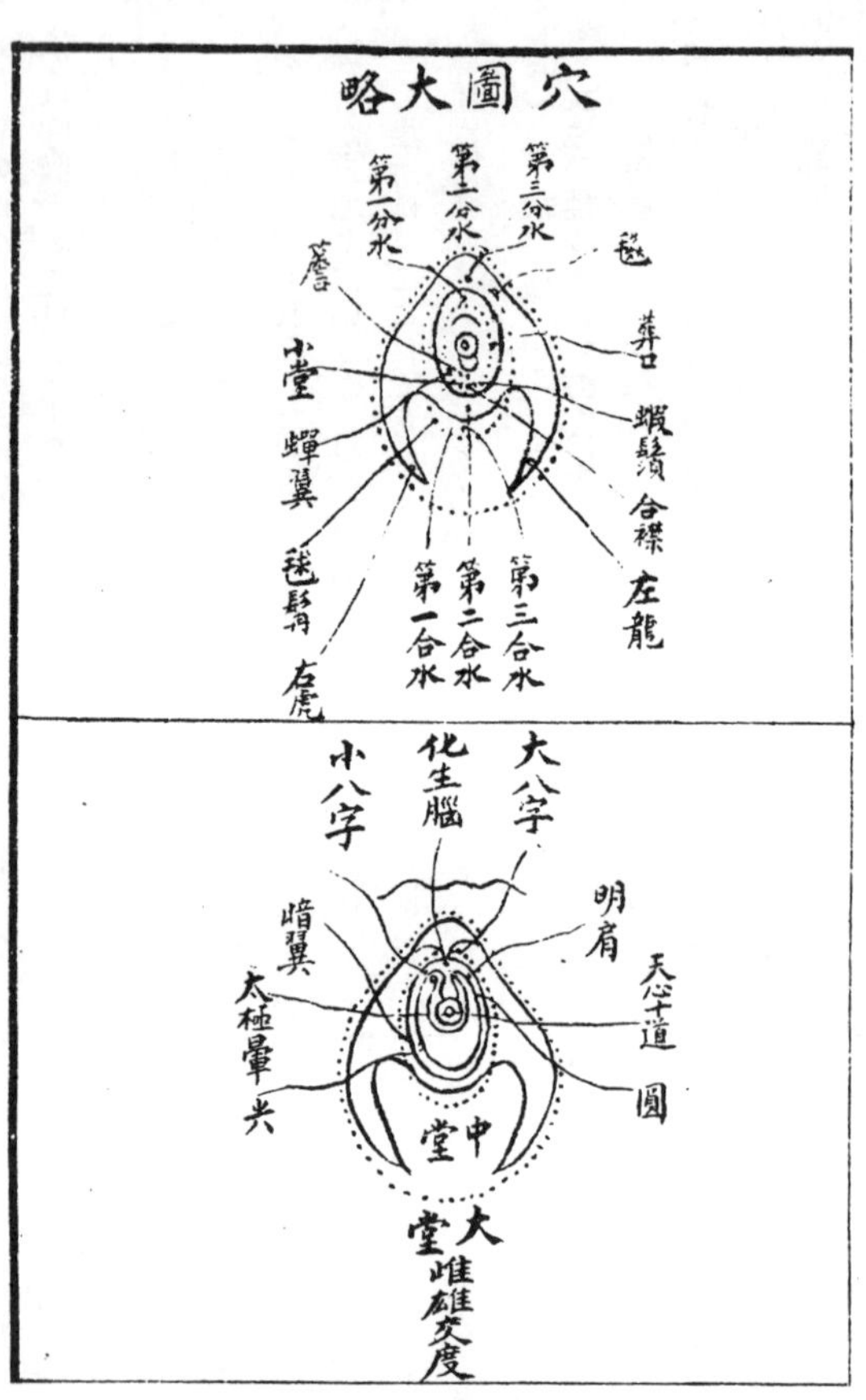

性器モデル（『雪心賦正解』による）

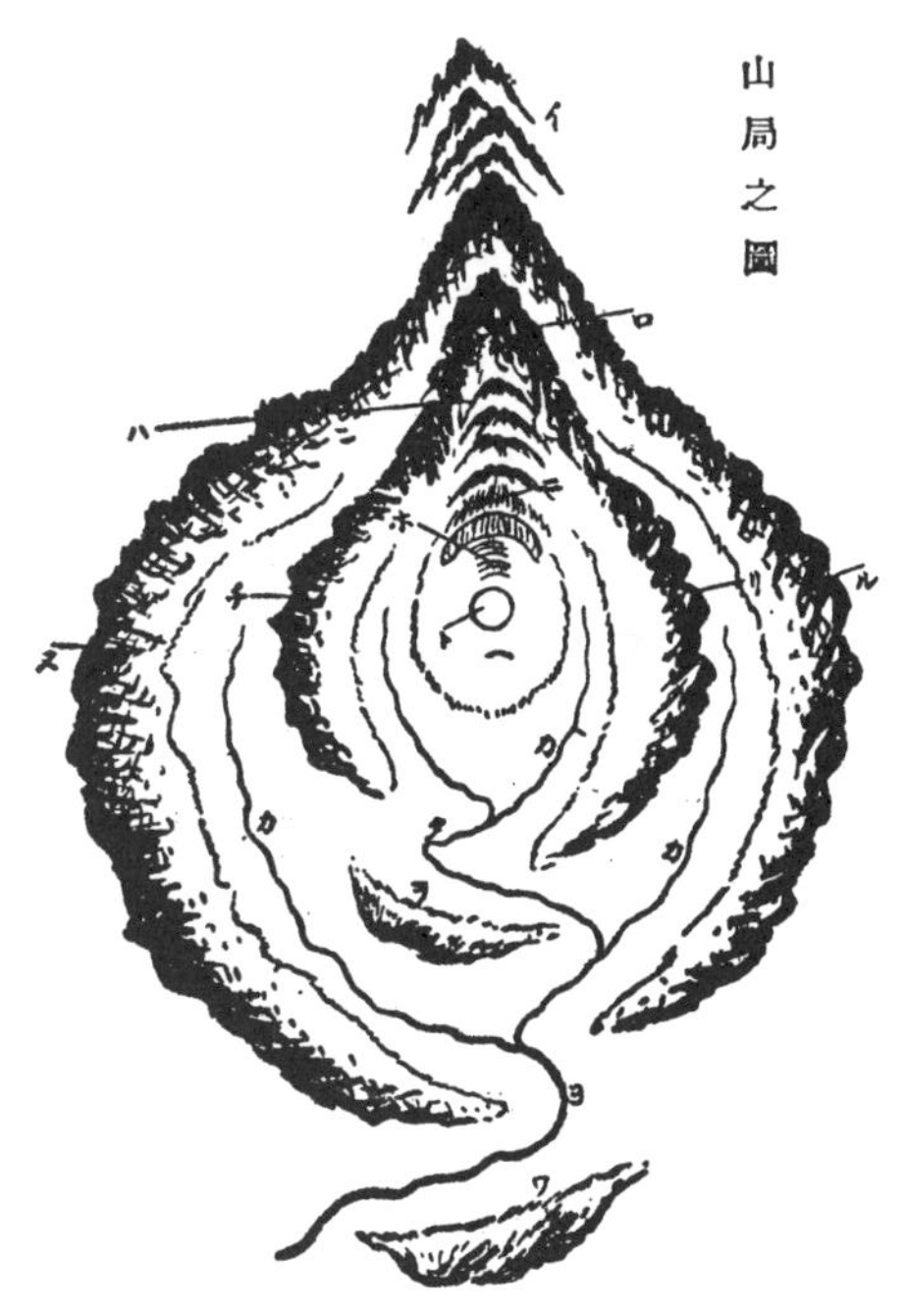

イ	ロ	ハ	ニ	ホ	ヘ	ト	チ	リ	ヌ	ル	ヲ	ワ	カ	ヨ	タ
祖宗山	主山	入首	頭腦	眉砂	明堂	穴	内白虎	内青龍	外白虎	外青龍	案山	朝山	水	外水口	内水口

性器モデル（村山智順『朝鮮の風水』による）

山智順『朝鮮の風水』のもの（一二九ページ）とを掲げておいたが、村山のものは、祖宗山から朝山（気の漏泄を防ぐバリア）に至る風水の一局全体を性器のイメージで描いている。以来、この性器型の風水図が理想的風水モデルとして世間に流布することになった。たしかに龍穴（穴場ともいう）＝女性性器観は、風水の基本的な発想のひとつであるにしても、風水の理想的モデルがこのパターンに一元化しうるわけではない。おいおい見てゆくように、風水宝地はもっと多様なのである。

開幛・穿心

吉地を結ぶ龍脈の見分け方として、龍脈が龍穴へ流れ来る過程において、祖先にあたる立派な峰があるかどうか、また、穴場の直前に父・母・胎・息・孕・育というポイントがあるかどうかの検証が大切であることは先述したとおりである。しかし、それだけで龍法が終わるわけではない。風水ではさらに細かく龍脈の形態を規定している。その微に入り細を穿った古人の観察眼には恐れ入るほかはなく、ここではとうていそれら全てを紹介できず、比較的わかりやすい二、三の評価法にとどめざるを得ない。ここでも根底にある発想法は自然の擬人化である。しかもテキストの場合、たとえば、天地間の一切の正しい人間は正しい龍から生まれ出るというふうに、正と邪、貴と賤といった儒教的価値観を通して自然を捉えようとする傾向がつよい。

一般に風水では、山脈であれ水流であれ直線を嫌う。龍脈の場合、上下に起伏し、「之」の字、「玄」の字さながらに左右に曲折しつつ流れる峰の姿をよしとするが、さらにディテールを言うと、「開嶂」（または開帳）というのがある。これは峰が巨大な嶂を開いたように、あるいは鳥が翼を広げたように横に拡がったものを言い、このような峰をもつ龍脈にはパワーがあるとされる（左図参照）。より正確に言えば、龍脈の勢いは途中、このような開嶂のところでその都度パワーアップしてゆくのである。したがって独峰はよくない。

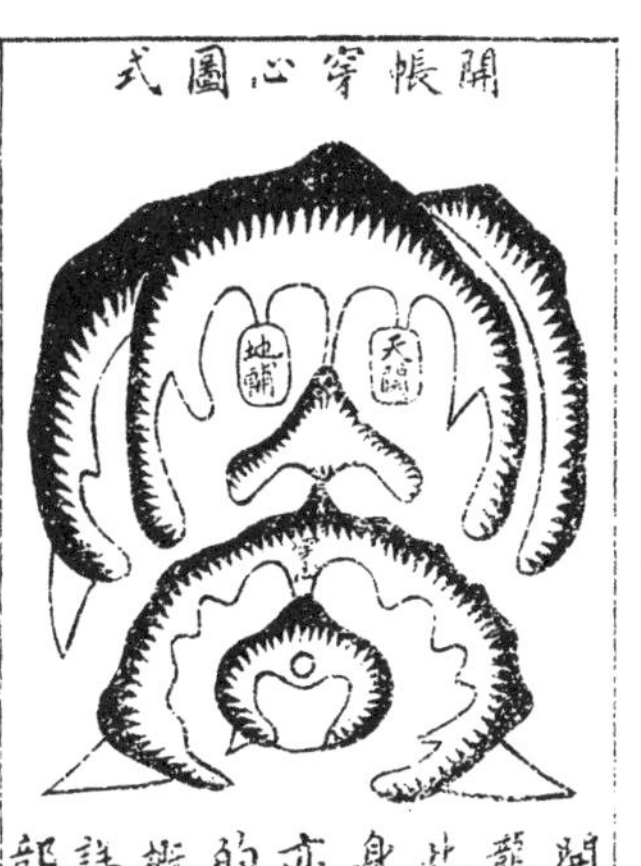

開帳

ただ、横に拡がっていても、図のように龍脈がその中心をしっかり貫いて走っていなければならない。これを「穿心」という。貴い龍は、千変万化しても常に穿心しているから「中」（儒教的価値、中庸の中）を離れることがない。龍脈が穿心していないと、官僚になっても出世しない。開嶂と穿心はペア

しれない。で言われることが多いが、両者の関係は「開」と「閉」、または拡散と凝集と言えるかも

過峡

変化は造化（自然）の妙などと言われ、風水でも変化を尊ぶ。祖宗より身を起こし（出身）、何の変化もなくほぼ直線のまま穴に入るような龍は「偽龍」と呼ばれる。その変化（剝変、剝換）のなかで重要なものが「過峡（かきょう）」である。この考え方が歴史家にも影響を与えたことについては第三講で述べておいた。「過」はよぎる、通過すること、「峡」は「山峡」や「海峡」などと言う場合の「峡」で、両岸が迫って狭くなった場所のことである。風水で言う「峡」は、起伏しながら走る龍がいったん地上に伏し降り、次に起き上がるまでの、高所に挟まれた低地を指す。このような空間は、龍脈全体の流れからすると、ここで一度脈が途切れる（跌断）からマイナス要因のように見えるが、じつはそうではない。この部分は気の観点から「束気（そつき）」と言い、むしろ生気の凝集する重要なポイントなのである。その形は、蜂の腰や鶴の膝のようなものがよい（次ページの図参照）。テキストに「峡は龍の真情が顕現するところ」などと言うのは、この「束気」を指しているはずである。ただ、このポイントはデリケートなので風や水によって犯されやすく、これを護る「護送

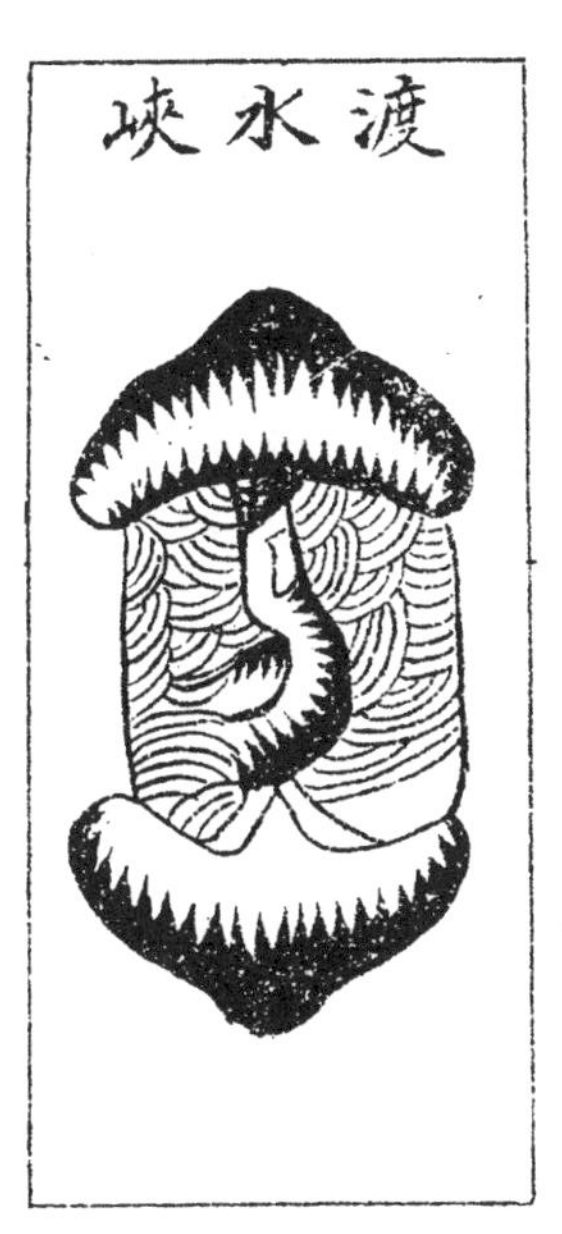

渡水峡（崩洪脈）（左）と蜂腰鶴膝図（右）

の山」や「八字の水」が必要である。

古来、過峡は風水家によって重視され、さまざまなパターンを集約した二十格とか五十九格とかが口訣によって伝えられている。ここでは一例として「渡水峡」（崩洪脈ともいう）を紹介しよう（図左）。これは名が示しているように、龍脈がいったん水中に没するもので、「水は気の拡散を止める」と言う前引の『葬経』の語と矛盾するような印象を与えるがそうではなく、この場合、水中には石の脈があってそれが橋のような役割を果たすのである。

朝鮮半島の過峡

ここで想起されるのは、前にも引いた朝鮮の李重煥（りじゅうかん）が著した『択里誌』である。本書は、朝鮮八道のなかでどこが住みよいかを追求した異色の地理誌であるが、その選定の基準の第一が風水なのであった。本書には、島と島を結ぶ場合にしばしば崩洪脈（ほうこうみゃく）が登場する。たとえば、江華島はそのすぐ西にある喬桐島と崩洪石脈でつながっている等々。

朝鮮の場合、第三講で述べた崑崙山より発する三大幹龍のうち北条が密接に関わっている。これを朝鮮側から言うと、北条は白頭山に至り、ここで改めてエネルギーを蓄えて朝鮮半島全体の祖山となる（おそらく、かの満々と澄み切った水をたたえるカルデラ湖・天池の水が気のイメージに変換されるのであろう）。朝鮮半島は、地形的に北から南へゆるやかに傾斜しているが、標高二七四四メートルのこの聖なる山を発した生気は朝鮮半島を流れ下って全域を潤し、やがて智異山に至って尽きるという。しかし十七世紀の『芝峰類説（しほうるいせつ）』という朝鮮の百科全書は、智異山で尽きるのではなく、海中を潜行して「日本諸島」になるという別の伝承を記録している。そこには「過峡」や「崩洪脈」という語は見えないものの、私はこれらの風水的思考が下敷きになっているのではないかと考えている。なお、この説は、日本は国土の形成からして朝鮮の余気（悪く言えば残りカス）と読めないこともなく、あるいは、伝承者たちは、こうした観念操作によって豊臣秀吉の侵略への恨みを晴らそうとしたのだろうか。

龍勢十二格

龍法についてはまだ他にも細かい理論があるが、それらを詳述する余裕がない。ここでは、龍脈を全体として捉えてその吉凶を判別するパターン図を取り上げよう。テキストは、『明山宝鑑』という風水書に見える「龍勢十二格」を図と文章によって解説している。いまそれらを転載して、簡単に説明しておく。十二格の内訳は以下のようになっている。おおむねペアになっていて、奇数が吉で偶数が凶であるが、十一の「劫龍（ごうりゅう）」は凶である。

一、生龍
二、死龍
三、強龍
四、弱龍
五、順龍

生龍

死龍

強龍

六、逆龍
七、進龍
八、退龍
九、福龍
十、病龍
十一、劫龍
十二、殺龍

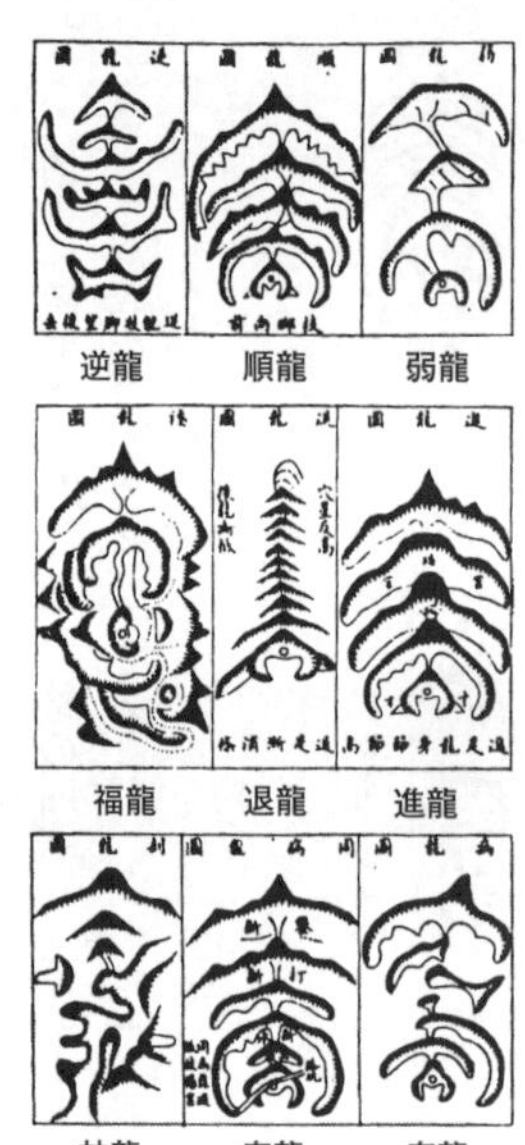

逆龍　順龍　弱龍
福龍　退龍　進龍
劫龍　病龍　病龍
殺龍

一の「生龍」は、龍脈を形成するそれぞれの峰が大きく高く、枝脚（左右に翼のように開いている山脚）も生き生きして、山脈の起伏にめりはりがある龍である。蛇が水を渡るさまに似る。最も吉なる龍。（図の最下段の○印が龍穴）

二の「死龍」は、峰の形状がすっきりせず、枝脚もあいまいで、本体が硬直していて起伏がない龍である。このような龍は、たとえ龍穴を結んでいてもそれは虚偽の穴である。もし誤ってそこに墓を造営したなら、主人は貧困に苦しみ、その家は死に絶えるだろう。

三の「強龍」は、それぞれの峰が尋常の規格を超えており、枝脚も力強く、全体として体格が雄健で、猛虎が林を出るといった趣がある龍である。この穴を得た人は、にわかに富貴が舞い込んでこよう。

四の「弱龍」は、それぞれの峰が貧弱で枝脚も短く、本体が軟弱な龍である。このような龍は、風に吹かれ水に犯されて穴を結ぶことはない。たとえそれらしきものがあったとしてもそれは虚偽の穴で、そこに墓を造ろうものなら、主人は孤独と貧困と病弱に苦しむだろう。

五の「順龍」は、峰も枝脚も行度（祖山から龍穴に至る龍脈の進み方）もすべて順調な龍である。この穴を得た人は、富貴になるだけでなく、何代にもわたってよき子孫に恵まれるだろう。

六の「逆龍」は、それぞれの峰のバランスが悪く、枝脚も逆を向いていて、行度も常態を失している龍である。誤ってこの穴に葬ったなら、主人は凶悪な犯罪者になるだろう。

七の「進龍」は、峰が次々と連続して連なり、枝脚も左右のバランスが取れていて、行度に秩序がある龍である。富と貴が二つながらそろい、子宝にも恵まれて子孫が末永く繁栄するだろう。

八の「退龍」は、峰や枝脚に秩序がなく、行度が後退していて、後龍が低く前の穴のある峰が逆に高い龍である。この穴に定めると、成功は一時的でたちまち運気がしぼむだろう。

九の「福龍」は、祖宗山が高貴で、前後左右に付き従う峰が多い龍である。ここに葬れば、主人は居ながらにして安楽を得、長く富貴を保つだろう。

十の「病龍」は、本体は美しいが傷がある。枝脚の左右どちらか一方が欠けていたり、一方は美しいが一方は醜いなど、はなはだバランスを失している龍である。また、峰の姿、過峡、枝脚などに何も問題がなくとも、龍身の大事なところが断たれていたり、道路が横断していたりするのも、すべて気脈が傷んでいる病龍である。前者に葬ったなら、禍と福があい半ばし、幸運のなかに不運があったりする。後者なら、主人は悲惨な結末を迎えたり、病気で倒れたり、夭折したり、肉親に先立たれたりするだろう。

十一の「劫龍」は、龍身があちこちに分裂していて、どれが正龍か、真気がどこを流れているのか分からない龍である。主人は盗賊に襲われ病魔に冒され、役人からひどい目にあわされるだろう。

十二の「殺龍」は、龍身が殺気を帯びていて、岩肌が露出していたり絶壁になっていたりして峰の姿が醜悪であり、枝脚も鋭くとがっていて欠損があり、また過峡もない。主人は殺戮を好み、その報いで自分も誅滅されるだろう。

五星論

祖山（太祖山）を起点として龍が進んで行くと、その脈上の所々に結節ないし隆起を形成する。つまりは山であるが、風水ではこれを天上の星が地に降ったものと見立てて、これを「星辰」とか「星峰」などと呼んでいる。もとより風水の基盤は大地にあって、大地と人間とを気を媒介に結びつける。その結合の論理が「感応」であり、その関係を「地人相関」などと呼ぶ。しかし、何度も注意を喚起してきたように、じつは天に対する眼差しも風水の重要な要素なのである。

風水ではその地上の「星」を五つないし九つにパターン化する。いわゆる五星と九星である。五星とは、木、火、土、金、水の五惑星、九星とは、一般に貪狼、巨門、禄存、文曲、廉貞、武曲、破軍、左輔、右弼の北斗九星を言う。もっともテキストは、五星のほかに九星を立てる必要はないとして、九星にはきわめて冷淡である。たしかに九星は五星のバリエーションなので、本書でも九星は省略する（九星については、何暁昕『風水探源』人文書院刊を参照されたい）。

五星説のもとづくところは例の五行説である。テキストは端的に「五行の精が天につなぎ止められて五星となる」と言っている。風水でいう五星とは、右に述べたように、木星（歳星）、火星（熒惑星）、土星（鎮星）、金星（太白星）、水星（辰星）の五惑星が地上に凝結

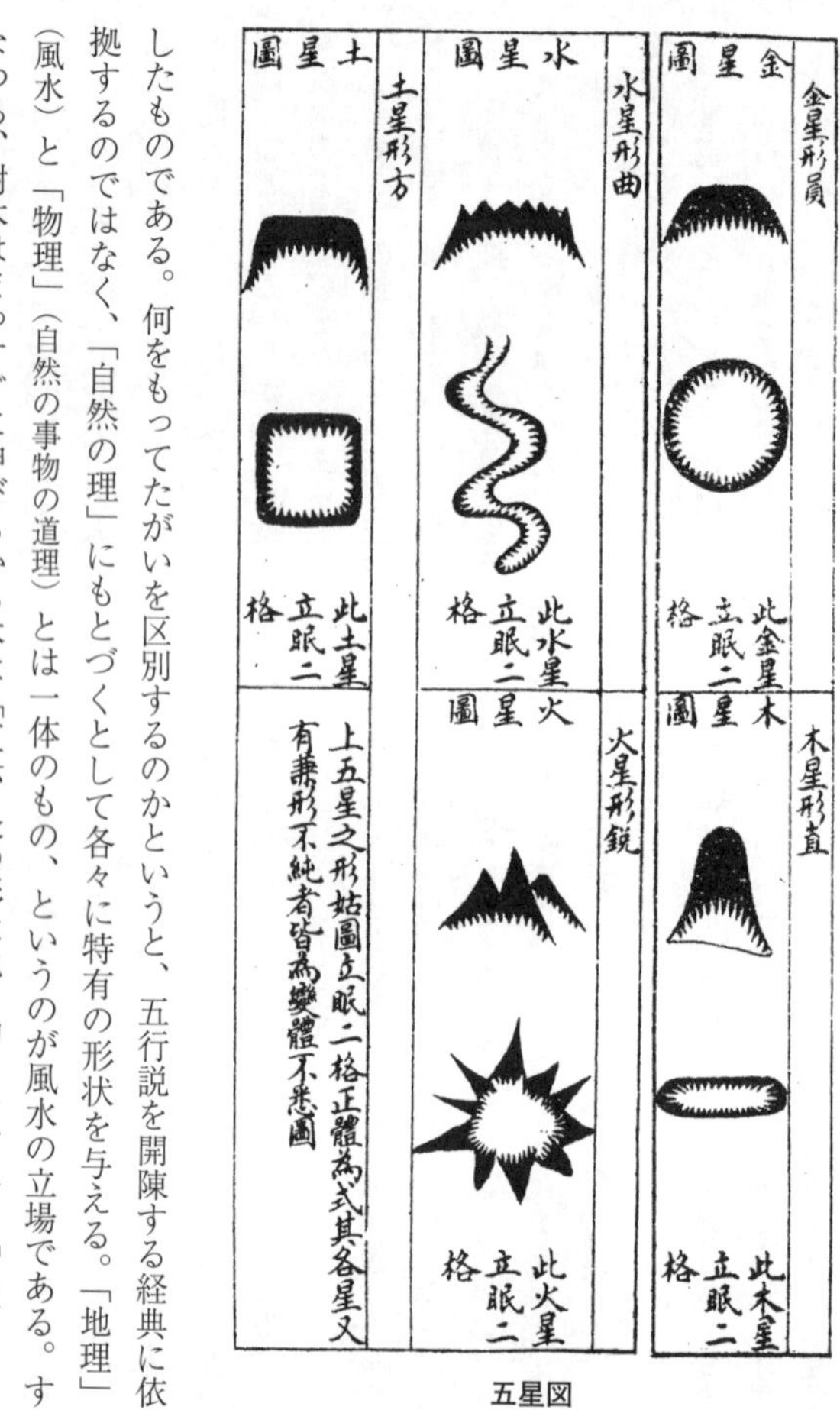

五星図

したものである。何をもってたがいを区別するのかというと、五行説を開陳する経典に依拠するのではなく、「自然の理」にもとづくとして各々に特有の形状を与える。「地理」（風水）と「物理」（自然の事物の道理）とは一体のもの、というのが風水の立場である。すなわち、樹木はまっすぐに伸びるから木は「直」、炎の形は鋭角的なので火は「尖」（とん

五星	金　星	木　星	水　星	火　星	土　星
方位 / 三格	西　方	東　方	北　方	南　方	中　央
清	官　星 文章顕達・富貴 忠直・正貞	文　星 文章・貴顕	秀　星 文章・度量 貴人	顕　星 文書・大貴 権勢	尊　星 王侯卿相 五福具全
濁	武　星 威名・権勢	才　星 才能・技術	柔　星 柔弱・不振 小人・聡明	燥　星 強烈・早急 暴猛・夭折 禍福相反	福　星 財産豊富 子孫繁栄
凶	厲　星 夭死・敗滅 軍賊	刑　星 刑罰・殺傷 官訟・不具	蕩　星 淫乱・放蕩 奸邪・貧窮 身病	殺　星 殺伐・残酷 盗賊・死滅	滞　星 混暗・愚鈍 柔弱・不振

五星の三格別の用（崔昌祚『韓国の風水思想』による）

がる意）、地は厚く四角いので土は「方」（四角の意）、金属はぐるりと弧を描いてどこを押さえても固いから金は「円」、川は曲折しつつ流れるので水は「曲」になるという。これは風水独自の五行論である。いろいろ勿体ぶった理屈をつけているが、早い話、五星論は山の形を分類する原理にすぎず、ここまで述べてきたことは一枚の図（五星図）で足りるのである（一四〇ページ参照）。

この五星図をもとにして山峰を観察し、吉凶を判断する。一般的に、山の形が右に述べた五行相のいずれかを典型的に具現しておれば吉格と見るのであるが（崔昌祚『韓国の風水思想』人文書院）、少し立ち入った占断法の一例として、「清・濁・凶の三格」と呼ばれるものを取り上げてみよう。これは五星の

五星帰垣（朱熹祖地）

各々について三種のパターンを設定し、さらに細かく吉凶を判断するものである。「清」は山の姿が秀麗で光彩のあるもの、「濁」は端正だが、肥え太って重量感のあるもの、「凶」は醜悪で殺気を帯びているものを言う。木星の峰を例に取って言うと、清なるものを「文星」といい、文章や学問で貴顕になる。濁なるものを「才星」といい、才能や技芸で頭角をあらわす。凶なるものを「刑星」といい、法に触れて刑に遭う運勢にある……。五星のいちいちについては表（一四一ページ）を見られたい。

　五星論の最後に、「五星帰垣」というめでたい風水を紹介しておく。これは五行の正しい配置にのっとり、水星（つまり稜線が起伏する形の山、以下同）が北、火星が南、木星が東、金星が西、土星が中央というように、五星がそろってそれぞれの正位置に座を占めている土地のことで、こういう場所をテキストは、「上は天星に応じ、下は方位に合」った、聖賢や王侯を生み出す貴い格だと言い、これを具現しているのが安徽省婺源県官坑嶺にある、朱子四世の祖妣（妣は母の意）墓（一四二ページの図版）としている。

第六講　穴　法

点としての龍穴

祖宗山を起点として、さまざまな変化曲折をへつつ流れ来たった龍脈は、生気の凝集する龍穴に至ってその長い旅を終える。龍脈は線、龍穴はその線上の一点であるから、龍脈を見つけることと龍穴を探り当てることとは別の問題である。「龍を尋ねるは易く、穴を点ずるは難し」と言われるように、長い線上の一点を定めるのは容易な技ではない。ここに穴法という項目が設定されたゆえんがある。

千里のかなたからやって来た真龍は入首して穴を結ぶが、その穴場（これも元来風水用語である）の直径は大きくて数十丈（一丈は約三メートル）、小さなものになると一、二丈にすぎず、真気が融結するポイントはさらに狭くて、そのなかの数尺（一尺は約三十センチ）の広さの中心部分という。左右に偏るのは許されないし、浅すぎても深すぎてもいけない。浅く定穴すべき場所なのに深く掘り下げると、気は上を通過してしまうし、逆に深くすべきなのに浅く定めると、気は下を通ってしまう。いずれの場合でも生気に乗る（『葬経』に言う、「葬とは生気に乗るなり」）ことができず、子孫に福がやって来ないばかりか、点穴を誤ると災厄が降りかかってくる。かくして朱子の次の語が後世、説得力をもって語り継がれてゆくことになった。

——定穴の法は、たとえば鍼灸と同じで一定の穴があり、わずかな狂いも許されない。

（「山陵議状」）

穴法は、テキストでは（一）穴形、（二）穴星、（三）穴証、（四）穴忌という四つの角度から論じられている。私たちもこの順に穴法を見てゆくことにしよう。

風水家の太極図

千差万別の穴形も四つのタイプに整理できる。この四という数字は陰陽論に由来する。陰陽論については第一講で少し言及したが、陰陽論といっても多面的であり、ここでいうそれは万物生成にかかわっている。ごく簡単に説明しておくと、まず、天地宇宙の根源的実在として太極（たいきょく）という概念を立てる。これは究極的な存在なので物質のレベルを超えている（朱子は、物質的な気に対してこれを「理」と規定する）。これが次の段階になると陰と陽に分かれ、この陰・陽が交わって五行が生成され、この五行がたがいに作用しあって万物が生み出される。これが周濂渓（しゅうれんけい）―朱子によって唱道された宇宙論で、朱子学の根底にある思想である。これを図式にしたのがもっともスタンダードないわゆる「周濂渓太極図」である。もう一種、『易経』から出てきた宇宙論がある。じつは、いま紹介した周濂渓の宇宙論も典拠は『易経』で、そこに五行説を加味したものであった。『易経』にはこうある。

――易に太極があって、それが両儀を生み、両儀は四象を生んで、四象は八卦を生む。八卦は吉と凶を決定し、吉・凶から大いなる事業が生じる。（繫辞上伝）

この一文には陰陽は出てこないが、「両儀」は陰陽を意味し、「四象」は陰陽剛柔を意味するという解釈が比較的広く受け入れられてきた。

テキストは、天星法のところで右に述べた周濂渓の「太極図」を掲げる一方（次ページの図版参照）、「原八卦」として図のような「太極図」（太極変卦）を載せている。これは上記の二つの宇宙生成論を折衷した奇妙な「太極図」になっている。つまり五行を排除して、陰陽論で押し通しているところがユニークなのである。

四種の穴形

前置きが少し長くなったが、これでひとまず穴形を述べる準備がととのった。まず、墓地風水の定理と言うべき「葬は生気に乗る」の「生気」が太極にあてられる。朱子学が教学の最高位に昇りつめた宋以降、太極が気と解釈されることはないが、こういう捉え方のなかに風水説の生気に対する尊崇のようなものが窺われる。逆に言えば、風水では神格は不在で、生気を超える絶対的、超越的なものは存在しないのである。

この一としての太極が二に分化したものを、テキストは『易経』の生成論の用語を使って「両儀」としているが、ここで言う両儀は陰陽のことで、具体的な穴の形象としては「凹」(陽)と「凸」(陰)になる。なぜ凹が陽で凸が陰になるのか。逆ではないのか。テ

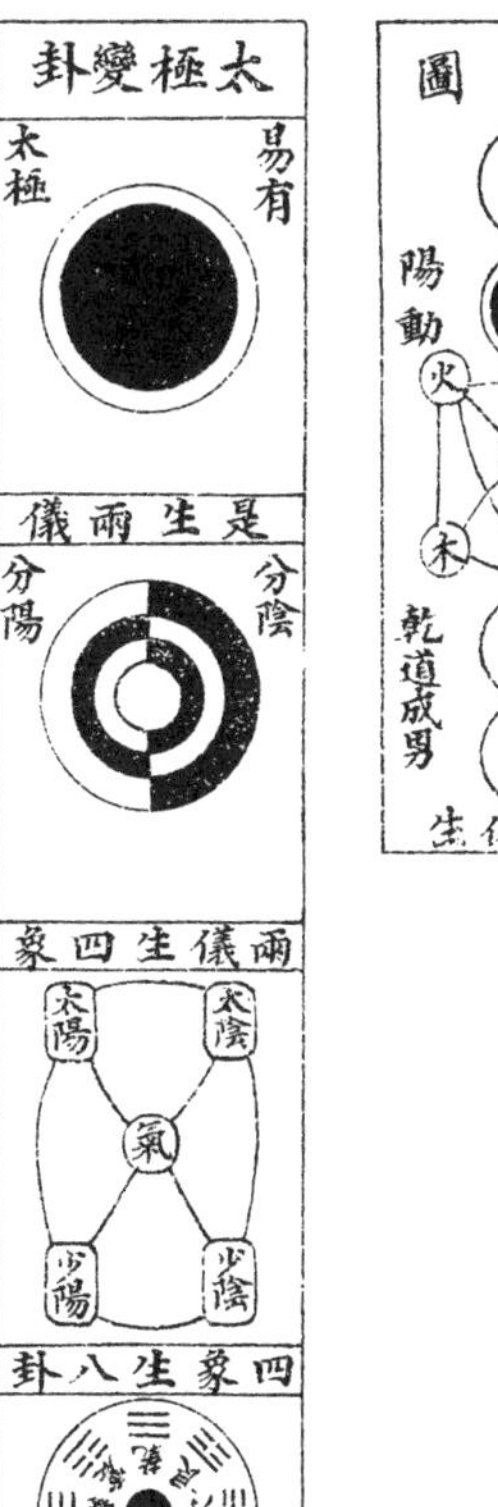

周濂渓「太極図」(上)と「太極変卦」(左)

キストは陰・陽を「陰来陽受」（陰が来て陽が受ける）と「陽来陰受」（陽が来て陰が受ける）に置き換えるだけでそれ以上の説明はしない。崔昌祚は、手の平を伏せたような穴形（覆掌形）が陰（凸）、手の平が天を向いているような穴形が陽（凹）とするが（『韓国の風水思想』）、それ以上の立ち入った陰陽論は開陳しない。村山智順は、レンズをたとえに取って説明をする（『朝鮮の風水』）。村山の言わんとするところをパラフレーズすると、凹レンズは月精（陰気）を結び、凸レンズは日精（陽気）を集めるが、陰・陽はたがいに相俟ち和合することによってものを生み出すから、凹は凸としっかり組み合っているとみて、見えない凸の属性（陽）を逆にその名とし、凸の場合も同様に凹の属性（陰）をその名とするのだ、と。

まず凹凸に二分類される穴形は、次にさらに細かく四つの形に分けられる。「両儀」から「四象」（太陰・太陽・少陰・少陽）の段階への展開である。たえず背景に宇宙論が寄り添っているわけである。具体的な穴形の名称は、唐の大風水師・楊筠松が定めたといわれる、「窩」「鉗」「乳」「突」の四つになる。ここでももともと陰陽論が生きていて、「窩」「鉗」は凹形で陽、「乳」「突」が凸形で陰である。凹形の「窩」「鉗」は凸形に盛り上がった龍脈の下に結ばれ、凸形の「乳」「突」は平坦か、もしくは少し窪んだ龍脈の下に結ばれる。これをそれぞれ「陰来陽受」と「陽来陰受」と言う。右に述べた、凹形の（本来は陰）が凸形（本来は陽）の名を冠せられ、凸形がその逆という実際的な理由がここにある。くり返しになるが、風水の核と言うべき龍穴においても——というより、龍穴においてこそ、と言うべきであろう——陰・陽の和合が重んぜられているのである。

窩穴の種々相

もう少し子細に個々の穴形を見てゆこう。

窩は元来「あなぐら」の意で、北宋の思想家・邵康節は自分の住まいを「安楽窩」と名づけたが、それはともかく、『葬経』ではその形は「燕巣」のごとしと言っている。窩穴にはその位置する場所から大別して二つのタイプがある。ひとつは、水を掬うように伸びてきた左右の腕（穴を囲む丘陵）が「交会」しているところにあるもので、これを「蔵口窩穴」と言い、「交会」していないところにあるものを「張口窩穴」と言う。底本にしている清刊本の図は両者まったく同形で笑ってしまう。図（次ページ）に掲げたのは明刊本で、見られるように「交会」と言っても二つのアームが交差しているわけではなく、少し接近して向き合っているにすぎない。一般に、左右の丘陵の線がすっきりし、穴を抱くように湾曲しており、窩の中が円くて清浄で「衝融」（テキストのこの漢語をうまく邦語に直せない）しているのが吉穴である。

窩穴はその形態から、深窩、浅窩、濶窩、狭窩の四種に分けられる。

深窩は文字通り穴が深いものだが、しかし深すぎてもだめで、窩中に少し突起した部分がなければならない。これを「陽中に陰あり」という。ここにも独陰・独陽を排し、陰・陽の和合を重んじる考え方があらわれている。

窩穴圖式
藏口窩穴
張口窩穴
凡左右兩掬交會者名曰藏口窩穴後皆倣此
凡左右兩掬不交會者名曰張口窩穴後倣此

二種の窩穴、明刊本（国立公文書館蔵）より

浅窩は深窩とは逆で、穴の平浅なものをいう。この場合も浅すぎてはならず、金の皿や蓮の葉のような形をしていて、左右の丘陵の稜線がすっきりし、穴前で弓のように湾曲しているものが格に合う。そうでないものは虚窩であり偽窩なので定穴してはいけない。

濶窩も文字通り穴が寛潤いものをいう。ただ、寛潤くとも左右が交会しておらず、穴中に少し突起した部分（乳・突）がなければ気が凝集しない。

狭窩は逆に穴の狭小なものであるが、しかし度がすぎて狭小なのはよくない。その他の条件は右記の三形とほとんど変わらない。

ここまで来ると話がややこしくなって、テキストの代弁者・語り手である私自身も何がどうなっているのか、こんがらがってくるのであるが、このように分類を重ねてゆくのが風水的思考の一特徴なので、もうちょっと我慢していただきたい。じつはテキストは、この四格をさらに正格と変格に分類するのである。左右の腕の均整が取れているものを正格とし、五行にのっとって五つのパターンに分け、そうでないものを変格として二十のパターンを設定するが、さすがにこれは省略させていただく。

鉗形穴・乳形穴・突形穴

鉗形穴の「鉗」は火箸のことで、穴星（穴の背後の山）が脚を二本垂らしたように背後から穴を囲んでいるものをいう。これには次ページの図のように、その穴星の「脚」の形によって「直」「曲」「長」などの正格と、「辺曲辺直」「辺長辺短」などの変格に分けられる。正格はいずれの場合も、穴星の頂上が円く端正で、両脚が弓のように湾曲して穴場を抱き、内気を蔵集していなければならない。変格は左右の「脚」の形が長・短、曲・直たがいに不揃いなもので、長か曲の一脚が「順水」でなく「逆水」（脚の先端が穴の方に反り返っているものであろう）なのが吉穴である。

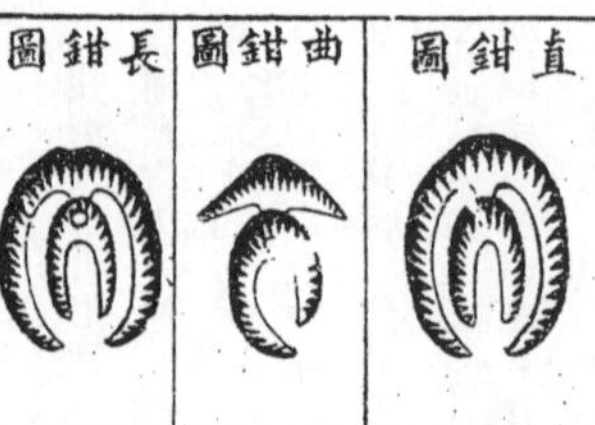

鉗形正格

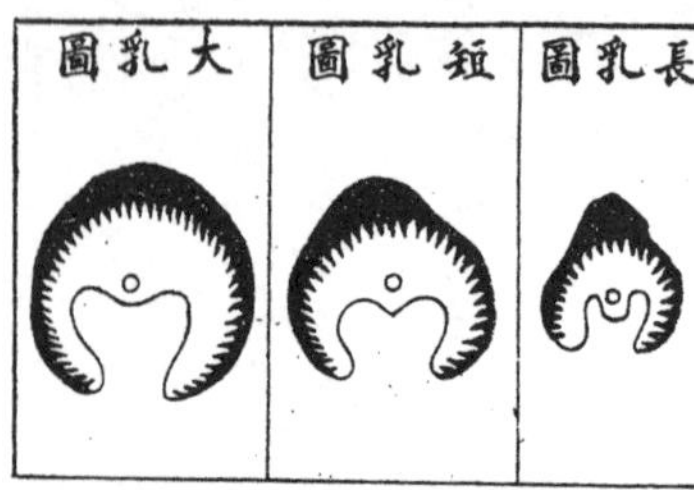

乳形正格

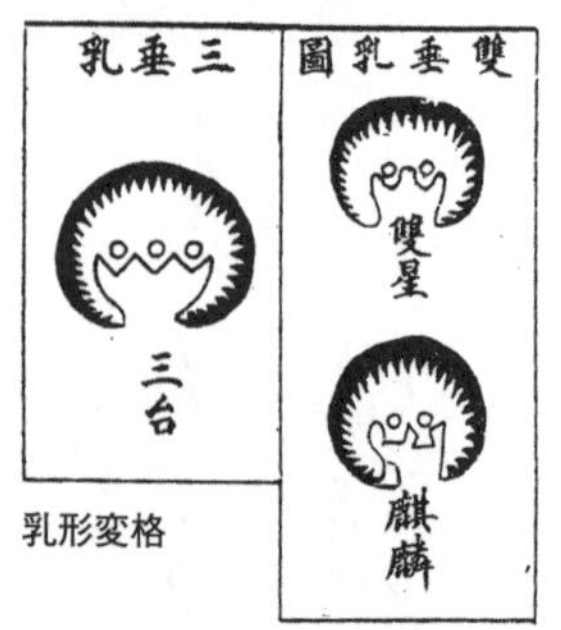

乳形変格

邊曲邊直圖

此左曲右直名曰左仙宮亦曰左弓脚

此右曲左直名曰右仙宮亦曰右弓脚

鉗形変格

乳形穴は左右両腕（この場合は「脚」より「腕」の方が比喩としてふさわしい）の間に垂れた乳房のようなものがせり出ている穴である。垂れているのは生気が凝集している証左だという。その乳房の形状によって六つのタイプに分けられ、そのうち、長乳、短乳、大乳、小乳の四つが正格、双垂乳、三垂乳の二つ（一五二ページの図参照）が変格になる。いずれの場合も、両腕が気持ちを込めて穴を抱いていて（抱衛有情）、乳の位置が正中を得ているのが格に合う（合格）。変格の場合も同様であるが、その上に複数の乳の形がそろっていなければならない。

突形穴も文字通り穴が突き出ているもので、大突、小突の二つが正格、双突、三突の二つが変格である。穴場が山にある場合、突起した穴は風を受けやすいので、必ず両腕が環抱していて風を遮り生気を散らさないような地形でなければならない。これがいわゆる「蔵風」である。逆に平地にある突形は風を恐れる必要はない。風が地の面を通り過ぎてゆくからである。この場合には水が問題で、「界水」（生気の漏洩を止める水）がはっきり流れていて、「来脈」（穴の方にやって来る龍脈）が明瞭でなければならない。いわゆる「得水」である。

ここで大乳穴の実例をひとつ掲げておこう（次ページ図参照）。浙江省台州郊外にある明の何寛の祖墓である。図には明記されていないが、はるか彼方の蒼山（太祖山にあたる）

大乳穴の実例

からやって来た龍脈は穴に至る手前で大帳を開き、いくつもの過峡をへて大乳穴を結んでいる。この穴の場合、墓の坐向（方位）も意味をもっていて、図にあるように「坐庚向甲」、すなわちほぼ西（庚）に坐して甲（東）に向いているので、子孫にとって「庚甲」が吉になる。何寵は庚午（一五一〇年）の生まれで進士に合格、何寛は甲戌（一五一四年）生まれで吏部尚書に昇りつめた。

穴星

次に穴星に移る。これを「星」と言うのは、もとより龍法で述べた五星と同じ発想であるが、穴星と言う場合にはおのずから、穴場を背後から抱きかかえているような山――入首山とも言う――に限定される。この山は龍脈全体のなかでも非常に重要な位置にあり、点穴するさい、この入首する山が星体を成しているかどうかを見極めねばならない。星体を成していなければ、真気はその下に融結しないからである。星体を成すとは、先述の五星の形のいずれかを典型的に体現している、換言すれば、山が一個の規範的な星になっている、という意である。

穴星は全体的な形態から、正体、側脳、平面の三大格に分けられる。正体は五行の正気を集めたもので、端正で重厚、そして気高い風格のあるものを指す。側脳はその頭脳（限定的に穴場の背後の山の頭部）が端正さを欠き、形も傾いているもので、最後の平面は、星が地上に倒れて形が平坦になったものをいう。いずれの場合でも、星体が清秀で龍自体が上格であれば問題はない。

そういうわけで、穴星の形は五星のおのおのに三大格を組み合わせ、さらにそれらはそれぞれ、四種の穴形（窩・鉗・乳・突）に分かれるから、5×3×4で合計60となり、もっとも貴格である正体金星以下、六十パターンあることになるが、火星は穴を結ばないので実際には四十八パターンとなる。一例として側脳木星穴格図を掲げておいた（左ページ参照）。火星を除外するのは、火はすべてのものを焼きつくして枯渇させ、物を生まないからである。ただ、水をもって火を救えば気が融結することもあり、陶器で有名な江西省の景徳鎮はその例だとテキストは言う。テキストに図がないのが残念だが、この町の場合、地上に降った火星（穴星）がふたたび入首落脈（盛り上がってまた地に潜り込む）し、田中を潜って五本の支脈となり、これが地上に出てまた五つの火星となるが、周りがすべて水なのでこれが火を救って融結できたとテキストは言う。

穴証十法

次は「穴証」である。上述の「穴形」は穴それ自体の形、「穴星」は穴にもっとも身近な、人で喩えればいわば後見人であったが、ここに至って周囲の地形へとさらに視点を拡大させる。真龍が穴を結ぶ場合、必ず「状況証拠」というものがある。「穴証」は穴の周囲の地形から穴のありかを帰納してゆく方法と言える。そのポイントは以下の十点に絞られる。

一、朝山
二、明堂
三、水勢（以上、穴前）
四、楽山
五、鬼星（以上、穴後）
六、龍虎
七、纏護（てんご）（以上、穴の左右）

窩穴

鉗穴

乳穴

突穴

側脳木星穴格図

八、唇氈（しんせん）（穴の下）
九、十道（穴の四方）
十、分合（界水）

朝山・明堂・水勢・楽山・鬼星

以下、穴証の十の方法について簡単に説明する。

一の朝山証穴法の「朝山」とは、次講で述べる「砂法」に属する概念で、そこで改めて説明するが、龍穴の背後にある主山とあい対する山である。主山の前方にあって主山とあい対する山としてはほかに「案山」があるが、「朝山」はそれより後方にひかえる山である（一二九ページの村山「山局之図」、および一八八ページ参照）。朝山が高ければ高いところに、低ければ低いところに点穴する。また、朝山が主山に近いと、穴はその威圧を恐れて上方にあるはずなので「天穴」を探す。逆に朝山が遠いと、生気が散じやすいから（案山、朝山の役割は気の漏洩を防ぎ止めるバリア）、穴は必ず低処に融結している。なお、朝山定穴法では、案山が「有情（うじょう）」であることが前提になっている。「有情」は風水ではきわめて重要な概念で、人間に好意をもっているように見える山や河の風情をいう。逆に、人に対して素っ気なかったり反抗的に見える自然は「無情」として評価されない。

二の明堂証穴法の「明堂」とは、穴前の広い平地をいい、「龍を尋ねる法はまず龍脈を求め、点穴の法はまず明堂を定む」と言われるように、龍穴とは切っても切れない関係にあり、風水では龍穴とならぶ、これもきわめて重要な概念で、時には龍穴と同義で使われることもある。「明堂」については第八講「水法」のところで改めて取り上げる。

さて、真気が融結するための第一条件は、明堂が「正を得」ているということである。ここでも「正」という儒教的価値理念が使われているが、具体的に言えば、傾斜したり形が歪んだりしていない土地である。たとえそういう場所に美穴があったとしても、定穴してはいけない。明堂には大・中・小の別があり、おのおの点穴の仕方が違う。小明堂では、円暈（えんうん）の下に求める。中明堂では、龍穴が交会しているところに求める。大明堂は、次ページ図のように内堂（小明堂）に対する外堂を指すが、案山の下の衆水が集まるところに穴を求める。図の上方にある山が案山である。案山については第七講「砂法」一八五ページ参照。

三の水勢証穴法は、文字通り水勢によって穴の所在を判定する方法である。何度も引用するが、『葬経』に「風水の法、得水を上となす」と言うように、水は穴を決定する重要な要素である。これは同時に第八講で論じる水法の問題でもあるのだが、要は、諸水が集まったり、水が弧を描いて抱くように巡っていたり（有情である）、こちらの方に向かって

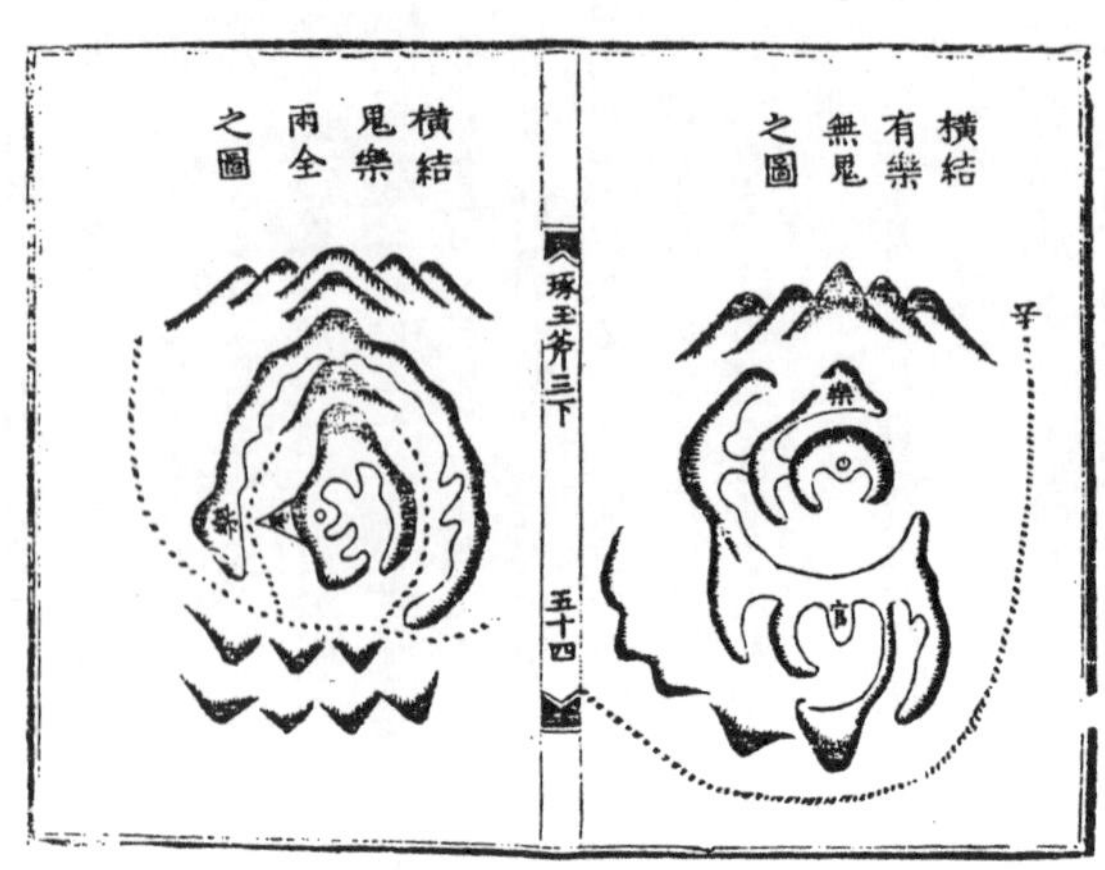

楽山と鬼山（『啄玉斧』による）

同上

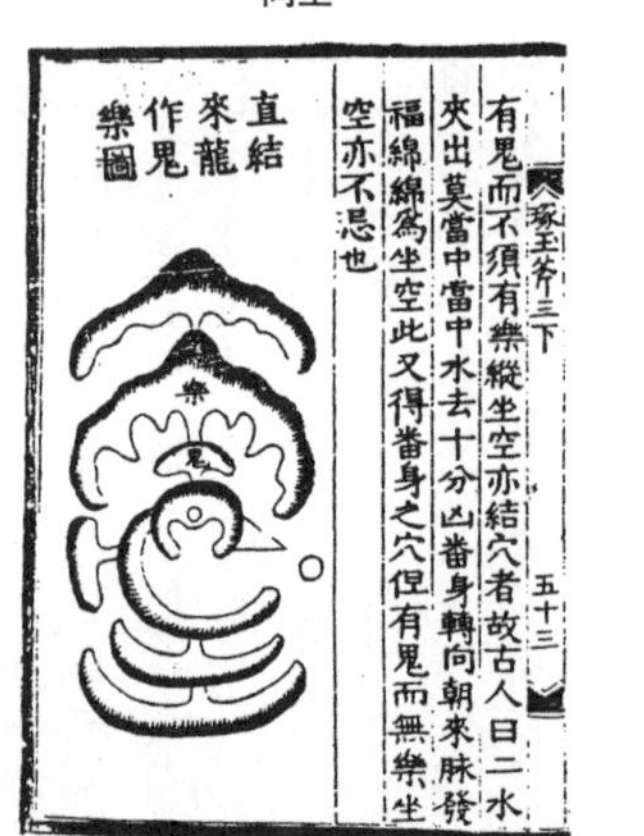
啄玉斧三下

有鬼而不須有樂縱坐空亦結穴者故古人曰二水夾出莫當中當中水去十分凶番身轉向朝來脉發福綿綿爲坐空此又得番身之穴但有鬼而無樂坐空亦不忌也

五十三

直結來龍作鬼樂圖

明堂証穴法

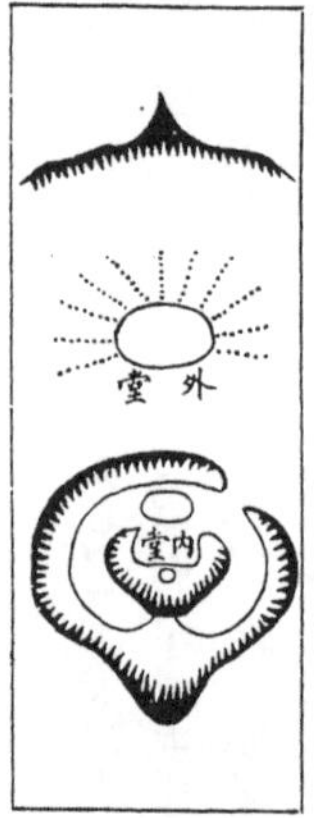

流れ込んでいたり（これも有情）するところに必ず穴がある。また、水勢が左に寄っていたり、左方を弓のように湾曲して抱くように流れていると、穴は左側にある。その逆だと右側である。また、水が明堂の真ん中に向かって流れて来たり、そのような水が途中で二筋に分かれて明堂を抱くようにして流れていると、穴は明堂の中心にある。

四の楽山証穴法の「楽山」とは、図のように穴の後方にあって穴が枕とするような山である。来龍が横龍（横ざまに入首して来る龍）の場合、これがないと空欠を生じて真気が融結しない。いずれにせよ、穴から見えるものを上とし、明堂から見えるものをその次とする。また、屛風、日傘、玉枕、伏せた鐘、傾いた太鼓のような形が貴格である。楽山が左にあれば穴は左に、右にあれば右に、中央にあれば中央にある。もしも楽山が険しく威圧的だと、その方向を回避して穴の位置を逆方向に定める。

五の鬼星証穴法の「鬼星」とは、楽山よりも前に位置する、穴のすぐ後ろの山で、「鬼山」とも言う。来龍が直進して来る場合には必要ないが、楽山と同様、横龍によって生じる穴の背後の空欠をカバーしている（前ページの図参照）。そもそも鬼星は、本体の生気が漏れてその余気が凝結したものであり（ゆえに余気山ともいう）、鬼星からその鬼気を穴に回収する必要があるが、もし定穴のポイントがずれると鬼星に気を奪われたままになる。そこで鬼星が高ければ穴も高く、低ければ低く、左寄りであれば左に、右寄りであれば右に定穴する。

龍虎・纏護・唇氈・十道・分合

六の龍虎証穴法の「龍虎」とは、穴を取り囲む左右の山である、主山より見て左の青龍、右の白虎を言い、次講で述べる砂法の主役である。砂法では穴を護衛する（つまり生気の漏出を防ぐ）観点から論じられるが、ここでは穴を見つけ出す重要な手掛かりとして捉えられている。このふたつの観点は矛盾しているわけではなく、表裏一体のものである。その定穴の法は、以下のようにまとめることができる。

（一）龍の方が強くて力があり、さらに有情であれば左寄りに、逆に虎の方が強くて力があって有情であるなら右寄りに定穴する。

（二）龍虎が低ければ、龍虎を越えてやって来る風を避けるために明堂の地穴に定め、逆に龍虎が高ければ、その威圧をやりすごすために明堂を捨てて天穴を求める。

（三）どちらも有情でどちらも高低が等しい場合には、両者の中央に定穴する。

（四）龍山が水に逆らっておれば穴は龍に従い、虎山が水に逆らっておれば虎に従う。

（五）左青龍が左方へ曲進しておれば左に、右白虎が右方へ曲進しておれば右に定穴する。

七の纏護（てんご）証穴法の「纏護」は、文字に即して言えば「まつわり、まもる」で、下僕が貴人に仕えるさい、付かず離れず、適度の距離を保っているさまに喩える。したがって穴（貴人）を纏護する山（下僕）は、穴から離れすぎていてもいけないし、背を向けていてもいけないのである。

八の唇氈（しんせん）証穴法の「唇氈」は、穴の前方に余気が発露したもので、小さいものを「唇（しん）」、大きいものを「氈（せん）」と言う。「氈」はがんらい敷き布団の意である。真龍が穴を結ぶと必ず余気が唇氈を造るのは自然の営みであり、逆にこの唇氈を手掛かりに定穴するわけである。とりわけ横龍の場合には唇氈があるので、見逃さないようにすべきである。

九の十道証穴法の「十道」は「天心十道」とも言い、次ページの図のように穴の四方を山が取り囲み、対称的な前後左右の山を結ぶと十字になる地形を指す。この四山のうち一つでも欠けると生気は融結しない。もとより十字の中心が「天心」（天の中心）であり穴であるが、ずれたところに定穴すると失穴になり、吉地はたちまち凶地に変じる。この十道証穴法はわが平安京造営のさいに使われたという説がある。この問題については、第九講で改めて取り上げたい。

十の分合証穴法は水法ともかかわり、水流の分合によって穴を定める方法である。穴の背後で分かれた二水（その形状がエビのヒゲに似ているので蝦鬚水ともいう）が、穴の前方で一本に合流すると、陰陽が交合したと見て、そこに真穴を定めるのである。背後で分かれたまま前方で合流しなければ「陰陽不交」だから、そこには偽穴しかない。

以上の十法はあくまで常理（原則）であって、活変（現実・現場の多様性）が重要であり、朝山以下の証穴がないから真穴が融結していないと固定的に考えるべきではない、とテキストは最後に念を押している。

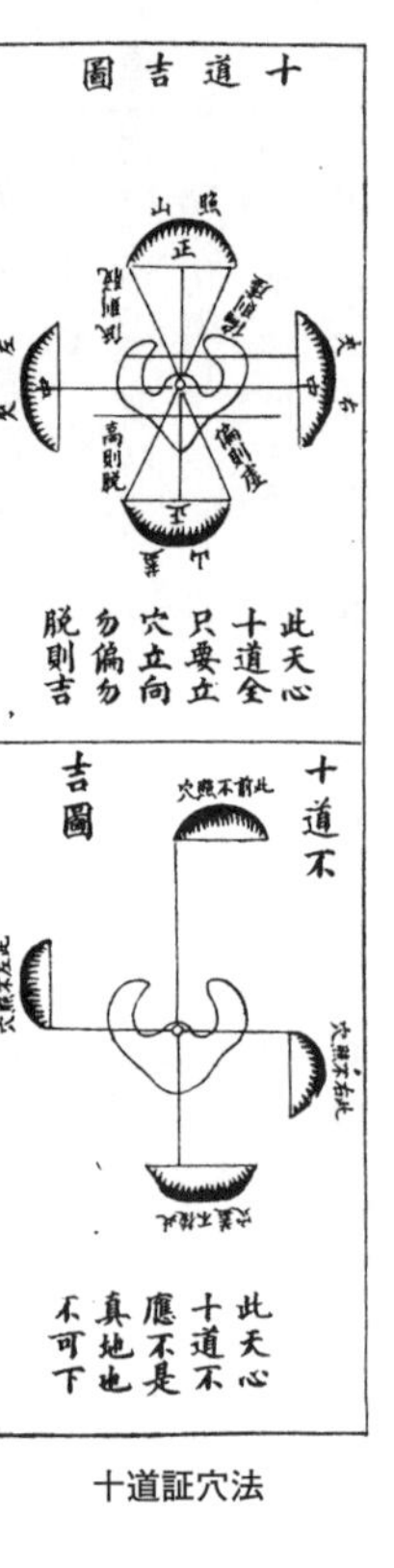

十道吉圖
此天心十道全只要立穴立向勿偏勿脱則吉
十道不吉圖
此天心十道不應不是真地也不可下

十道証穴法

穴忌—凶相の山

次は「穴忌（けつき）」である。気は形をもったものを通して自己を顕在化させる。山の形状から隠れた気の吉凶を判断するのがこの「穴忌」である。穴忌、つまりタブーとしての凶山の姿を述べることによって逆に吉山を類推させるのである。以下、十六種にものぼる細かな山の観察をテキストに沿って簡単に説明する。ただ、メインは山だが、なかには平地もまじっているようである。

一、「粗悪」　醜悪な印象を与える山に真穴は融結しない。山の見方は人の見方と同じで、粗悪な面相をした人は心も凶悪である。山形が清秀であると、そこから清秀な人材を産出する。これは気の感応の道理からそうなるのである。

二、「峻急（しゅんきゅう）」　這（は）わないと登れないような山には真穴はない。穴は平らかで穏やかな場所に融結する。むりやり険峻なところに穴を開けると、主人は重大なトラブルに巻き込まれる。ただし、急峻なところに突如として平坦地が開けておれば、そこに貴穴がある。

三、「単寒」　山が孤立しているか、穴がぽつんと露出していて、前述の穴証がなにもないところに定穴すると、主人は貧窮と孤独（身寄りがない）に見舞われ、いずれ家門も絶えるだろう。

四、「臃腫（ようしゅ）」　穴星が腫れ上がってぶよぶよし、窩（か）や鉗（かん）などの穴形を開かないものである。穴星も人間同様、目鼻立ちがはっきりしていなければならない。このようなところに定穴すると、災禍がたちどころにやって来る。

五、「虚耗（きょもう）」　がんらい生気が融結しているところは土地もかたく引き締まっていて、何物も傷損させることができない。ところが龍の気が弱いと、それに乗じて蛇やネズミが巣

祝都諫の祖地

を作って地気を漏らしてしまう。そのような土地が「虚耗」である。

六、「凹欠（おうけつ）」　穴のまわりは緊密に保護されていなければならない。どこかに空欠があると、そこから賊風が侵入して穴を射るおそれがある。平洋の地（平坦地）は四面、さえぎるものが何もないからかえって畏れる必要はないが、山谷の場合、凹断している箇所があると致命傷になる。上図の「祝都諫の祖地」（「祖地」は祖先墓のこと）は、穴の左右の両山に凹欠があるように見えるが、外側の山がしっかりカバーしているので吉穴になっている。

七、「痩削（そうさく）」　穴があるべき山形が貧弱なのは、龍の気に元気がない証拠である。人間でも気血が衰えると、体や顔つきが痩せて潤いがなくなってくるのと同じである。たとえ龍が規格にかなっていても、そのような場所には神を祀る建物は建てても、墓は営むべきではない。

八、「突露」　まわりに護衛してくれるものがなく、剝き出しになっていて風をもろに受ける山。このような場所にある穴は、上述のように単寒の龍のところに多い。いかに秀峰であっても、開帳（龍法参照）によってサポートされていない孤龍は、穴を結んでも、寺院や祠堂を建てるのが関の山である。

九、「破面」　穴に当たるところを人為的に掘削して山の面貌を傷つけると、そこから生気が漏れ出てしまう。また、深く掘り下げすぎると、穴脈に損傷を与える。深く掘り下げることによって衆穴の気を集めようとする深葬の説は誤っている。損壊が軽微なうちは修復が可能なのは、人間の損傷が皮膚レベルに留まっておれば治療できるのと同様である。むかし晋の羊祜（ようこ）という人は、祖先の墓に天子の気があると墓相見から言われたのを嫌って墓の後ろを一部壊したが、それでもまだ「腕を折った大臣」は出すエネルギーはあると言われ、はたしてのちに落馬して腕を折り、やがて大臣になった（『晋書』）。これは、羊祜（ようこ）が壊した部分が穴脈から逸（そ）れ、腕のところに当たっていたからである。

十、「瘡頭（そうとう）」　黒と白の石が入り交じったところには植物もまともに育たない。生えてきても雑草のたぐいばかりで、頭に瘡（かさ）を患っている人には毛髪が生えないのと同じ道理である。土肉が厚く草木が繁茂しているところにこそ美穴がある。

十一、「散漫」　穴場は収斂や結束を尊ぶ。広いだけでしまりがなく、界水もなく窩（か）や突などの穴形もないところに定穴すると、主人は貧困に苦しみ、やがて家が絶える。

十二、「幽冷」　日の差さない寒冷の地である。こういう場所に葬ると遺体は腐敗せず、百年たって棺を開けても生けるがごとくである。しかし、こういうところに正穴はない。万物はすべて変化し死ねば腐朽するのが道理であり、氷のような冷気に親の遺体をさらし続けるのは孝子ではない。親の遺骸を媒介に子孫を繁栄させるのは、地脈を流れる中和の生気であって冷気ではない。生気は暖かく、暖かければ肉は落ちやすく骨は長く残る。遺体はそれに感じて子孫を栄えさせる。子たるもの、親を生気の地に葬り、親の祭祀を廃れさせないことが大きな孝なのである。

十三、「尖細（せんさい）」　穴場がするどく尖り細微な場所である。こういうところには生気は集まらない。

十四、「蕩軟（とうなん）」　穴場が結束を欠き、牛皮のように軟弱なもの。平地ではもっともこれを忌むが、しかしそこに突があったり鉗が口を開いておればその限りではない。

十五、「頑硬」　山形がごつごつと硬直していて躍動感を欠いたところには生気は融結しない。優美で生き生きしているところにこそ定穴すべきである。

十六、「巉巗（ざんがん）」　穴に面したところに威圧的な岩がそそり立っているのはよくない。気は土に集まるから、石山には葬るべきではない。ただ、気の旺盛な大龍が穴を結び、その星

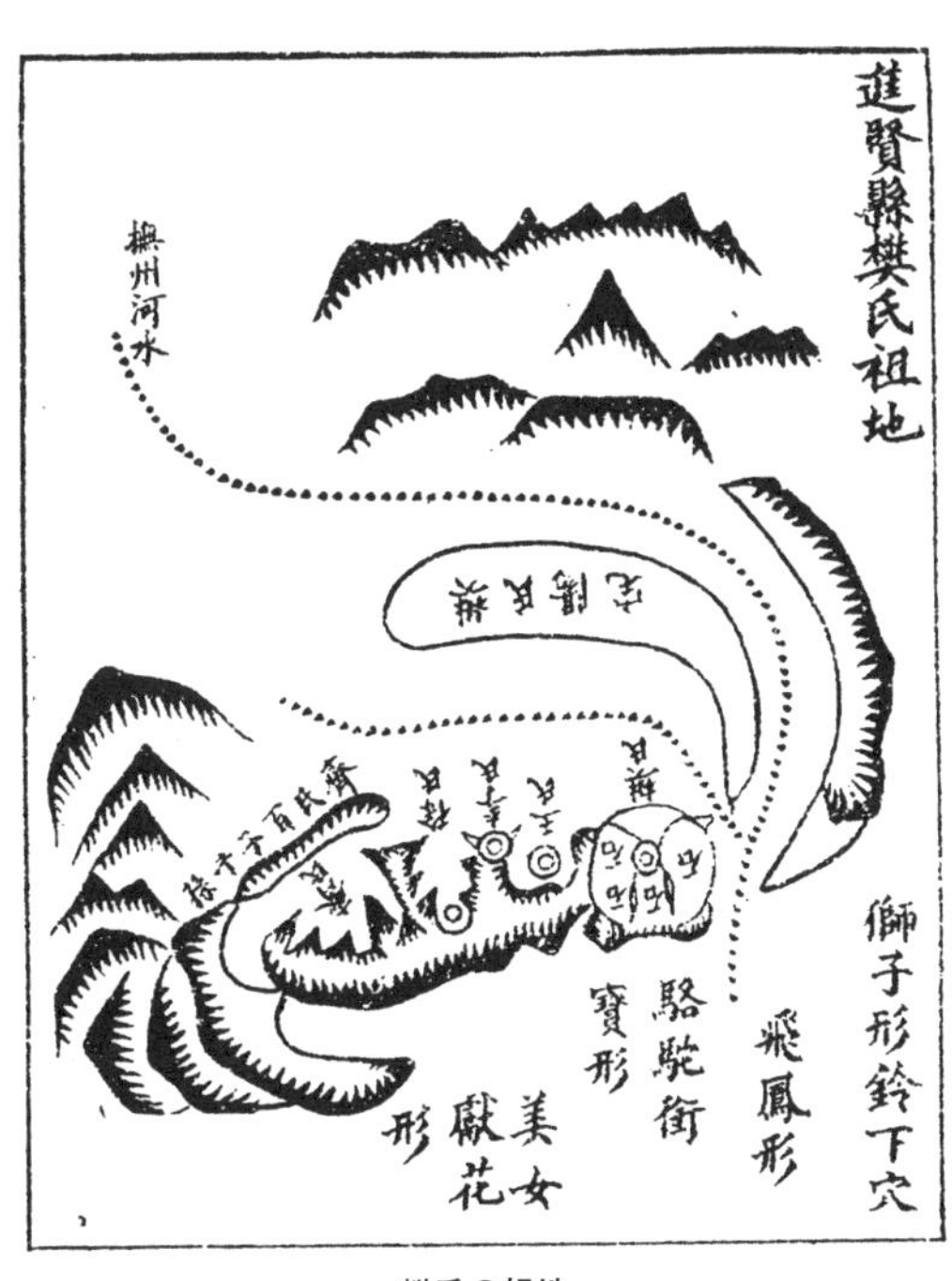

樊氏の祖地

辰（峰のこと）のなかにつやつやした石でできているものがあっても、穴の位置からそそり立つ恐ろしげな岩が見えなければ、これは「石山土穴」と言うべきで、そこに定穴してもよい。上図の樊氏の祖地には一穴だけでなく複数の穴（美女献花形、駱駝銜宝形など）が融結しているが、すべて同じ局を共有している。最後

韓国の国旗（太極旗）

に穴を結んでいるのが樊氏の祖地なのである（俗に獅子形鈴下穴と呼んでいる）。ここには巨岩がゴロゴロしているがすべて穴の背後にあって人の眼には見えないので問題はない。その証拠に、ここへ父祖を葬って以来、樊家から六代にわたって科挙合格者を輩出し、富貴をほしいままにしている。

太極定穴法

テキストは巻をあらため、さまざまな定穴法を記述する。そこからいくつか選んで紹介しよう。

太極という哲学概念についてはすでに触れておいた（一四五ページ）。具体的なイメージが湧かなければ、韓国の国旗（太極旗という）を思い浮かべればよい。太極（中心の円）から陰陽（円中の赤と青のまが玉形）が生まれ、さらにその陰陽が抱き合って万物（四すみの八卦）が生成されるプロセスを表している。さて、ここで言う太極定穴法とは、太極というものが人間の感覚器官を超えた形而上の存在というのにこと寄せて、有か無かのほのかな形状から穴を定める法を指している。穴場をよく見ると、円状の暈がぼんやり浮かび上がっていることがある。その円暈は、遠くから見るとあるようで、近くから見ると消えており、横から見ると比較的はっきりしていて、正面から見るとあいまいな、そのようなものを太極に見立てるのである。

その暈の下で分かれた水が合流しているとき、その合流点が小明堂で、広狭は問題ではなく、人が横になれるスペースがあればそれで充分である。なお、ここで言う「水」は実際の水ではなく、低処を指している。風水では先述したように、高きこと一寸を山とし、低きこと一寸を水とすることがある。そのような円暈があると、そこが生気の凝集する真穴である。この太極＝円暈を鋤き返したりすると龍を傷めることになり、水や蟻が棺に侵入する。

『葬経』に「乗金、相水、穴土、印木」とあるが、これはじつは太極暈のことを述べているのである。「金に乗る」とは、太極暈の突起した部分をいう。「水を相す」とは、円暈を挟むようにして八の字に流れる水が小明堂で合流することをいう。「土に穴す」とは、穴が中（ちゅう）にあって偏らず、その深さも適度なことをいう。「木に印す」とは、穴前に「氈（せん）」と「唇」が生じていることである。五行のうち火がないのは、先述のように火は穴を結ばないからである。

両儀定穴法

「両儀」とはさきに引いた『易経』の「太極、両儀を生じ……」の「両儀」で、普通陰陽をそれに当て、もとより風水もその解釈にしたがう。風水では、穴には穴の陰陽があり、龍には龍の陰陽があるとする。穴の陰陽とは、太極暈の厚く盛り上がっているもの（肥起）を陽とし、痩せて窪んでいるもの（痩陥）を陰とすることなどがそれである。龍の陰陽とは次のようなことを言う。龍身がそのまま穴を作る場合、龍は陰にカテゴライズされるから陽穴を求める。一度地にもぐった龍身がふたたび盛り上がって星を形成している場合、そのような龍は陽と見なして陰穴を求める。これを逆にすると、陰龍—陰穴、陽龍—陽穴という組み合わせになって、さまざまな災厄に見舞われることになる。

また、穴の上半分が肥起していて下半分が痩陥していたり（またはその逆）、左半分が肥起し右半分が痩陥している（またはその逆）のは、いずれも陰陽の二気が交感する貴格であるから、それらの陰と陽との中間に枢を納めるのがよい。

聚散定穴法

すでに第一講で引用したように、荘子は「人の生命は気が凝集したもの。気が凝集すれば生き、拡散すれば死ぬ」と言ったが、気の凝集（聚）を吉とし拡散（散）を凶とするのは風水の大原則である。風水ではまず「大勢の聚散」を観察し、しかるのちに小さな場である穴場の聚散を見る。群山が集まり、諸水も合流して羅城（穴の周囲を壁のように山が取り囲んでいる形勢）は周密で、気が漏れ出る隙間のない地形が「大いに聚まる勢い」である。このような地形のなかから来脈を探し出し、それがどこで止まっているかを見極めて穴を求める。水が上で分かれ下で合流し、前方に応山、後方に楽山があるポイントに窩穴や乳穴があれば、そこが気の凝集している真穴にほかならない。

向背定穴法

ここでこの定穴法を取り上げたのは、この法が「有情」「無情」という風水説におけるきわめて重要な考え方と密接に関係しているからである。これらについてはすでに言及したが、あらためて説明すれば、「向」は山川が自分のことを気にかけてこちらを向いてくれること（すなわち有情）、「背」はその反対で自分に背をむけること（すなわち無情）の意で、風水の根本的な自然評価にかかわっている。むろん、「有情」をよしとして「無情」を退ける。この「向背」の語も思想も、テキストが引く宋の蔡牧堂の著といわれる『発微論』向背篇の次の記述にもとづいている。牧堂は号で本名は発、宋代の著名な学者で、朱子の講友として知られる蔡元定の父でもあった。この父子は音律、天文、風水など、術数の学に精通していた。向背篇の一節を引いておこう。山川が有情のところにこそ生気は融結する、というのがここの結論になる。

――いったい、風水地理と人事とはかけ離れたものではない。人間の性格や感情は多様であるが、「向」と「背」というあり方は目で見ることができる。私に向かってくる人は、必ず私の世話をしてくれ、私に親しもうとする気持ちがある。私に背をむける人は、必ず私を嫌って、振り向こうともしない。……だから土地を観る人は必ずその土地の気持ちの向と背とを観るのである。……風水の要点は山水の向背に尽きるのだ。

近取諸身定穴法

「近くは諸(これ)を身に取る」というのは『易経』に見える言葉で、むかし伏羲(ふっき)が八卦を作ったとき、人間のからだという最も身近なものをモデルにしたことを言う。この定穴法は、宋の風水家・廖金精(りょうきんせい)が人体の骨節の動くところを風水の穴に見立てたことから始まるという。

テキストには、人体のツボ（曲池穴）や器官（膀胱穴）、部位（臍輪穴）に範を取った穴の図が二十ほど列挙され、その下にそれぞれ詩の形をした口訣が付されている（左ページの図の「頂門百会(ひゃくえ)」とは頭の頂門(てっぺん)にあるツボ）。人体全体を穴場に見立てた、別のテキストの図も掲げておく。

五不葬論

テキストは次に穴忌続論として、穴のタブーに関する先人たちの言説や口訣を集めている。ここでは、そのなかから最もオーソドックスな『葬経』に言う五不葬論を紹介しよう。以下のような山には葬るべきではないと言うのである。すでにさきの「穴忌」で述べたことと重なるものもあるが、むろんこの『葬経』がオリジナルである。風水の気に対する考

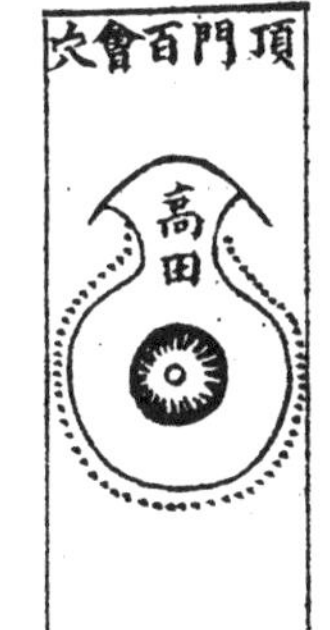

近取諸身定穴法

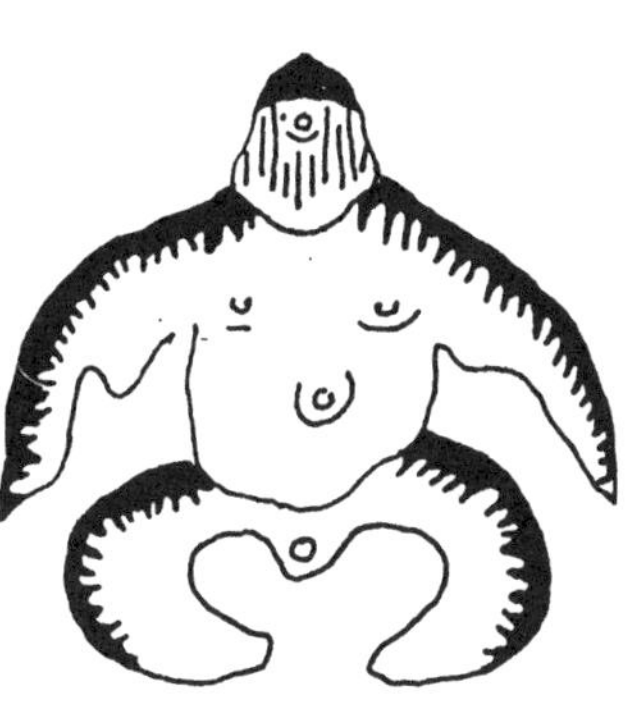

人体のツボと風水の穴
(『六圃沈新周先生地学』による)

え方と土地評価法とがここからうかがえる。

一、「童山」　気があるところ、ものを生む。土色にツヤと潤いがあり、草木が繁茂している美地にこそ葬るべきで、生気が集まっていない童山（禿げ山）は避けるべきである。

二、「断山」　気は形あるもの（山）を伝わって流れて来る。自然に崩落していたり、人工的に切断されて気脈が途中途切れている（断脈）山は、気の流れなくなった、抜け殻のような人間のからだと同じである。

三、「石山」　気は土を介して流れて行く。鋤も受けつけない固い頑石の下には葬るべきではない。ただし、石の間に隠れている土穴はかえって吉地である。

四、「過山」　気は勢いをもって止まる。止まって穴を結ばず、そのまま前に進んで行くような龍脈（過脈）には葬らない。また、尾根から分かれ出た支脈を龍虎（穴を護る左右の山）と誤認してはいけない。

五、「独山」　気は龍によって集合する。護従する山もつき従う水もない孤立した山（独山）には気が集まらない。

第七講　砂　法

砂とは

「砂」というのも風水独自のタームで、穴の前の朝山、案山、背後の楽山、左右の龍虎、それに羅城、水口の諸山といった、穴を取り囲む山々を言う。すでに述べたように、それらを「砂」と言うのは、古人が砂で山形を造って弟子に伝授したからだとする説が有力である。

穴法では、前講で述べたように、砂は龍穴を探し出す観点から論じられるが、砂法では、同じ砂でも、穴を擁護し、生気を囲い込んで散らさない役割が問題にされる。たとえ好穴があっても、まわりの山が無情で穴に背いていたなら、そこに定穴しても幸運を呼び込めない。まことに砂は欠くべからざる脇役なのである。

テキストはこういう話を載せている。これは墓地風水ではなく、陽宅風水にかかわっている。福建省建陽というのは朱子の第二の故郷というべき都市であるが、ここはまた、中国近世において出版業が栄えた、出版文化の一大中心地でもあった。テキストによれば、建陽の出版社の立地は、四方を奇峰に囲まれ、雲にまでとどくほどの秀でた峰にも恵まれている。しかし、入穴のところに至ると、粗悪な形状の山が迫り、前方の砂はというと、すべて無情で、穴に背いて逃げて行くような姿をしている。これでは秀気は外に漏れ出て、内には卑しく汚い気しか溜まらない。建陽は多くの貴顕を生み出したものの、この地の風俗は礼義を尊ばない。だが、ここから書物が天下に伝播していった。これは、内の風水はよくないが、外に秀峰が多いことの応験にほかならない、と。

では、砂が完璧だとそこにおのずから生気が融結するのか、というと、必ずしもそうではない。砂が貴格でも龍脈が賤格だと、凶になることもある。「砂は美女のごとくであっても貴賤は夫（龍脈）に従い、水は精兵に似ても進退は将による」と言われるように、やはり龍脈が主で砂は従なのである。

砂法もきわめて煩瑣であるが、その要点は、砂形が尖円方正（せんえんほうせい）（円なり四角なりの形がクリア）で有情秀麗なものが吉、醜怪無情で、欠損があったり傾いていたりするものが凶である。

四神砂

砂のなかで最も重視されるのが、穴にいちばん近い周囲の山である。これを四つに分節し、四神に見立てて「四神砂」と呼ぶ。穴から見てその左右が青龍（左）と白虎（右）、前後が朱雀（前）と玄武（後）である。おおむね朱雀は案山と朝山、場合によっては前方の水、玄武は主山（後山、鎮山）を指す。青龍と白虎は通常そのままで呼ばれ、たいていペアで扱われる。もっとも、四神といっても、山の形状が虎や龍に似ている必要はないから、これらの呼称は単なる符号と考えるべきかというと、必ずしもそうとは言えない。形状は似ていなくとも、四神の名を冠せられた山には、各々その名のもつ霊性やパワーが浸透していると信じられていたはずである。孔子が「名を正さんか」と言って以来、この国では「名」は重いのである。

四神は風水にとって大事な装置なので、少し補っておきたい。四神（四霊）はもともと天上の星で、やがて地上に降下して四方の守護神となった。この四つの霊獣を小宇宙としての墓室の四壁に描いて魔物の侵入から死者を護衛する風習は、わが高松塚やキトラ古墳にまで伝播している。四神はもっぱら絵として描かれるだけではなく、ミニチュアの塑像に造られて死者を護ることもあったようである。筆者は、長江沿いにある江蘇省鎮江（ちんこう）市（黒酢の名産地）の鎮江博物館で、宋代の墓から出土した陶製のかわいい四神像を見たこと

伝雪舟『唐土勝景図巻』（京都国立博物館蔵）

がある。余談ながら、この鎮江には後世、風水の元祖にまつりあげられる郭璞（かくはく）のものと伝えられる墓があり、私は一九九三年に実見した。墓といっても、農道わきの木立のなかに見上げるような巨岩が鎮座しているだけの異様なものであった。じつは十五世紀の半ば、雪舟がこの地を訪れて長江のパノラマ図『唐土勝景図巻』を描き残し（今日の研究では、実景を忠実に模写したというより、何らかの中国画を参考にしながら描いたのではないかと推測されている）、そこにも郭璞墓が描き込まれているのであるが、なんとその絵では巨岩の墓は長江中に浮かぶ島になっている（左端の「郭朴塚」）。まさに「桑田変じて海となる」である。

四神の観念は風水説にも取り込まれ、山

や河といった自然の景物、そして時には宮殿などの人工的な建造物をこれら四獣に見立て、それらの配置によってその場所の吉凶を判断した。わが平安京でたとえば南門を朱雀門などと言うとき、門自体が朱雀に見立てられていて、都市のバリアとしての役割が期待されていたはずである。

もちろん四神は墓地風水とも関わっている。次に紹介するのは風水史上の作り話ではなく、まっとうな歴史書に記録されていることがらである。管輅（かんろ）というのは占術に精通した三国時代の魏の人であるが、彼はあるとき高句麗征討で名をあげた毌丘倹（かんきゅうけん）という魏の将軍の父親の墓を次のように見立てて、この一家は二年とたたぬうちに一族みな殺しにあうだろうと予言し、はたしてその通りになったという（『三国志』管輅伝）。

――玄武は頭を隠し、蒼龍には足がなく、白虎は屍をくわえ、朱雀は悲しげに泣いている。

これは、四神によって墓を占断したもっとも古典的な実例であるが、問題は、この場合の四神は具体的にはなんであったか、である。キトラ古墳のような墓壁画とする説もあるが、私は周囲の地形とする説に賛成したい。墓中画であれば墓室に入らないと分からないが、管輅は厳封された墓に入れたのだろうかという疑問がひとつ、それより決定的なのは、墓壁画（画像石でも同様）にそのような不完全な四獣を描くだろうか、という疑問である。私の解釈ではこうなる。

煙蘿子朝真圖

からだを守る四神「前朱雀」「後玄武」「左青龍」「右白虎」

この墓地の背後にあって墓の要となるべき山は低すぎて鎮めの役も果たせておらず（玄武蔵頭）、左右から墓を抱護すべき低い丘陵は、一方は長さが足りず（蒼龍無足）、一方には勢いがなく（白虎銜尸）、そして前方の池沢には水が涸れている（朱雀悲哭）。

ともあれ、四神という観念が、星空という大宇宙から都市をへて墓室にいたるまで、大から小へと一種入れ子構造を成していることをご理解いただけただろうか。そのことに関して余談をもうひとつ。これはいつ頃からそう信じられるようになったのか、風水思想との関係はどうなのか、よく分からないのであるが、どの人間も人間の目には見えない四神によってまわりをガードされている、という考え方があった。右に掲げた「煙蘿子朝真図」はだいたい十世紀頃に成立したもので、詳しい説明はできないが、人物の頭部周辺にあやしげな魔物にまじって四神像と文字が読み取れる。このテキストは道教の一切経である『道蔵』に収められているから、おそらく道教徒のあいだでこのような四神観が伝えられていたのであろう。

青龍・白虎

さて、ここから各論である。『葬経』に「生気は噫気（風のこと）によって散らされやすいので、龍虎が穴を護る」とあるように、生気の漏洩・拡散を防ぐ重要な役割を担ってい

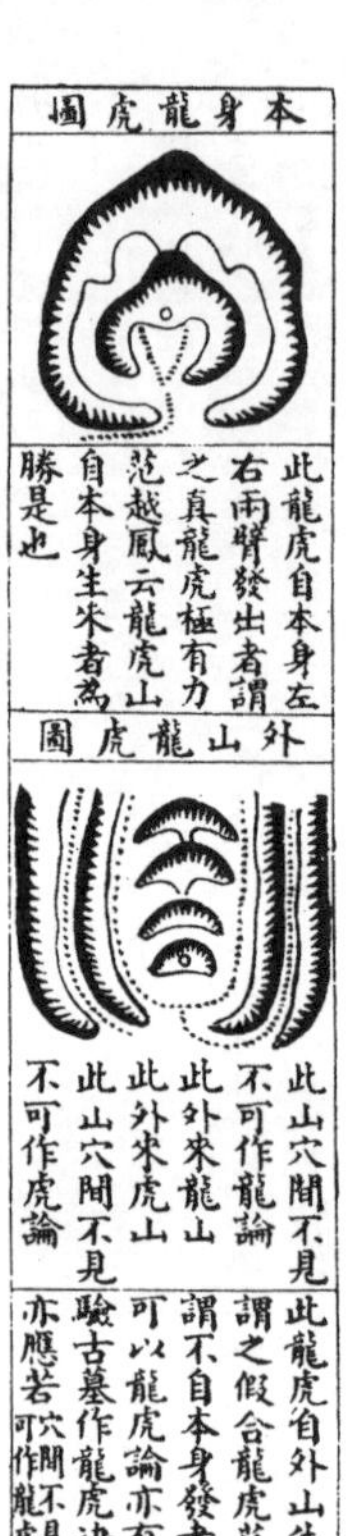

本身・外山龍虎図

るのが青龍と白虎である。もっとも、龍虎がなくとも吉地であったり、両者がそろっていても凶地というケースはないわけではない。先述したように、主役はやはり龍ないし龍脈なのである。なお、龍がふたつも出てきてまぎらわしいが、龍脈の思想に四神説が結びつけられたのでたまたま同じ「龍」になったまでで、一方は生気を運び、一方は生気を護る、というように働きがちがう。

龍虎には形態上、ふたつのタイプがある。ひとつは、龍脈それ自体（本身）が穴を挟むようにして左右に分かれ出ているもの。いまひとつは、本身とは別の二脈が龍虎をなしているものである（このケースは厳密に言うと、一脈は本身、もう一脈は外山というバリエーションもある。右図参照）。この二タイプでは、本身から分かれ出ているものを上位とするが、いずれにしても龍虎に定形はなく、風に晒（さら）させないよう穴場を守護しているものを美とする。また、龍虎がたがいに譲り合い、高低も両者釣り合っているものがよい。いがみ合っ

ていたり、先端が相手にまっすぐ向けられていたり、短すぎたり崩れていたり、全体として姿の悪いものは凶である。

案山

穴前の山には二種類あり、近くて比較的低いものを案山、遠くて比較的高いものを朝山という。風水都市というべきソウルに詳しい人なら、南山が案山、冠岳山（この麓にソウル大学がある）が朝山と言えばピンとくるはずである。「案」は机のことで、貴人（つまり穴）が机に拠って政務を処理するのに由来し、「朝」はこの場合「あさ」ではなく「むかう」の意で、客であり臣である朝山が、主であり君主である主山に向きあって礼をする寓意がある。

案山の形状には、玉製の机、横たえた琴、弓、蛾眉、筆架など、さまざまな形があって、とくにこういう形でなければというものはない。要は、龍虎と同じく、端正で丸みを帯び、光彩があって有情なのが吉相である。近いのがよいといっても、圧迫感を与えるほどに近すぎると、頑迷な人を生み出すおそれがある。龍穴と合わせて、たとえば龍穴が金釵（かんざし）形なら案山・朝山は化粧台形であるべきかというと、そのような取り合わせに拘泥する必要はない。

本身案山

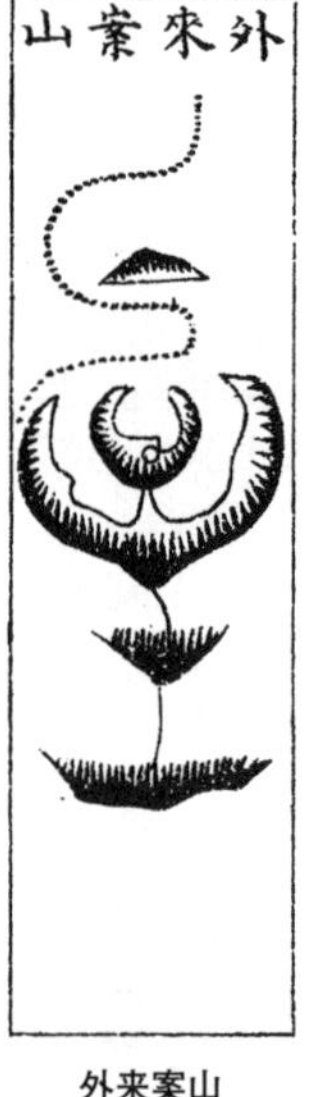

外来案山

案山にも龍虎と同様、本身の案山と外来の案山がある。前者は龍脈の本身が一脈、右上図のように穴を片腕で抱くように前方に迫り出して来ているものであるが、元辰の水または気（明堂内の水・気）を封鎖しているものを大吉とする。後者についても右下図を参照されたいが、この場合でも明堂の気を封鎖しているのが吉案である。いずれの案山でも逆水（穴に向かって流れてくる水）があるのがよい。

朝山

朝山は、穴ないし主山に有情で向き合っているかどうかがポイントである。客が主に見（まみ）え、臣下が君主に対面し、子が父を奉じ、妻が夫に従うように、である。穴に登って前方を望んだとき、群山のなかで端然と特立していて、選ぶまでもなく一目でそれと分かる山が「真朝」（まことの朝山）である。門の中に君子が居ると門の外に君子が訪れる、という諺のように、真穴があればそれに応じて必ず朝山がある。しかし、龍穴があっても秀でた朝山・案山がなければ、その龍穴は鬼龍がむなしく穴を結んだ仮穴にすぎない。自分以上の力量をそなえた友を持てという古人の教えのように、ひときわ秀でた朝山を求めるべきなのである。しかしながら龍虎と穴との関係同様、龍穴が主で朝・案は従であって、龍穴が真貴でさえあれば、たとえ朝山の形が斜めに歪んでいても大きな害はない。

朝山にも格がある。特朝山、横朝山、偽朝山の三種である。特朝山は、はるか遠方より水に護られつつやって来て、穴に正面から向き合って拝伏する山で、これを上格とする。その次が横朝山で、横に開帳しつつ有情に穴に面する山である。偽朝山は、形は秀麗でも無情で、穴からまっすぐ去って行くような印象を与え、これはもとより吉相ではない。なお、朝山があればバリアとしての水は必要ではないが、逆に水（向水）が朝山の代わりをすることもある。

なお、見渡すかぎり平野が広がって山のないところでも穴はあり、穴があれば朝・案もある。畑中の草地や水辺の堤など、一寸でも高いところは山と見る。

朝山についてはまだ論ずべき問題がある。朝山も含めた前砂は、一般にはるか彼方から畳々と幾重にも連なっているのを貴ぶ。主人である穴から言えば、はるばる遠方からお供を従えて来朝してくれているからである。では、峰が多ければ多いほどよいかと言うとそ

符筆朝山

朝山吉地の実例

うともかぎらず、そのなかで一、二秀でた峰が穴に真正面に向き合っておればそれでよい。その峰が先の尖った筆のような形をしていると文筆峰となって、科挙に合格した高官を輩出する。上の右図のように蘭谿にある范氏の祖地（祖先墓）から九人の科挙合格者を出したのは、祖地が九峰とも天に届く秀峰（九峯呈秀）に面対していたからである。しかし、峰が多ければ多いほどよいというわけでもない。江西省龍虎山にある張真人（道教の教主）の陽基（家宅）は、本ページ上左図のようにその前方、ノコギリ歯状の多くの尖峰をもつ山に向き合っている。これだけ多いと「文筆」というより「符筆」（お札を描く筆）であって、張家が漢の時代より代々富貴を保ってきたのはこの前砂のゆえではなく、龍穴そのものがよかったからである。

しかし、前砂は孤峰であってもかまわない。孤峰をきらうのは龍法であり、砂法では雲をいただく独秀の孤峰は「文筆挿天(そうてん)」と呼んで貴格とする。むろん、龍穴が真であるのが大前提である。王安石や朱子や羅一峯(明の学者)の陽宅の前砂は一峰独秀であった。

前応と後照

穴前の案山と朝山のさらに外側の山を「前応」といい、穴後の玄武のさらに背後の山を「後照」という。「前」「後」の語がすでに示しているように、この両者がともにそろい、前後に重畳とたたなわっている地形が上吉である。もっとも、「外にそびえる千重の峯々も、前に横たわる弓形の一案山におよばない」と言われるように、近くに案山があって明堂の気を封鎖していたなら、外に応山がなくともかまわない。また、後照のなかにひときわ高い山があればそれを天柱峯と呼び、主人に福と寿をもたらすと見る。

左輔と右弼

上述した龍・虎・案・朝が砂の主役であるが、ほかに脇役のようなものもある。左輔(さほ)・

右弼というペアもそのひとつである。「輔」も「弼」も「助ける、補佐する」という意であるから、その役割は左右両側から保衛することにある。もっとも重要なのが穴の左右に特起した両山であるが、後龍の左右、過峡の左右、前朝の左右、明堂の左右、水口の左右にも認められることがある。いずれも両耳のように、大小、高低がそろっていなければ格に合わない。

天門と地戸

「天門」と「地戸」というペアは元来、前者が天の陽気の発生する門、後者が地の陰気の発生する戸という意であったが、後世多様な意味が派生していった。風水では、穴の左右の地点のうち、青龍・白虎に関わりなく、水が入ってくるポイントを天門、水が出て行くポイントを地戸と称している。したがって、穴から見て左より来て右へ流れ去る場合、左が天門、右が地戸になる（その逆だと、当然右が天門、左が地戸）。水が入ってくる天門は広々と開け、水が去る地戸は高い山によって狭く閉ざされ、水流が見えないのが吉相である。その逆だと、「山水あい交会せず」、つまり陰陽、男女に見立てられる山と水との間に気のコミュニケーションが成立していないからそこには真龍が融結しておらず、そういうところに穴場を求めても無駄になる。

右の白虎が左の青龍より高くてはいけないというのは俗説である。龍は虎とちがって空高く飛翔できるとはいえ、本当の龍と虎がそこに居るわけではないからである。風水では右砂（白虎）を生殺を握る兵権とするが、北京の西山、南京の鶏籠山、石頭城、江西省南昌の西山、杭州の西湖の諸山はみな右砂であって、左砂（青龍）より強く力がまさっている。しかし、墓地のような小地にそのような大都城の法則を持ち込むのには無理がある。普通の小地では、水が流れ去る側の山勢が強くてまさり、水をしっかり受け止めて勢いよく流れさせず、気を明堂に凝集させることができるような地形がよい。「下流の砂（地戸）が、源泉からこんこんと湧き出て流れて来る水（源頭水）をまるごと受け止めれば、子孫は世間の田地をすべて買い占めることができる」と言われるのは、そのことを指しているのである。

羅城

前砂と後山をすべて包み込んで、周囲をぐるりと群峰が取り囲んだ空間（局）を「羅城」と言う。事実上は明堂の範囲であるが、水（気と言い換えてもよい）も漏らさない堅固な城に喩えた言い方である。これを「垣局（えんきょく）」とも言うのは、天上の帝座を紫微垣（しびえん）、太微垣（たいびえん）、天市垣（てんしえん）の三垣（第四講参照）が護衛するように囲繞しているさまになぞらえている。八枚の花弁が花芯を囲む蓮華に見立てることもある。むろん、周囲を隙間なく環抱され、さながら一個の小天地となっているのが上吉の羅城である。

楽山

楽山についてはさきにも言及したが（第六講「穴法」）、これも砂法の一部なのでここであらためて取り上げる。先述のように横龍が穴を結ぶ場合に背後の空欠を補うために必要なもので、「枕穴の砂」とも、「前朝後楽」などと朝山とペアで言われることもある。「特楽」、「借楽」、「虚楽」の三種に分ける。

「特楽」は図（次ページ上右）のように龍脈（横龍）とは別に遠方からやって来て、穴の背後にすくっと立ってぴったり寄り添っているものである。その実例が図（次ページ下）の金探花公が父を葬った場所である。「借楽」は横龍の一部が穴後に張り出して楽山となっているもの、「虚楽」は小山が穴のはるか後方に散在していて、穴の空欠を塡めら（う）れないものである。むろん、特楽が上格で借楽がそれに次ぎ、虚楽は避けねばならない。穴や明堂から見えるほどに近い距離にあるのが吉である。

下手砂の吉地

特楽

特楽の吉地

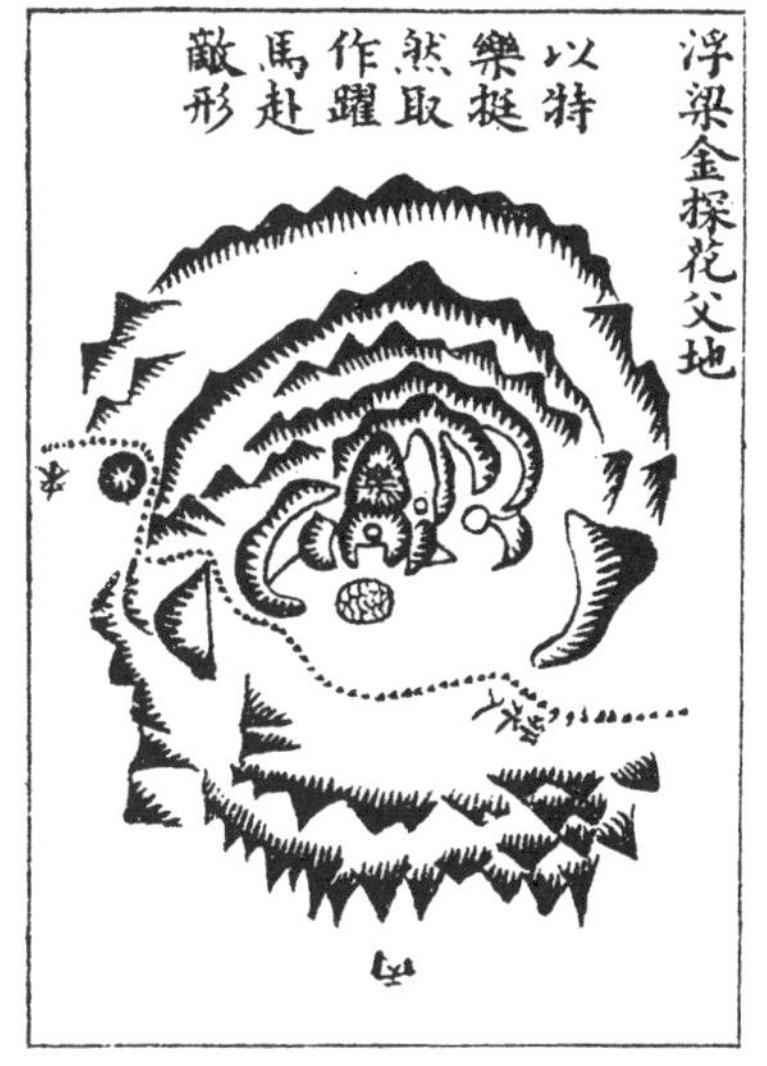

下手砂・水口砂

方位や龍虎に関係なく、去って行く水の方向に当たる砂を「下手砂」と言う。たとえば、穴前の流れが左に向かっているとすれば、左側の砂が「下砂」になり、右からの水を受け止めるために左腕に当たる山が右腕より長いのがよい。そして水も穴に向かって流れ、下手砂の背後へと流れ去るものがよい。つまり例の有情であるが、これを「逆関」という。いま例として述べたのが「青龍逆関」で、前ページ上左に図示しておいたが、これは主に財と禄をもたらす吉地である。水が下手砂の背後からやって来て前方へと流れ去るものは「順関」で、これは凶地になる。

これも水法とかかわるのだが、穴ないし明堂から水が流れ出て行く出口のところを「水口」という。「山に入るには水口を尋ね、穴に登って明堂を看る」（『雪心賦』）などと言われるように、水口は風水の重大なポイントのひとつである。

両岸に山が迫り、あたかも犬の上下の牙が咬み合っている（犬牙交錯）ような、あるいはヒョウタンの喉のような（葫蘆喉）狭くて締まっている水口でこそ、気は洩れ出ない。山もなにもなく、水がそのままストレートに出てしまうような水口は凶である。生気が水とともに流れ去って霧散してしまうからである。このような場所に富貴の龍穴が結ばれているとしても、「発福」（効力の発現）はつかの間で長続きしない。墓地としてもよくないだけでなく、家や村落を営んでも住民は貧困に苦しみ、英雄豪傑はここからは出ないだろう。

この水口周辺にある山が「水口砂（すいこうさ）」である。「水口の砂はもっとも利害にかかわる」と言われるのは、水を関鎖する（閉ざす）という大事な役割を担っているからである。水口砂に「情意」が要求されるのもそれと無関係ではない。水に従って外へ走り出るような山勢はよくなく、こちら（穴）に思いを残して振り返るような姿、つまり有情でなければならない。また、水口周辺にある樹木や人工建造物、すなわち橋や寺院・祠廟（しびょう）（道教や民間信仰の神を祀るほこら）なども禍福とかかわりがある。これらが何らかの原因で倒されたり損壊したりすると、凶禍がやって来る。また、羅星（らせい）（水中に突起した岩や土、後述）などの水口の砂が水の衝撃で崩落すると、官僚世界で失敗するなどの凶応がたちどころにやって来る。逆に、水中に奇岩や中洲が突然盛り上がったりすると、たちまち富貴になる。

水口砂のなかには、「華表山」「捍門（かんもん）」「北辰」、それに右に少し触れた「羅星」といった特徴ある砂がある。これらに簡単な説明を加えておく。

さまざまな水口砂

「華表」というのは、宮殿や陵墓の前に建てられた飾りつきの石柱のことであるが、風水では水口の周辺に卓立した奇峰や水を挟んで対峙する二つの高山をいう。水口にこれがあると、内部（つまり明堂）には必ず広い土地がある。

「捍門」は、水を挟んで門のように対峙する二つの山のことである。「捍」は「ふせぐ、まもる」意。テキストによっては、一峰卓立したものを華表山、両山対峙するものを捍門山と呼ぶものもある。

この捍門をもつ穴には三つの貴格がある。穴の正面に二山が門のように対峙していて、その門の外に前砂がまっすぐ穴に向き合い、水も穴に対して真正面から朝宗（諸侯が天子にご挨拶する）しているものがもっとも貴い。同じように二山が穴の正面に対峙しているが、水がその門を通って中から外へ流れ出ているものが第二格である。ただしこの場合、龍虎砂が交会（たがいに接近して交錯する）し、さらに穴前を一水が横断して内明堂の気を封鎖していなければならない。第三格は、穴前を横断する水が左右どちらかに出て行くところに捍門があるものである。また、捍門は一般に、日と月、旗と鼓、亀と蛇、獅子と象というような対称的な形を成しているものがよい。捍門山が九重、十二重と連なっているのは禁穴（天子を生み出す穴）のある証拠であるが、一重、二重でも王侯宰相を出す貴格である。捍門山の外に羅星があるのは、とりわけ奇特な砂である。

水口の水中にすっくと立って穴に朝す勢いを示している、高さ数仞もの形状怪異な岩があれば、それが「北辰」である。これはきわめて貴格であって、千に一度も出会いがたく、かりに運よく遭遇しても、これには禁穴の応があるので他言してはいけない。

「羅星」は、同じく水口の門のなかに岩または土が小島のように盛り上がっているものがそれである。岩を上とし土はそれに次ぐが、羅城の外にあるものが貴格である。これには真と偽がある。首と尾がそなわっていて、首は水に逆らい尾は水に従っているものが真の羅星である。羅星は天上の火星の余気であり、これがあると内側に大富貴の地がある。

以上に述べた華表以下の砂は至って貴い水口砂である。このうちのひとつでもあれば、富貴が約束される龍穴がある。ただ、水口砂はそれだけでなく、「貴人の門下に車馬多く、富人の門下に倉庫多し」との言い伝え通り、車馬や倉庫の形をした砂も吉地の応である。また、大貴人には必ず屈強な大将や武人の護衛があるから、生気の関門である水口には尋常でない雄強で高峻な砂が必要である。

水口余論

テキストの水口および水口砂に関する記述はおおむね以上で尽きているが、じつはこの水口は、風水説のなかでも重要な問題を含んでいるので少し補っておきたい。『地理五訣』という風水書は、「気脈」(龍脈)と「明堂」とともに「水口」をならべ、これを風水のビッグスリーとして「三綱」（儒教で最重要の君臣・父子・夫婦の道）になぞらえている。

陶淵明描くところの桃花源（桃源郷）はだれでも知っている、アジア人の心の琴線（当世風に言えば遺伝子か）に触れるユートピアであるが、読者は、川の源で舟を捨てた漁師が山に行きあたり、そこでほのかに光の洩れ出る洞口を見出すシーンを憶えておられるだろうか。この人ひとりがやっと通れるくらいの狭い洞窟は、夢を見ているような太古そのままの村へと漁師を導くのであるが、ここに風水的解釈を持ち込むと、この洞窟はかぎりなく水口に近いし、のどかで豊かな村は明堂に該当してくる。

管見のおよぶかぎり、風水の水口を現代建築や景観論の観点から再評価したのが何曉昕（かぎょうきん）女史であった（邦訳『風水探源』人文書院）。女史は広く旧時代の地方誌や族譜（家系図のようなもの）を渉猟しつつ、先人がいかに村造りや墓造りにおいて水口を重んじたかを実証し、その将来的な可能性も含めて次のように述べている。少し長い引用をお許しねがいたい。なお、本書付篇「風水研究の新局面」は、その何女史の邦訳書の解題である。

――水口の理論とその造営は、風水の最も魅力的な部分を構成している。水口は村の外部空間を示す重要な標識であると同時に、村落が内包する魂であり、村全体の「吉凶禍福」に制約を与える。水口は現代建築の給排水に似ているが、その働きと象徴的な意義は給排水理論のよく及ぶところではない。水口は現代の建築学・建築美学・建築心理学・建築環境景観学・建築衛生学が共同して研究し再評価するに値するものなのである。

官・鬼・禽・曜

さて、テキストは水口砂から転じて、「官」「鬼」「禽」「曜」という穴の前後左右に余気の発露によって生じた砂について論じる。穴の前にあるのが「官星」、後ろが「鬼星」、龍虎砂の外側左右にあるのが「曜星」、そして明堂の左右か水口にあるのが「禽星」である。

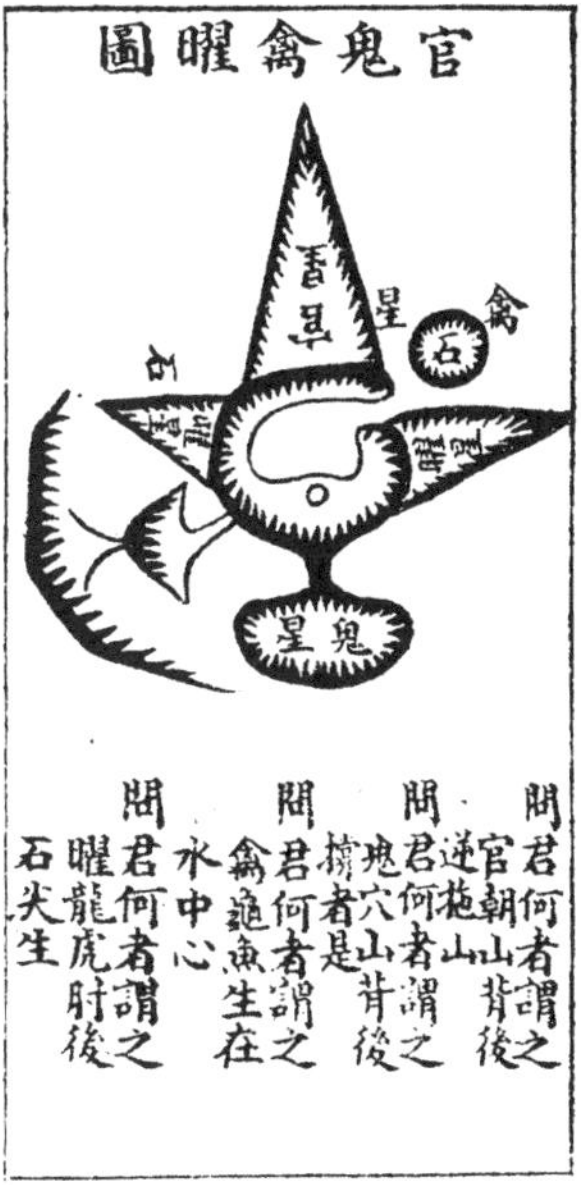

官・鬼・禽・曜

これらは、富貴を生み出す龍穴が近くに存在することの証人になっている。これらの個々について簡単に説明しておく。

官星は、上図のように龍虎のどちらかがその腕を穴前に伸ばして来て穴を横ざまに抱いている、その背後にある山である。官星は龍の余気であるから、官星の大小軽重は龍のそれに比例する。

鬼星は穴法のところで少し触れたように（鬼星証穴法）、横龍の穴の背後の空欠を補う山である。「鬼」は中国語では死者や幽霊の意で邦語のニュアンスとはかなり異なっているが、なぜ「鬼星」と言うのか、諸説があって一定しない。風水説では、これはがんらい員数外のもので星辰の列にも加えないのだが、ただ穴に「偏斜」（横龍による結穴）のものがあるのでやむなく借用して「鬼」と言うにすぎない――とする説がもっとも妥当だとテキストは言う。

「禽星」は水口の水中にある奇岩で、「落河火星」とも言う。大きいのを獣星、小さいのを禽星と呼んで区別する。村の水口のところに、水中にしっかり根をおろし昂然と立っている岩があれば、その村は大貴の地である。

「曜星」もまた、龍の貴気が旺盛なあまり、外へ洩れ出たものである。龍虎砂のそばや穴前の左右の砂あたりに先端のとがった巨岩があれば、それが曜星である。高大で穴に近いほどよい。とがっているのは虎の爪や牙、龍の角にあたる重要なパーツであり、これを余計なものと考えて除去してはいけない。

龍と砂の組み合わせ

テキストはこのあと、諸家の砂法のなかから道理にかなっているものを拾い集めて一巻としている。全部で二百枚ちかい解説付きの図が掲載されているのであるが、その細微というか執拗な観察には驚かされる。分類の原則は、龍を上・中・下の三格に、砂を富・貴・賤の三種に分けるというものだが、要するに、上中下の龍脈としかじかの形をした砂とがドッキングした場合の吉凶はどうなるか、という話なのである。テキストは、形に拘泥しすぎてはいけないなどと戒めてはいるが、一種、類感呪術的な発想が濃厚である。二百にちかいパターンのなかからいくつか図を選んで紹介してみる。タイトルの最初の語は格づけ、次は砂の名称である。

図1「上格貴砂、殿上貴人」

上段に火星、中段に木星、下段に水星があり、三星とも清秀で端正である。上格の龍がこのような砂を持っていたなら、主は宰相となり大功を立て、名声が世界に鳴り響く。中格の龍だと、主は文章で名をあげ大きな藩を統治する。賤龍だと、僧や道士（道教の僧）になって恩寵を受ける。

図2「上格貴砂、天馬」

対峙する一峰が高く一峰が低くて馬に似ている。天字がついているのは、形が清秀で天空

図1

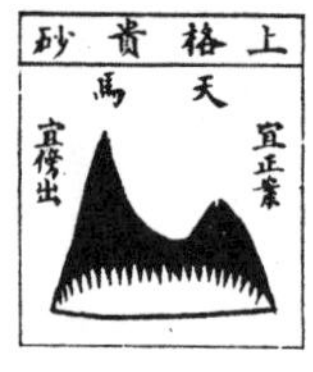

図2

図3

図4

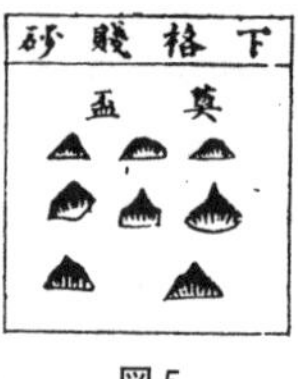

図5

図6

高くそびえているからである。

上格龍——主は地方官になって大藩を支配する。

中格龍——主は一城のあるじになる。

下格龍——使い走りか馬の牧童。

図3「上格貴砂、簾・幕」

高山連峰が広げた簾や幕のような形をしていて、欠損がない。

上格龍——主は富と貴の両方を手に入れる。
中格龍——主は富に恵まれ、客が門に満ちる。
下格龍——主は名妓にかこまれ貴人と交遊する。

図4「中格貴砂、文筆」

鋭くとがった峰が卓然とそびえていて、端正で清々しいもの。一般に筆砂は、遠方に空高くそびえているのがよい。

上格龍——主は文章にすぐれ、科挙に合格して名は遠くまで伝わって貴位にのぼる。
中格龍——主に文名があり、県クラスを統治する。
賤龍——主は子供の先生か画家になる。

図5「下格賤砂、糞盃」

盃の形をした山が、盤があったりなかったり、上を向いたり伏せていたりして並んでいる。「品」の字形に展開しているのが吉。

上格龍——主は富と貴の両方を手に入れる。
中格龍——主は少し富み、他人の子供を抱く。
賤龍——主は子宝に恵まれず、眼病をわずらい、僧侶・道士になる。

図6「下格賤砂、抱肩」

傾いた大山のそばに小さな山があって、まるで人が抱き合っているような形をしている。
また、後ろの山が膝を折って前の山を抱いているような、ひどく醜怪な形もある。
上格龍――主は富貴になるが、淫に耽って家庭が乱れる。
中格龍――主の家の男女ともに淫乱で、醜聞が広まる。
賤龍――主は娼妓に身を落とす。

郵便はがき

料金受取人払郵便

京都中央局
承　　認

5829

差出有効期間
2025年2月
22日まで

（切手をはらずに
お出し下さい）

6 0 0 8 7 9 0

1 1 0

京都市下京区
正面通烏丸東入

法藏館 営業部 行

愛読者カード

本書をお買い上げいただきまして、まことにありがとうございました。
このハガキを、小社へのご意見またはご注文にご利用下さい。

お買上 **書名**

＊本書に関するご感想、ご意見をお聞かせ下さい。

＊出版してほしいテーマ・執筆者名をお聞かせ下さい。

お買上 **書店名**	区市町	**書店**

◆新刊情報はホームページで　http://www.hozokan.co.jp
◆ご注文、ご意見については　info@hozokan.co.jp

23. 02. 50000

ふりがな ご氏名	年齢　　歳　男・女
〒□□□-□□□□　電話 ご住所	
ご職業 (ご宗派)	所属学会等
ご購読の新聞・雑誌名 （ＰＲ誌を含む）	

ご希望の方に「法藏館・図書目録」をお送りいたします。
送付をご希望の方は右の□の中に✓をご記入下さい。　□

注文書

月　日

書　名	定　価	部　数
	円	部
	円	部
	円	部
	円	部
	円	部

配本は、○印を付けた方法にして下さい。

イ. 下記書店へ配本して下さい。
（直接書店にお渡し下さい）

（書店・取次帖合印）

書店様へ＝書店帖合印を捺印の上ご投函下さい。

ロ. 直接送本して下さい。

代金（書籍代+送料・手数料）は、お届けの際に現金と引換えにお支払下さい。送料・手数料は、書籍代計16,500円未満780円、16,500円以上無料です（いずれも税込）。

＊お急ぎのご注文には電話、ＦＡＸもご利用ください。
電話 075-343-0458
FAX 075-371-0458

（個人情報は『個人情報保護法』に基づいてお取扱い致します。）

第八講　水　法

風水における水

中国では古来、「天一生水」（天は初めに水を生む）と言われて、水は万物の祖と見なされてきた。風水家が「風水」と言い「山水」と言うとき、すでに「水」がその半ばを占めているように、風水においても「水」は不可欠の要素である。これが龍、穴、砂、水というように、いわゆる「風水四科」の最後尾に置かれているのは単に順序上のことであり、軽重を示しているわけではない。何度も引くように『葬経』には、「風水の法は水を得るのがもっとも肝要」とあり、楊筠松（よういんしょう）も「山がまだ視界に入ってこなければ、さきに水を看よ。山があって水がなければ、そのような土地は踏査する値打ちがない」と述べている。

『葬経』に「気は水の母、気があれば水がある」と言うように、気は水の上位概念ではあるものの両者は切っても切れない密接な関係にある。だから『葬経』はこれを受けて、「外気は形を横たえ、内気は生を止める」と続ける。ここで言う「外気」は水のことであり、水が穴の前を横断することによって気の拡散がさえぎり止められ、生気が凝集することを言うのである。また一方で水は龍脈を導く。第三講で述べたように、大龍脈は黄河、長江などの大河川沿いに西から東へと動いてゆく（六六ページ「中国三大幹龍総覧之図」参照）。水は、気の流れを止めて拡散を防ぐとともに、気を誘導するという二重の役割を担っているのである。

水の吉凶

古く春秋時代の管仲に仮託される『管子』という書物に、「水は地の血気、人の筋や脈に血気が流れるようなもの」とあるのは、水は龍の血脈とする風水の源流であろう。ここでも水は気と分かちがたく結びついている。風水ではさらに一歩進めて、水は財物を支配するものと観る。一方、山は人丁、つまり家族の員数にかかわる。むろん、家族は多ければ多いほどその家は栄えているのである。

基本的には次のような水が吉をもたらす。

来る水は直線でなく屈曲していること、前を横切る水は穴を抱くようにして巡っていること、去る水はさっさと行ってしまわないで、こちらに思いを残して何度も振り返るようにして流れてゆくこと、集まる水は悠揚迫らぬような風情があること、などである。方位も重要であるが、あまり神経質になるのもよくないし、かといってまったく無視するのもまちがっている。

水と都市

テキストは、特徴ある水流によって土地が選ばれ、そこに都市が造営された例として江西省の吉水県と秀水県とをあげている（地名がおのずから土地の特徴を体現している）。吉水県はふた筋の川の合流するさまが「吉」の字に似ており、秀水県は東南（巽）からの水が八十里（約四十五キロ）あまりにもわたって流れていることが、それぞれ選地の根拠になった。ひとつは形、もうひとつは方位が選択の基準になっている。東南からの水（巽水）がよしとされるのは、科挙の上位合格者を出して富貴をもたらす力があるからである。

『葬経』に「風水は水を得るを上となす」と言っているが、たとえば北京は「万水朝宗」、よろずの水がここに集まっており、南京は長江がわざわざこの地に流れ込んでいるから帝都となった。また、蘇州、紹興、長沙、福州、広州などは、すべて水を得ることによって優れた人材を生み出してきたのである。

水法各論

次にテキストは水法の各論に入る。

まず、水の発源——どこからやって来た水か、という問題がある。明堂から水の来し方を望んだとき、深くて長いのがよい。山の奥深くから長駆やって来た水は、それに随伴して流れてきた龍気が旺盛なことを示しており、したがって発福も末代に及ぶほどに長久になる。

入る水があれば出る水がある。水の出るところは文字通り「出口」と言うが、水の出方としては、直にして急なのは真気が凝集しないから凶である。曲がりくねって迂回しつつ出て行くのがよい。いわゆる「有情」である。『葬経』に「洋々、悠々として、我を顧みて留まらんと欲す」と言い、「その来たるや源なく（どこから来たのか、深すぎて源流が分からない）、その去るや流れなし（どこへ流れ去るのか、遠すぎてそのポイントが見えない）」などと言う通りである。その出方は砂とも関わっており、砂法で述べた羅星、北辰、華表、捍門などの砂があれば、その出方も自然に美しくなる。

朝水

穴の前にやって来る水が「朝水」である。まさに「得水」であるが、しかし直進してきたり、音を立ててやって来る急流は凶である。一掬いの朝水が貧を救い、洋々たる大水が貴官を輩出させる。

図（本ページ）に掲げたのは、江西省鉛山にある叫巌寺の名地である。ここには図のように丘家、汪家、費家の三穴が一局を共有しているが、丘家の穴の場合、信河が曲折しながら穴に朝している。丘旭鑑はある人からここが名穴であることを教えられて父を葬った。はたして自分は浙江参政にまで昇進し、一族から三代にわたって進士（科挙合格者）を輩出し、今（テキストの作者の同時代）に至るもなお、科挙では好成績をおさめ、富貴を維持している。

朝水の名穴

去水

穴前に去って行くのが見える水が「去水」で、これはきわめて凶である。ただ、原則的にはそうであるが、いにしえの風水家のなかには去水の穴を選んだ人もいて、いちがいに凶と決めつけるのもよ

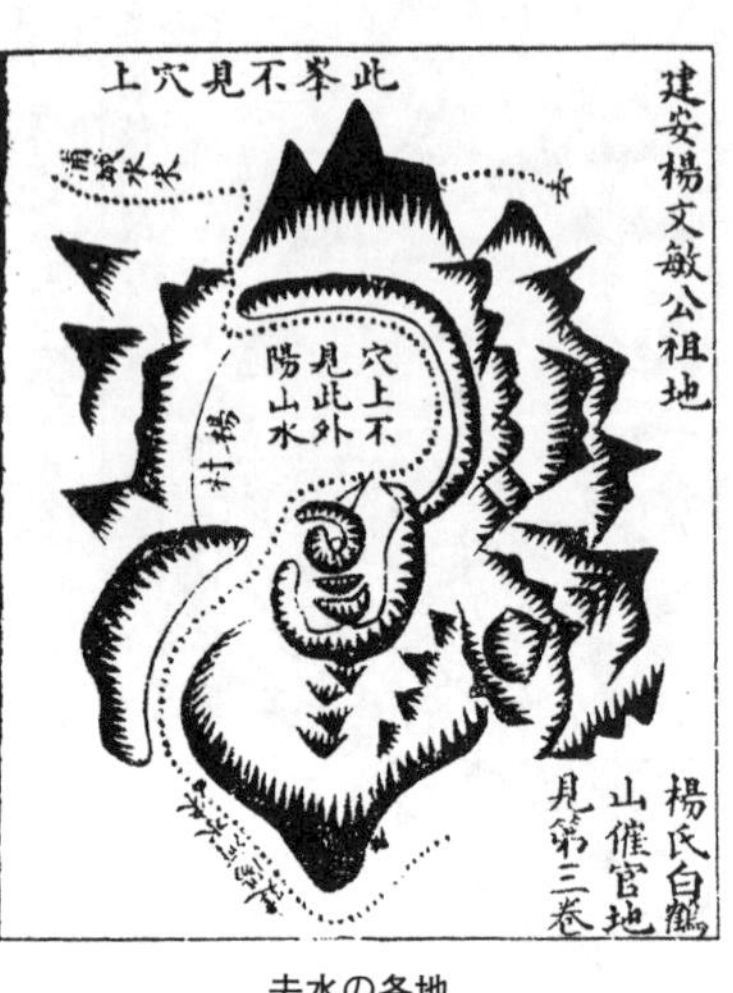

去水の各地

くない。たとえば、福建省建陽の麻沙にある蔡元定（朱子の学友）の祖地や、同じ福建省欧寧県豊楽里にある楊文敏（明の高官）の祖地などは吉地の例になる。これらの土地は効験が現れるのが遅れたにすぎない。前者の蔡家の場合、ここに墓所を定めて九世代後にようやく蔡元定ほか名だたる学者を輩出した。上図に示したのは楊家の墓所で、ここでも三百年たってはじめて宰相を出した。

楊家の祖地では、右図のように龍脈は右手から流れて来て図の真下に至って大きく転折し、ついで直上して穴を結んでいる。この龍脈を護送するように画面の右から左上へと水が流れている。この送龍水は、穴に近づくと穴前へ流れ去る去水になるが、龍は雄大だし、文筆峰や天馬や貴人峰もそろっていて、そのマイナスを補っている。しかもこの去水は、穴を抱え込むようにせり出した白虎砂の腕によってさえぎられ、穴前を大きく迂回しながら流れ去っていて、穴上からはもはや明堂の外に去った水も山も見えない。

聚水

「聚水」はもっとも吉である（「聚」は集に同じ。あつまる意）。朝する水は聚（＝集）する水におよばない。呉景鸞は言った、「深い水をたたえた池沼があって穴前に水を注ぎ込んでいる。この水はどこから来たのか、どこへ流れて行くのか分からない。このような穴を得れば、巨万の富も羨む必要がなく、代々、朝廷に仕える貴人を輩出する」と。そういうわけで、穴前の水は深々と集まっているのがよい。水はほんらい動くものであるが、その妙所は「動」よりも「静」にあり、「静」とは水が集まって動かない状態である。そのように深く凝集した水だからこそ、四季を問わず常に穴を潤すことができるのである。「風水では得水が最上」と言うのはその意味にほかならない。

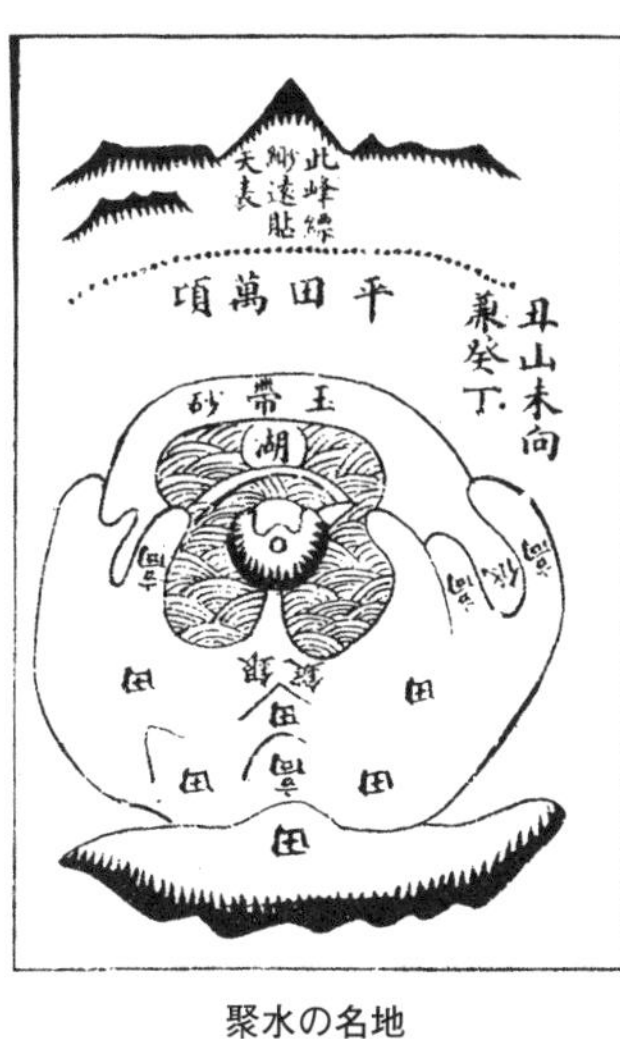

聚水の名地

「湖に千年涸れない水があれば、家に千年消えない財がある」のである。この格に該当する例として、丹陽の賀廉憲の祖地を前ページに掲げておいた。

この場所は、江蘇省丹陽県の南方約四十五キロの地点にある。遠く三茅山（道教の聖地の一つ）より発した龍脈はこの穴近くに至って平原に落ち、図のように前と左右の三面を湖水に囲まれたところに穴を結んでいる。前方に玉帯砂があって、内気の漏出を防いでいる（「玉帯」というのは図のように腹部を締める帯のように湾曲したバリアのことで、北京の紫禁城には内と外に二重の水のバリア——玉帯水がある）。また、前方はるか彼方に文筆峰がするどく天に向かって伸びている。明堂は広々とし、四神砂はおだやかで、穴に登って眺めわたすと、文字通り山紫水明、まことに美地と言わざるをえない。

図中に「丑の山が未に向かって癸丁を兼ねる」とあるのは、方位の観点から言ったもので、本文中の解説もあわせて読めば、亥龍（北北西、図には出てこない）が艮（北東）に転じ、穴に至って丑（ほぼ北北東）に坐して未（ほぼ南南西）に向かっている、というのである。テキストの「天星法」によると、亥龍が最終的に「丑山未向」になるのは吉穴である。「癸丁を兼ねる」というのはいわゆる「分金」で、丑→未という方位（坐向）は、癸（北北東）→丁（南南西）という方位も包括している、ということ。とにかく、賀廉憲の父はこの地を葬地として以来、郡で並ぶものなき富を手に入れ、その子の代に至って澹庵、廉憲を輩出し、富貴が一時に極まった。

さまざまな水――海潮水

続いてテキストは、「もろもろの水を論ず」として、水をその形態から二十あまりに分類している。ここでもまた、自然科学者のような観察眼がはたらいているが、一方で例によって吉凶禍福や龍脈の観点が持ち込まれており、ここにあるのは風水的自然観というべきものであろう。以下、順次簡明に紹介してゆく。

「海潮水」というのは、四大河川（長江、黄河、淮水、済水）が集まるポイントである。「聚水」については先述したが、この場合はバリアとしての水である。水の流れ（水勢）が集まれば、そこで龍の流れ（龍勢）がしっかりと止められ、気が洩れたり散ったりすることがない。そういうわけで、大幹龍には海浜で止まって穴を結ぶものが多く、そういうところは王侯や富貴の人を産み出すこともある。潮水の来方によっても吉凶を判定することができる。たとえば、波頭が高くて白いのが吉になる。江蘇省の崑山県では十数年前まで町に海潮が三度やって来たが、その間、状元（科挙トップ合格者）を三人出したのはその応験である。また、福建省泉州の沙塞潮河が近年開通して、潮水が県城まで遡って来るようになったが、それに応じて人材が輩出するようになった。

王陽明祖地（国立公文書館蔵明刊本による）

墓地の場合、海潮を得たものが上吉である。そのよい例が浙江省余姚県の西方約六キロのところにある王陽明（陽明学の開祖）の祖地である。穴は平野に結ばれており、穴前の水が屈折しながら遠ざかって行っているが、ひとたび海潮が生じると、勢いよく穴に向かって来る。先述した「朝水」である。ここに墓所を定めてより、陽明の父の海日公（王華）は状元を射止めて南京吏部尚書にまで昇りつめたし、王陽明は科挙合格後、反乱を何度も鎮圧して新建伯に封ぜられ、文成とおくり名された。この墓地が建造される前に作られた次のような詩は、おのずからこの父子の予言になっている。

——封山の一地（墓のこと）は最も求め難し
穴は平洋（平野）に落ちて水は遶って流れ
奇峯は隠隠として雲霄に見る（雲間にちらりと姿を見せる）
文は天下に魁（第一人者）となり武は侯に封ぜられん

黄河水・江水

天下の河川のなかで源流が遠方にあるものとしては、黄河が第一である。それゆえ、この河の両岸には美穴が多く、洛陽（九朝の都）、安陽（殷の都）、平陽（堯の都）、蒲坂（舜の都）のような古都が造営されたのである。黄河は天に通じているので（李白はうたう、君見ずや黄河の水、天上より来る）国家の命運と深くかかわっている。だから、水はいつも黄濁しているが名君が出ると澄む、と言われるのである。しかし水勢は急で、しばしば表情を変えて牙をむく。明朝では黄河の決壊によってしばしば陵墓が損壊を被っているが、これは国家の大事にかかわるだけに備えを怠るべきではない。

江水つまり長江（揚子江）は四大河川の第一であり、もろもろの河が注ぎ込む水である。したがってその水は広く大きく、茫漠とした流れになっているが、必ず湾曲しているところがあり、そこが吉地になる。長江が大きく湾曲するところに立地する金陵（南京）が、長江を襟として帯として天下の大都市になったのは偶然ではないのである。

湖水・渓澗水

湖もまたもろもろの水が集まり注ぐところであり、平地の水のなかでは最も吉なる水である。湖の規模の大小に関わりなく、湖の見えるところに造営された陰宅（墓）・陽宅（家）はともに吉である。呉越の武粛銭王時代のこと、ある異人（得体の知れない風変わりな人）が王に言った、西湖に堤を築き、そこに庁舎を建造すれば国運は長久になるが、もしそうしなければ、王気（王者を生み王国を支えるエネルギー）は百年ともたないだろう、と。王はその言葉に耳を貸さなかったので国は九十年で滅びたのである。

大幹龍が流れているのは、たいてい大きな河川や湖海のそばであるが、小幹・小枝の龍脈は、渓流沿いがもっとも多い。それが「渓澗水」である。その場合、多くの水を吸収しながら、深くゆったり屈折しながら流れているものがよい。その逆は不吉になる。『葬経』に、「朱雀が水の場合、激しい水音をたてるものはよくない。そのような朱雀は『悲泣』と名づける」とあるように、音のする水も凶になる。

平田水・溝洫水・池塘水・天池水

田地を流れる水が「平田水」で、平らかにゆっくり流れるものが吉である。また、有情の姿で穴に向かって流れ、明堂に至ると流れを止めて池になるものも吉水だが、反対に無情のものは他の条件がそろっていても無益である。

「溝洫（こうきょく）水」は溝渠（みぞ）の水のことである。穴を結ぶところでは、屈曲しながら流れて来て悠然と集合する水がよく、その逆のものは不吉である。

地勢が低いところへ諸水が流れ込んで貯まった水が「池塘（ちとう）水」である。穴前に自然の湧水による池があれば最も吉なので埋めてはいけない。もし誤って埋めたなら、災難がたちどころにやって来る。また、池をあらたに掘る場合には、龍脈を傷つけて地気を洩らさないよう細心の注意を払わねばならない。そうしないと、ただちに凶禍を招くことになる。

凶の池を「照盆殺」といい、主人が若死にする。また、池が二つあって、上の池と下の池とが通じていると、未亡人は空閨（独り寝）に耐えられない。

高山の頂にある池が「天池水」である（テキストを離れて言うと、かの朝鮮半島の付け根にそびえる聖なる山・白頭山については先述したが、そこで触れておいたようにその頂上に神秘的な火山湖があり、それも古来「天池」と呼ばれている。二四一ページ参照）。ただ、平地でも龍身（龍脈）上に湖がある場合、それも天池になる。また、龍が行く過峡（龍脈の谷の部分、一三二ページ参照）を断ち切るように池がある場合、それも天池と呼ぶから、高山の頂上だけに限定できない。過峡でいうと、あたかも龍身を護るがごとく過峡の左右に池があるのはきわめてめでたい。一般に天池水は、自然に湧き出た水が深々と湛えられていて、四季にわたって枯渇することがないものを珍重する。

注脈水・源頭水

湖水が穴前に注いでいるのが「注脈水」で、「仰天湖」と呼ぶこともある。天池水は龍身に関わっていたが、「注脈水」は穴とつながっているわけである。大きな龍はその勢いが非常に旺盛なので、龍脈が尽きるところに至っても穴を決められないことがある。しかしそういう場合には、龍脈がまだ尽きない地点に必ず「仰天湖の穴」というものが結ばれている。つまり、龍脈が流れて行っている途中に、四季を通して涸れない「脈に注」ぐ水が必ずあって、そこに真気が融結しているので、そのポイントにこそ穴を求めるべきなのである。その水は、穴に注いでからもさらに流れて行って、時にはまた盛り上がって案山（一八五ページ）になったり官曜（一九九ページ参照）になったりすることがあるが、これらも貴ぶべきである。

朱文公（朱熹）が母の祝氏を葬ったのもそのような土地であった。次ページの図の墓地がそれで、福建省建陽寒泉嶺の天湖の北にある。その龍脈は高山から分かれ出て田の下を通り、起きあがって平たい岡になったあと、またうねうねと流れて行って田となり湖（天湖）となり、この田と湖の二つの脈が合体して穴を結んでいる。さらに龍身は前方に盛りあがって高い丘となり、「太陰文成」の案山を形成している。外陽は暗拱し、左右の砂は帯のように伸びて穴を護り、前面を渓流が横切っている。まことに蔵風得水の美地である。

朱文公の子の朱在、孫の朱鑑らはみな官職を得、ひ孫の朱浚は天子の娘を娶って、朱家は今に至るまで徽州（きしゅう）（安徽省）と建寧（福建省）で博士を世襲している。このように子孫が万世にわたって栄えているのは、土地のおかげというより朱文公の徳によっているのはもちろんだが、この祖地を取り囲む山川のすばらしさもその一因を成しているにちがいない。

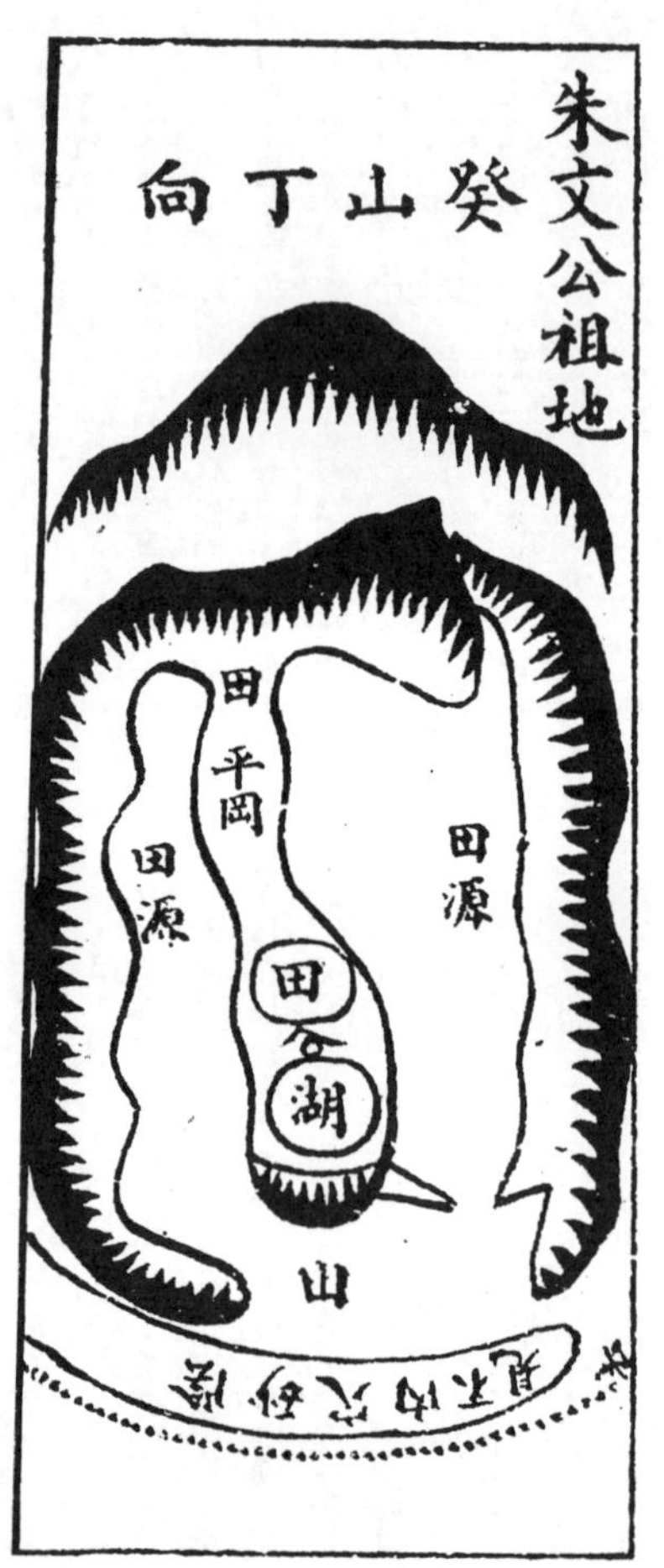

朱文公祖地
癸山丁向
田
平岡
田源
田源
田
合
湖
山

朱熹葬母の地

「源頭水」の「源頭」とは龍脈が発源するところである。ここから発した水がはるばるとやって来てあっという間に去って行くようであれば（来長去短）、そこには真龍は棲んでいない。なお、朱子に「源頭活水」を讃える詩がある（『朱文公文集』巻二）。

沮洳水

冷たい水の湧く洞穴があるわけでもないのに、いたるところ絶えず湿っていたり、水流が見えないのに、歩いているうちに履き物が水気を帯びてくるような場合、そこに「沮洳（そじょ）水」が流れていると見る（「沮洳」とは元来は低湿地の意）。山も人間と同じで、山龍の気が衰え脈が弱くなるとこのような状態になる。

明堂

テキストはこのあと、なおまだ多様な水の形態とその吉凶を記述するが、本書ではそれらは省略して、巻を改めて論じられる「明堂」を、四法の締めくくりとして取り上げよう。「明堂」なる語は、数ある風水のタームのなかでも、風水の代名詞として使われることが多い。韓国に留学していた人からこんな話を聞いた。韓国でも風水ブームが高揚した九十年代のこと、ソウルの大学で授業前、女学生が教室に入ってきて、「私の明堂（ミョンダン）はどこかしら」とつぶやきながら自分の座席を探す場面に出くわしたという。

さて、「明堂」というのは元来儒教用語であり、伝説上の聖王がそこで理想的な政治を行なったとされる建物をいう。古代の礼楽センターだったという説もある。のちにそれは、朝廷、天壇（天を祀る祭壇）、学校などへ分化していったと言われる。

「明堂」は後世、ここから転じてさまざまな分野で別の意味に使われるようになった。二二四ページに引いた中国医学の「明堂図」は、代表的な転用例である。今まで見てきたように、風水システムにおいてはさまざまな比喩のうち、天子を中心とした統治体制（君臣関係や官僚制など）が大きなウェイトを占めている。風水における「明堂」とは、すべてのパワー（気）やすべての存在がそこへ収斂し、さらにそこから四方へ拡散してゆく、そういう場のことで、ここには、権力の中枢である儒教の明堂のイメージがほとんどストレートに取り込まれている。

第九講　風水文化圏

羅盤

はじめに断っておいたように、本書では『地理人子須知』という特定のテキストに沿って話を進めてきた。テキストはこのあと、短い陽基論（陰宅＝墓に対する都邑の立地論）をはさんで、「天星法」へと続いている。天星法とは、これまで述べてきた地勢的・景観的な看法に対する、方位や数理を重視する風水のもう一つの看法の呼称である。そこでは、羅盤（らばん）という方位盤が重要な役割を担っている。羅盤は、天池と呼ばれる中心の磁石の周囲に、大きなものになると二十あまりの同心円が重ねられ、そこに方位や天空に関するさまざまな情報が刻まれている。図（次ページ）に掲げたのは、僅々十層ほどに簡略化された実用的なものである。

この風水用の羅盤は、おそくとも南宋時代にはすでに開発されていて（航海用の羅針盤より早いという説もある）、明・清時代以降には風水師の必携品となっていた。これを神聖

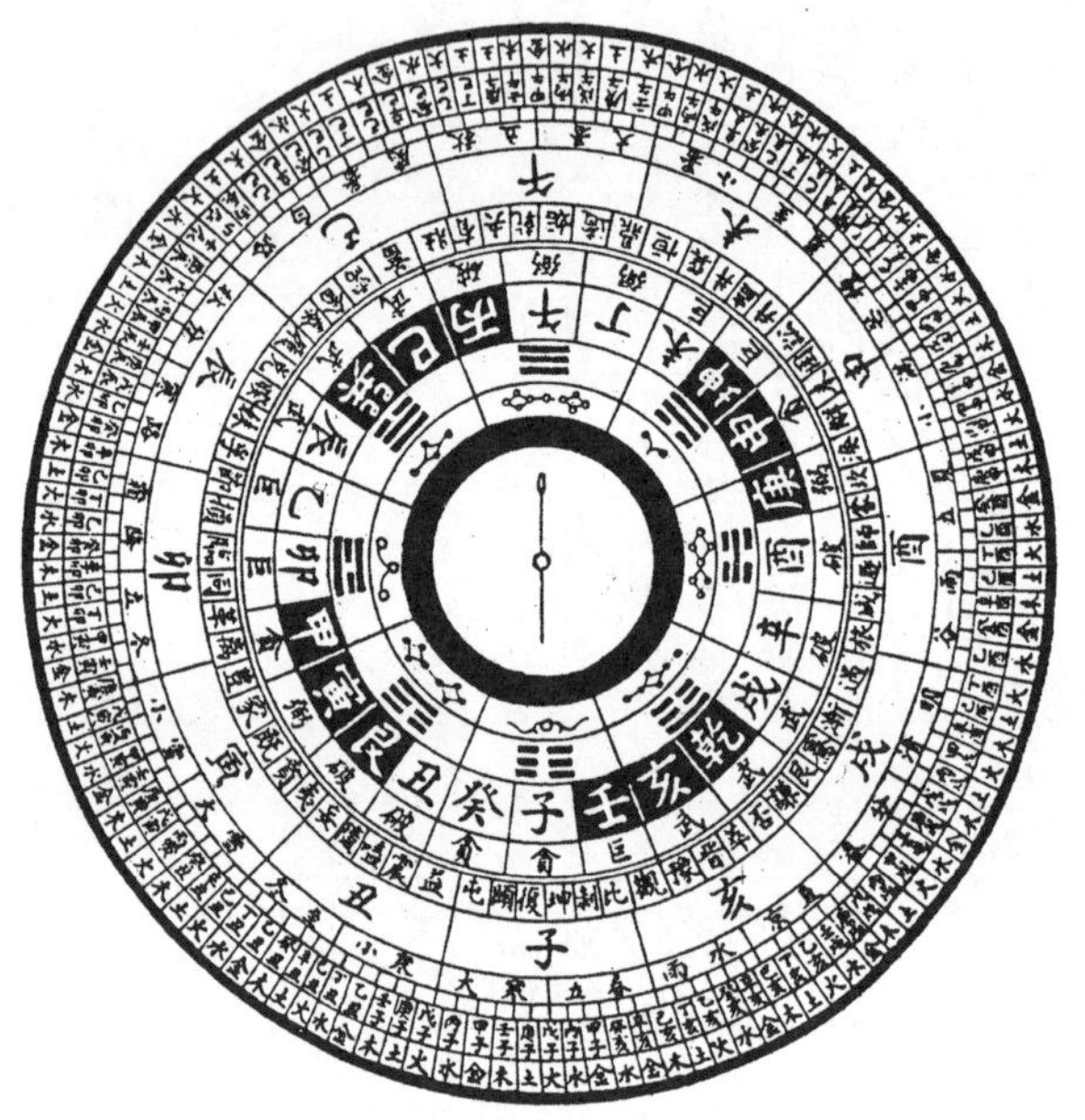

羅盤（『李人奎談風水』による）

視して「羅経」（「経」は経典の意）と呼ぶこともあったが、実際によく使われるのは二十四方位（西洋の三六〇度に対する中国の伝統的な目盛り。図版の羅盤では第三層がそれ）を刻んだ一層で、磁針とこの二十四方位だけをそなえたミニ羅盤もある。

しかしながら、羅盤のシステムを理解するためにはさまざまな前提となる知識が要るし（これだけで優に一冊の本になる）、天星法も同様で、こちらは先述の龍・穴・砂・水法のいわばアナログとはちがってデジタルの世界である。そういうわけで、もうあまり紙数の残されていないこの小さな本では見送らざるをえないのである。

風水文化圏

では、この最終章ではどういう問題を扱うのかというと、ここではテキストを離れてやや大きなテーマを取り上げてみたい。

近世の東アジアは、それぞれ個別に国家・民族意識は抱きながらも、同じ思想的・文化的空間を共有していた。共有の思想とは儒教＝朱子学である。中国・朝鮮・日本の東アジア三国において儒教＝朱子学は、国家を統治し社会を動かしてゆくうえでの最も基本的な教養であった。それを支える共通の言語的基盤が漢字と漢文であったのは言うまでもない。

こういうところから、この東アジアの三国について、「漢字文化圏」とか「儒教文化園」

などという括り方がされてきた。

このようにある共通の広場を設定すると、一種運命共同体とも言いうるこの近隣三国の共通性がよく見えてくるが、また同時に、共通の物差しを使うことによってその差異性も炙り出されてくるはずである。本書のテーマは儒教ではないのでこれ以上深入りできないが、儒教や朱子学といっても、本家中国のそれがそのまま朝鮮や日本に直輸入されたわけではなく、それぞれの地域で独特の味付けがなされた。

そういう共有の思想・文化として、ほかに「風水文化圏」という括り方もできると思う。この観点から、東アジア三国の自然観や死生観、さらには社会構造や家族制まで論じることができるはずであるが、本書ではそこまで踏み込むことはできない。残念ながらここでは、これらの地域において風水がどのように受容され展開したか、ごくごく粗いデッサンを提示するにとどめざるをえない（ベトナムもじつは漢字・儒教・風水を共有した時期があったのであるが、本書では東アジア三国に限定する）。

中国大陸

風水の発祥地・中国については、『地理人子須知』というテキストを通して語ってきたが、小著では、明代以外の全体的な風水の歴史についてはほとんど述べていない。

なんであれ、そのものの歴史を述べようとするとき、まず起源から論じるのが常であるが、風水の場合、その発祥の状況がよく分からない。周代、よき居住地を選ぶのに卜占を使ったという記録は残っているが（「居を卜す」という語の典拠）、そういうものを以て風水の起源とはできない。風水は卜占や霊感に頼らない、陰陽・五行論や八卦説などを取り込んだ一種知的・技術的なシステムである。さきに占術と呼んだが、占術によって良地を選ぶわけではなく、吉凶は選択のあとに設定されるのである。このようなものがいつ生み出されたのか、歴史のかなたに探りを入れても濃い霧が立ちこめている。

ただ、風水でいう龍脈の祖型は古代にみとめられる。数々の勲功をあげた秦の名将・蒙恬（もうてん）が理不尽な死を賜ったとき、そう言えば自分は万里の長城を築いたさいに「地脈」を断つという罪を犯した、と自分を納得させて毒を仰ぐ（『史記』蒙恬伝）。当時、「地脈」を切れば大地のエネルギーが洩れて大地の生産力が枯渇すると信じられていたのであろう。この「地脈」はのちの「龍脈」の源流と考えられる。

漢代の図書目録に『宮宅地形』などという、のちの陽宅風水（家相）を思わせる書名が記録されている。また、『後漢書』には「冢宅（ちょうたく）（墓と家）禁忌、堪輿（かんよ）日相の属」という語が出ているし（王景伝）、おなじ『後漢書』に、この土地に父を葬ったなら代々高官を輩出するだろうと見知らぬ「書生」から言われ、その通りにしたら予言が的中した、という話を載せている（袁安伝）。しかし、地形や判断の具体的な記述はない。

管輅と郭璞

次の魏晋南北朝時代になると、このような話が歴史書のなかに盛んに出てくる。とりわけ、墓地風水の記事が多い。もっとも有名なのは『三国志』管輅伝に見える挿話であるが（四神による魏の将軍の父墓の見立て）、これについてはすでに第七講で紹介しておいた。

『晋書』（唐代撰述）になると、いっそう風水記事が増えてくる。ここには専業化していると思われる墓相見や家相見もあらわれ、気の観念も登場する。『晋書』における風水記事の圧巻はなんといっても郭璞である。彼については第一講で少し言及しておいたが、『晋書』には風水記事が三例ほど書きとめられている。そのうちの一つにこういうのがある。「龍角」に葬ると一族皆殺しに遭うと怖れる施主に対して、郭璞はこう言う。

——この地は「龍角」ではなく「龍耳」であり、三年以内に天子がここを訪れるだろう。

この見立てもその通りになるのであるが、この話の風水史上大事なポイントは、ここにはすでに、風水ではおなじみの大地を龍に見立てる発想があらわれていることである。じつのところ私は不勉強で、のちの風水で常用される「龍脈」や「龍穴」という語がいつから使われ始めたのか、まだ調べがついていない。おそらく唐・宋以後のことではあろうが。

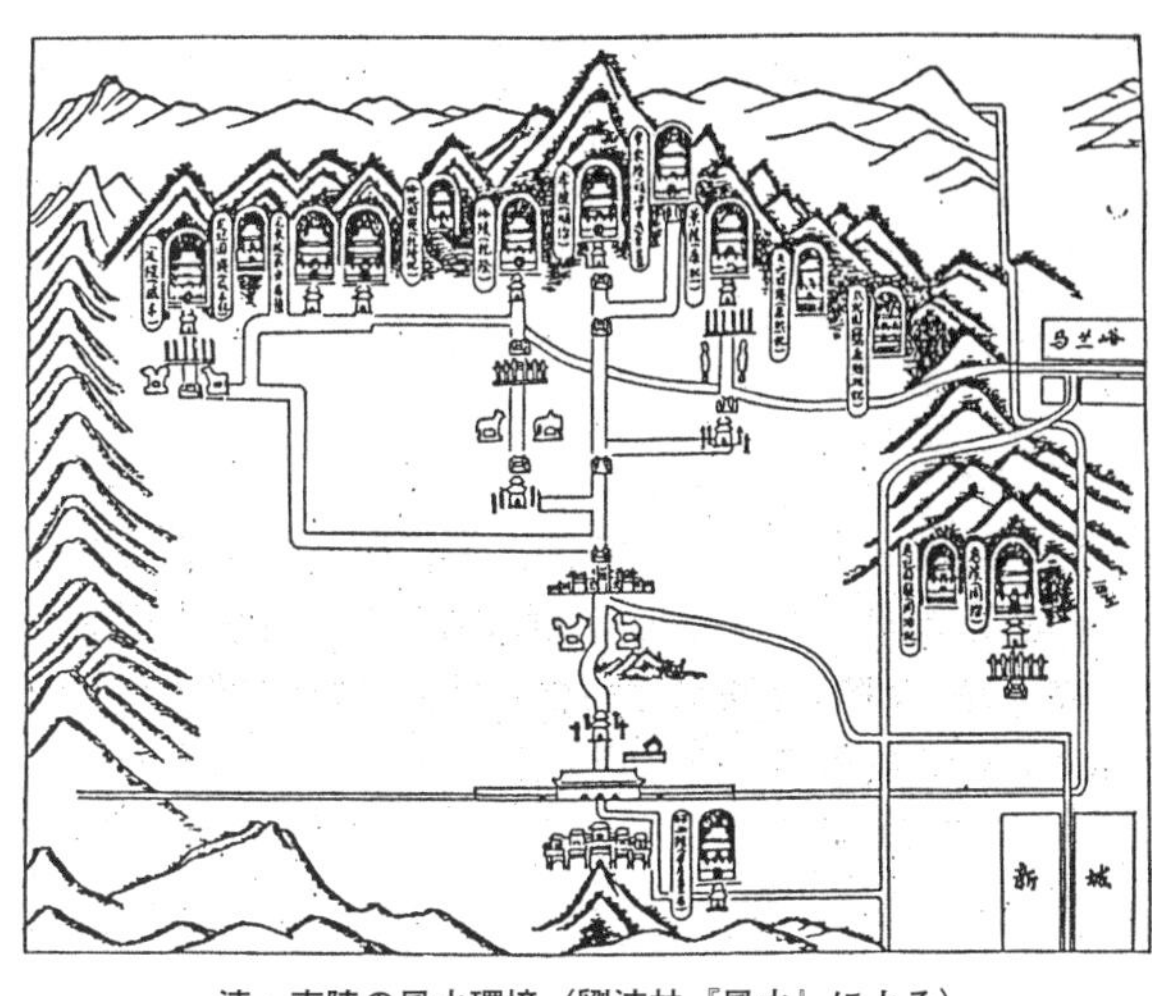

清・東陵の風水環境（劉沛林『風水』による）

魏晋南北朝時代の風水に関しては、王権と結びついて語られるという新しい動きに留意する必要がある。墓の上に五色の雲や龍（ここでは王権のシンボル）があらわれ、やがてその家から王者が出現するという話はこの時代では珍しいものではない。第四講「金陵南京」のところで述べた秦の始皇帝の金陵断脈の話も、魏晋以降に作られたものである。後世、王陵の選地・造営には風水術が使われるのが常態になってゆくし（宋陵、明陵、清陵）、前講で言及したように都市造営にも風水が関わった節がある。風水は一方で民間に流布してゆくが、もう一方で国家経営に関わる秘術でもあったのである。

風水は次に述べるように唐・宋以降、大衆化が進み、広汎な人々によって迎えられた。そういう意味では「民間地理学」と言ってよいが、しかしそのように大衆化、顕在化する一方で、歴代ひそかに宮廷の奥深くで伝承されてもいたのである。

唐・宋以降

風水には大別して陰宅（墓）風水と陽基（家、都市）風水があるが、これらは別々に発展してきたらしい。これが一個のシステムに統合されるのはさらに後世のことであろうが、陰宅風水にせよ、陽基風水にせよ、唐代ごろには一応の理論整備ができあがっていたと思われる。唐の呂才は『陰陽書』を著して、当時流行の『宅経』（陽宅風水書）、『禄命』（四柱推命のごときもの）、『葬書』（陰宅風水書）といった書物を合理主義の立場から軒並みに斬っていったが、その論駁文のなかで、「葬書という一術だけでも百二十の流派がある」という嘆きを洩らしている。それだけ需要があったわけである。

こうして風水は唐・宋以降、時代が降れば降るほど大衆化が加速していった。のちに伝説的に語られる多くの風水師があらわれ、風水書も一般に出回るようになる。郭璞に仮託される例の『葬経』も、実際には宋代ごろにまとめられたものであろう。南宋時代の羅大経（らたいけい）という人は、「『親の亡骸が（地中で）気を得ると、子孫の体がそのおかげを蒙る』という郭璞の言葉には道理がない」と非難しているが（『鶴林玉露』人集、巻六「風水」）、この郭璞の語は今に伝わる『葬経』に見えるから、この頃には本書は人口に膾炙していたにちがいない。羅大経は続けて、「世間の人は、寿命や富貴貧賤は天命なのに、吉地が見つかるまで親の遺体を放置したり、葬地争いで裁判を起こしたり、兄弟間で仇同士のようにいがみ合ったりしているのは、すべて郭璞の語に惑わされた結果である」と述べている。かくして、風水が流行してゆくと、一方でその批判者の声のトーンも上がっていったが、小著でテキストに使った『地理人子須知』は、こうした風潮のなかで書かれたものであった。

朝鮮半島

本家の風水についてはまだいくらでも書くことがあるが、紙数の都合もあるのでこれくらいで止めておきたい。次は朝鮮半島である。なお、以下の記述中、国名の場合は「韓国」「北朝鮮」という語を使い、歴史的・文化的・地域的呼称としては「朝鮮」という語を使う。

朝鮮は「風水の邦」と言ったのは作家の中上健次氏だったか。朱子学と風水が分かれば朝鮮は分かる、などと言う人も私の周囲に居る。これらは単純で乱暴な物言いのように聞こえるかもしれないが、私にはあながち見当はずれとも思えない。

韓国の田舎を旅したことのある人なら、山の中腹や小高い丘に、かならずと言ってよいほど土饅頭が点在する風景を見て、ああここは異国だなと感じたことがあるにちがいない。私の経験では、平地の墓を見た記憶がない。かくして墓（ムドム）は尊んで「山所（サンソ）」と言い、とくにご先祖の墓のある山は「先山（ソンサン）」と呼んで聖域視している。墓を山地に営むのは、龍脈は山沿いに走るという風水思想にもとづいているのは言うまでもない。

朝鮮の場合、とくに墓地風水が栄え、人々が争って幸運の穴を求めた結果、ただでさえ狭い耕地を圧迫して重大な社会問題になったこともあったが、うららかな日差しを浴び、手入れのよく行き届いた緑の隆起を眺めていると、とてもそのようなぎらぎらした欲望は感じられない。ついでに言っておけば、朝鮮の墓（とくに王侯の陵墓）の稜線は、女性のからだ（時には乳房、時には臀部）のように柔美で、中国のそれとは微妙な相違がある（次ページの筆者撮影写真参照）。

私事にわたって恐縮であるが、私の弟の妻は公州（コンジュ）から嫁いできた韓国人で、結婚後、私は挨拶をかね、友人の藤本幸夫（朝鮮書誌学）の案内で母親が独りで住む忠清南道・鶴岩里（ハガムニ）という村に行ったことがある。そのとき、先祖の墓にも詣でたが、墓所はなだらかな丘陵の斜面にあって、振り返ると眼下に眺望が開け、よく耕された田畑が向かいの山の麓まで続いており、一筋の白いバス道路が緑の耕地を分断するようにして走っている。こ

柳成龍祖墓（韓国慶尚北道・軍威）

のような立地は、生者のためのものであると同時に（子孫はいつも亡き父祖を身近に感じることができる）、死者のためのものであろう（父祖は死後もなお、生活を営んだ懐かしい場所に留まっておられる）。朝鮮でも墓地選びではすさまじい欲望が渦巻いたようであるが、しかし一方で、死者の眼差しも見失われなかったのではないかと思うのである。

風水と政治

朝鮮の風水の特徴はいくつか指摘できるが、国家経営との緊密な結びつきはその最大のものであろう。高麗の始祖・王建は有名な「訓要十条」を遺訓として残しているが、その第二、第五、第八は風水とかかわ

風水都市ソウル

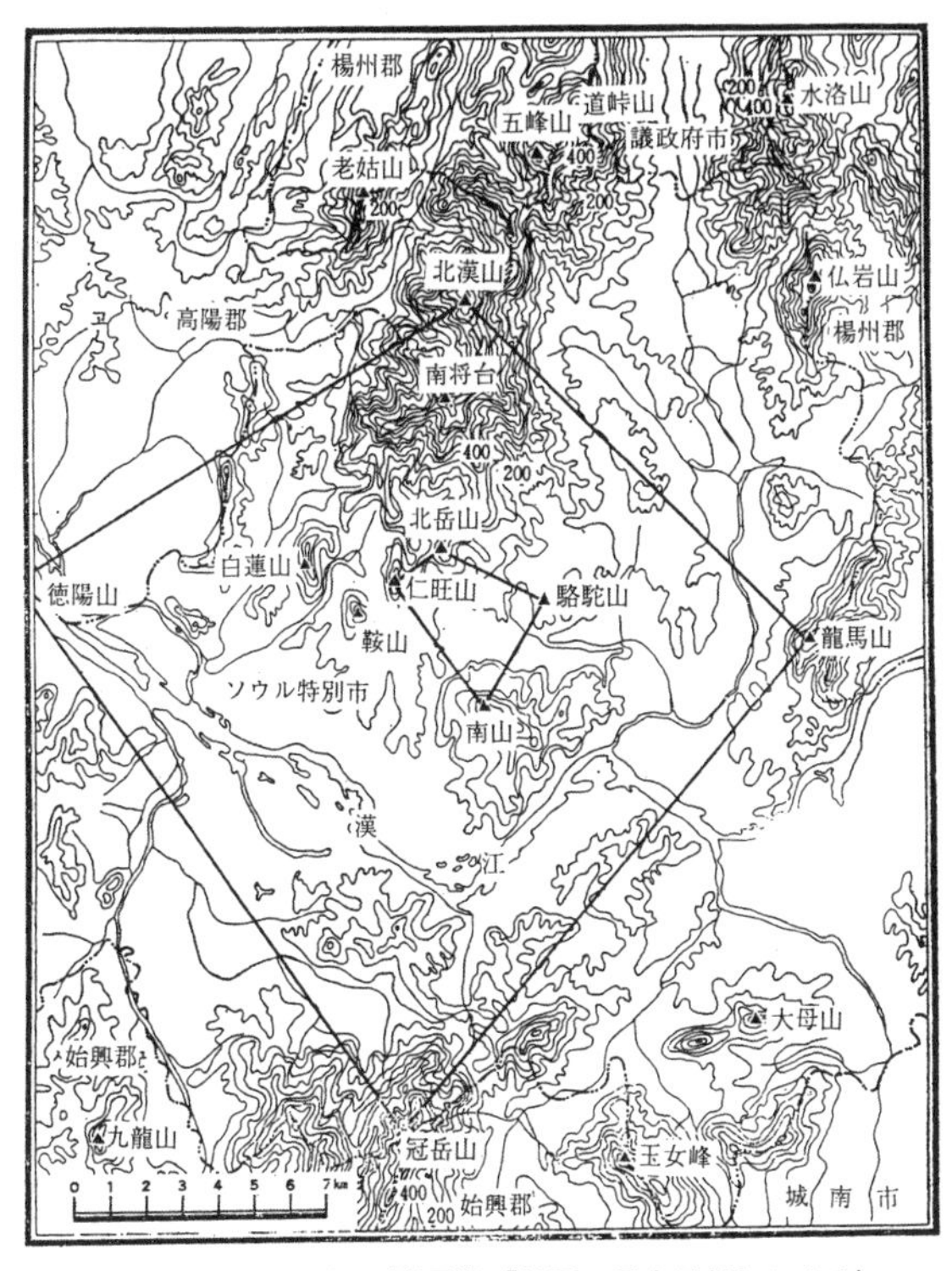

ソウル周辺の地形図（崔昌祚『韓国の風水思想』による）

っている。たとえば第二訓には、「高麗の寺院はみな道詵（どうしん）（風水に通じた傑僧）が山川の形勢を見てその立地を定めたもので、それ以外の地にみだりに建立すると、地徳（大地のパワー）を損耗するばかりか、国家の寿命も短くなる」などとある。

朝鮮王朝の始祖・李成桂（太祖）が高麗の王都・開城を見限り、いまのソウルに首都の白羽の矢を立てたさい、風水師も検分に同行している。実際、地図が示しているように四神砂がそろっており（玄武＝北岳山、朱雀＝南山、青龍＝駱駝山、白虎＝仁旺山）、南には気の漏洩を防ぐバリアとしての漢江（ハンガン）が大きくたわみながら流れ、さらにその南には朝山（冠岳山）も備わっていて、ソウルは模範的な風水都市といっても過言ではない。

ほかにもさまざまな風水的仕掛けが施されている。たとえば、朝鮮王朝の統治の中枢・景福宮の前に今も光化門が偉容を誇っているが、その両脇に狛犬のような怪異な石獣が南を睥睨している。これはヘッテという水獣である。ソウルの南には朝山である冠岳山が位置しているが、この山（その麓にソウル大学が市内から移転してきた）は風水でいう火星形（第五講・龍法参照）をしており、ためにソウルはつねに火災の危険にさらされているので、この水獣によって火を厭勝（ようしょう）（呪術的鎮圧）させているというのである（村山智順『朝鮮の風水』）。

「図讖（としん）」というのは、一種の政治的予言というべきもので、中国では漢代に流行したが、朝鮮の場合、これと風水が結びつき、地理図識説なるものが高麗、朝鮮王朝を通じて政道を動かすこともあった。

地理図識説を利用して国家に反旗をひるがえした人物としては、高麗中期の僧・妙清が史上名高い。風水に通じた妙清は、地理図識書にもとづいて首都開城から平壌(ピョンヤン)に遷都すれば国は栄えるだろうと仁宗に進言する。これに心を動かされた仁宗は平壌に行幸し、妙清から大明堂と言われた地に新宮を建立する。しかし、高麗の名臣・金富軾(きんふしょく)の猛反対に遭い、遷都運動が頓挫しかけたのをみるや、妙清はついに平壌で反乱を起こし、国を大為と号するのだが、結局反乱は鎮圧され妙清は斬られる(車柱環『朝鮮の道教』人文書院)。さまざまな利害や政治的対立が風水説を媒介に表面化するところが朝鮮的なのであるが、反乱といえばもう一件、朝鮮王朝末期、洪景来に率いられた農民反乱をあげておこう。これも結局、政府軍に鎮圧されたが、首謀者の洪景来は風水師であった。

地理図識説にもどると、先述したソウル遷都のさいにも、李成桂は地理図識書を集めて参考にしている(前掲『朝鮮の道教』)。

『鄭鑑録(ていかんろく)』というのは、代々ひそかに読み継がれてきた代表的な地理図識書であるが、たとえばそこに次のような記述がある。「崑崙山からの来脈が白頭山に至り、元気が平壌まで及んでいるが、平壌はすでに千年の運数が過ぎ、気は松岳(高麗の都・開城の主山)に移り、五百年の都邑の地となる。しかし、妖僧と宮女が乱を起こし、天の運数が行きづまると運は漢陽（ソウル）に移る」（崔昌祚『韓国の風水思想』人文書院）。

官僚としての風水師

朝鮮では、風水というものが国家の官僚制のなかに組み込まれていた。後述するわが国の陰陽寮にも「陰陽師」という官僚がおり、その職掌の一つに「相地」（風水）があったが、朝鮮の「地理学教授」と比べると影がうすい。

『経国大典』というのは、その名の示すとおり国家経営の大法典であり、朝鮮王朝五百年は基本的にこの大典にのっとって統治された。当然のことながら、そのなかに官吏登用の規定があって、「地理学教授」（風水師）の採用法も明記されているのである。すなわち、科挙試験の別科である「陰陽科」は、天文学、命課学（星命学）それに地理学の三コースに分かれていた。地理学はむろん風水のことで、受験者は『青烏経』（伝説上の風水師・青烏子に仮託された風水書）、『錦嚢経』（いわゆる郭璞『葬経』）、『撼龍経』（唐の楊筠松撰）などの風水書をマスターしていることが求められた。ほかに七種ほどの風水書が指定されているが、書名からしてそれらのほとんどは形勢派のテキストのようである。

現代韓国で風水師を「地官」と呼ぶのはその名残かもしれない。私は九〇年代の韓国で

申癸翁の後姿と済州島の墓（筆者撮影）

何人かの地官に会ったことがある。そのうちの一人、済州島の申癸（しんき）氏は当時八十を越えた老翁で（いまはもう鬼籍に入られた）、ご自宅へ招いていただいたり、墓を案内していただいたりしながらいろいろお話をうかがった。そのときもっとも驚いたのは、申翁が『書経』や『資治通鑑』や唐詩のアンソロジーといった漢籍のほかに、『朱子語類』（朱子と門弟との問答録）の俗語解（俗語辞典）までもっておられたことで、風水師＝一介の技能者という私の先入観は微塵に打ち砕かれたのである。むろん地官といってもいろいろで、なかにはペテン師まがいの人もいるはずであるが、この物静かな老翁のごとき、深い漢学の素養をそなえた風水師もいたことは記憶されるべきであろう（翁は若いころ、漢詩も作っておられた）。中翁は朝鮮王朝時代の「地理学教授」の最後の末裔というべきかもしれないが、一方で、現代韓国社会の最先端で活躍する風水師たちもいる。彼らについては、野崎充彦氏のドキュメンタリー『韓国の風水師たち』（人文書院）を参照されたい。

白頭山――王権の聖化

朝鮮半島の付け根にそびえる白頭山は、古来さまざまな神話・伝説にいろどられた朝鮮民族の聖なる山である。朝鮮の始祖・檀君（だんくん）がここに天下ったという伝承もある。私は中国側からの旅を試みたことがあったが、その時たまたま体調を崩して実現せず、以来そのままになっている。白頭山の「白」については、日本の白山との信仰上のつながりを見出そうとする説もあるようだが、第一義的には夏以外は冠雪しているからであろう。中国語では「長白山」と言うが、それも白い雪から来ていよう。その白い姿と頂上のカルデラ湖は、この山の神秘性をいっそう高めている（朝鮮民族は「白」を好むと言われている）。

すでに述べたように（第三講、第五講）、朝鮮の風水地理説が崑崙山を白頭山に変換し、朝鮮半島を舞台にまったく新しい物語を織り上げたのは、それ以前にこの山を神聖視する土壌があったからであろう。そして、風水説によってあらたに祖山として再定義されて以

白頭山天池（吉田昭子氏撮影）

来、白頭山の聖化はいっそう加速されたはずである。

こうした白頭山の聖性、あるいはシンボル性を最大限政治的に活用しようとしたのが現北朝鮮政権である。鐸木昌之氏は、その著書のなかで一章をさき、父子二代にわたる「革命伝統」の神話造りと世襲父子の神格化の具体相を丹念に追跡している（『北朝鮮――社会主義と伝統の共鳴――』第五章「体制神話――星・太陽・白頭山、血脈・地脈・精気――」東京大学出版会）。以下、鐸木氏に導かれつつ記述を進めよう。

まず、金日成が生まれた平壌近郊の万景台が「革命の揺籃地」として聖地となり、ご本人は「民族の偉大な太陽であられる金日成同志が誕生された」と讃えられて「太陽」になった。そして、「金日成将軍は白頭山精気を享けてお生まれになられ、天の将帥星を率いられる方でいらっしゃるので、天地造化を皆ご存知でいらっしゃる」として、いきなり白頭山と結びつけられ、朝鮮解放まで金日成は白頭山地域で抗日ゲリラ活動を展開したとされる。

地理図讖説の反復・再演

二代目金正日への権力委譲が確実なものとなりはじめた段階から、白頭山はいっそう重みを帯びてくる。金正日も白頭山の精気を享け、抗日武装闘争のさなか、白頭山の密営（パルチザンの野営地）で誕生したと声高に喧伝されはじめる。「親愛なる指導者同志が誕生遊ばした頃」と、ある抗日パルチザンの女性闘士は伝聞形で証言する、「白頭山天池に張った厚い氷が神秘な響きをたてながら割れたという話もあり、群れをなしていた鹿が密営近くで休んで長いこと密宮を見つめていたという話もありました」。王者がまさに起こらんとするとき天は瑞祥を垂れるというのは中国の讖緯書（予言書）によく見える叙述であるが、鐸木氏が指摘するようにこれは『三国遺事』（朝鮮の史書）の世界でもある。さらに、白頭山の密宮を見おろす峰を「正日峰」と命名し、その頭頂に大きな文字で「正日峰」と刻んだりするような象徴操作が重ねられてゆく。

この王権、いや政権が白頭山にこだわる意図は、小著の読者にはもはや明瞭であろうが、鐸木氏の表現を借用すればこういうことになる。「かれ（金正日）は朝鮮革命の根源を風水思想と図讖説の重要な概念を使って正統化しているのである」。ここで言われる「朝鮮革命」とは端的に言って日成――正日父子によって成就された「革命」であり、媒介としての白頭山がその血脈のいわば保証人に使われているわけである。こうしたせっかくの象徴操作が朝鮮人民に理解されないのを恐れたのか、金正日みずから次のように解説している。

――白頭山は東方の山並みを抱いて朝鮮の気象を示すように万里天空に高くそびえ、祖国の万代を支えて立つ革命の聖山であり、わが国の祖宗の山であり、朝鮮のすべての地脈の集中した母なる山である。……白頭山に登って心の目で南を見渡すと、はるか彼方の南海に浮かぶ漢拏山（ハルラサン）（済州島にある火山）まで見渡され、解放の日を待つ南朝鮮人民の顔まで見えるような気がする。……朝鮮を知ろうと思えば、白頭山を見るべきであり、朝鮮で革命をしようとすれば、白頭山を知らなければならない。

いま私が気になっているのは金日成の墓の場所である。さき頃、日本のテレビ局にも公開された平壌郊外にある檀君陵には、なんらかの風水的仕掛けが施されているはずである。金日成逝去直後の新聞報道によると、彼の遺体も檀君陵内かその周辺に埋葬される可能性があるとあった（一九九四年九月八日付読売新聞朝刊）。その後の報道によれば、金正日総書記は、「父・金日成主席追慕のために数億ドルを費やした巨大で豪華絢爛たる錦繡山記念宮殿を完成させせ」たという（一九九七年十月九日付産経新聞東京朝刊）。この宮殿には金日成の遺体が安置されているらしい。錦繡山は平壌の北郊にある平壌の鎮山であるが、金正日の観念のなかでは、白頭山―檀君―金日成の聖なる三点は、白頭山から流れ下る龍脈によってつながっているのであろう。

なお、白頭山は北朝鮮だけの専有物ではない。韓国人にとっても聖なる山であり、われわれ日本人の富士山に寄せる思いよりさらに熱烈な感じがする。近年、大勢の韓国人が白頭山観光に赴くようになったのは、そこが民族の原点という意識があるからであろう。韓国国歌（愛国歌）に白頭山が登場することを付け加えておこう。その一番は大意こうなっている。

――東海の水が干上がり白頭山が磨り減るまで
ハヌニム（天）はわれらを保護してくださるだろう
わが国万歳！

日本人と風水

日本人は風水をどう受容したのか。灯台もと暗しという面がないではないが、この問題は資料的な制約もあってなかなか難問なのである。わが国に風水が入ってきたのは確かであるが、風水にかかわる記録がほとんど残されていないし、専門の風水師が活躍した形跡もない。そういう歴史的伝統が希薄だったから、「フウスイ」といっても世間は初めなんのことだか分からなかったのである。

さきほど韓国国歌を持ち出したので、日本も歌から話をはじめよう。

――世に謳(うた)われし浩然の
大気をここに鍾(あつ)めたる
秀麗高き巌手(いわて)山
清流長き北上や
山河自然の化を享(う)けて
汚れは知らぬ白堊城(はくあじょう)

これは岩手県の盛岡一高の校歌の一節である。歌の大意は、秀麗な岩手山と北上川の清流という、類まれな自然の感化を享受しうる立地にあるのがわが一高、と言うのであろう。「浩然の大気をここに鍾めたる」という箇所に留意していただきたい。これは岩手山が浩然の気の凝結によってできたことを言い、風水用語こそ使われていないが、ここには風水とおなじ思想が息づいているとは言えないだろうか。この歌は明治四十一年誕生とされているが、このような風水的自然観が伝統的に本邦において脈々と流れていたのか、それとも明治の一時期の類型的な表現だったのか、一考に値する（鹿児島実業高校の校歌の一節にも「見よや霊気の凝る処、山水明媚の我が郷土」という表現がある）。

陰陽道と風水

わが国に風水書がもたらされた最古の確実な記録は、『日本書紀』推古天皇十年（六〇二）の条に見える次のような一文である。

——百済の僧・観勒がやって来て、暦、天文、地理、遁甲、方術の書を献上した。

この一節はよく引用されるが、挙げられている書物のならびからして、ここでいう「地理」は風水にちがいない。しかし、どういう風水書であったのかよく分からない。

こうして入ってきた風水はどこへ行ったのか。その痕跡の一つを、陰陽道という特異な日本的システムのなかに見出すことができる。いま世間では陰陽道ブームのようであるが、このものの内実はなかなかに複雑である。ごく単純化して言えば、陰陽寮という官僚組織の所管事項としてのそれと、「陰陽道」の名のもとに民間に伝播していったさまざまな占術・呪術・技術としてのそれとに大別できるが、ここでは前者に限定して述べることにする。

陰陽寮は明治の近代国家成立にともなって廃止されるが、初期のその職掌には、奈良時代の『養老令』（養老二年〈七一八〉成立）によれば次のようなものがあった。

一、占筮・相地　二、暦の作成　三、天文観測　四、時刻の管理

一を担当するのが「陰陽」部門であるが、その職掌である「相地」とは、中国（あるいは朝鮮）伝来の風水のことであろう。ただ、どのような内容の風水術であったのか、資料的な裏付けができない。この時代の国家官僚としての「陰陽師」が行なった「相地」については、次に引くような記録から推測するしかない。

——天皇は、広瀬王……陰陽師、工匠などを畿内に派遣して、みやこを営造するにふさわしい土地を「視占」させた。（『日本書紀』天武十三年〈六八四〉条）

問題は「視占」という語である。ここには「占」という文字が含まれているから、陰陽師は土地の善し悪しを卜占しただけなのかもしれない。ただ、中国の史書『南斉書』祥瑞志に、宋（六朝時代）の明帝が龍のあらわれた丘陵を「相墓工」に「占視」させたという一文が見えており、この明帝の場合は、地形判断を行なったと見てよいのではないだろうか。そこから類推すると、天武天皇のこのケースも卜占だけではなかったとも考えられる。

宮都造営と風水

この「相池」の問題は、じつは日本の古代の宮都造営に風水が関与したのかどうかという、より大きな問題とつながっている。

この問題をはじめて学問的に論じたのが、台湾からの留学生・黄永融氏であった。氏はまず一九九三年、京都府立大学に提出した修士論文『風水思想における原則性から見た平安京を中心とする日本古代宮都計画の分析研究』という長いタイトルをもつ論文において、風水思想の観点から平安京・京都を分析したのであった。そのポイントは次のようなものである。

一、平安京は、風水説にもとづいて選地、設計された。

二、北部山系の祖宗山としての桟敷ケ岳を形成した龍脈は、船岡山をへて南進し、平安京で龍穴を結ぶ。

三、したがって船岡山は、坐山であり入首山であって、この山とははるか南方に見える案山としての甘南備山（かんなびさん）とを結ぶ線が平安京の中軸線と定められた。

四、平安京の中心は、右の南北線と、東西にあるほぼ同じ高さの二山を結ぶ東西軸との交叉点上に求められた（十道証穴法、一六三ページ）。そここそが龍穴であり、大極殿はその上に造営された。そこはまた、景観的、地形的にもっともバランスのとれているポイントである。

五、平安京を「四神相応」の地として、青龍（東）を鴨川に、白虎（西）を山陽・山陰道に、朱雀（南）を巨椋池にそれぞれ当てはめるのは、ずっとのちの文献である『簠簋内伝』に起因する謬説であって、「四神」は四方の山としなければならない。

六、左京が栄え右京が衰えたのは、生気が左京の方へと流れる地勢的構造によって人々が左京を目指したからである。

風水は関与せず？

ついで黄氏は、この風水都市論をほかの日本の古代都市に拡大した、『風水都市――歴史都市の空間構成――』（学芸出版社、一九九九年）を刊行して世に問うたが、これよりさき、黄氏の平安京風水都市論にたいして、井上満郎氏が日本史学の立場から反論された（「平安京と風水――宮都設定原理と風水思想の関係――」『日本社会の史的構造　古代・中世』、一九九七年）。

井上氏の反論は先入観を排し、文献実証主義という歴史学の王道からなされたもので、本邦への風水の伝来は容認するものの（陰宅風水は古墳時代後期には入っていたとされる）、平安京営建において（したがってそれ以前の宮都造営においても）風水思想は関与していないと結論づけられる。例の平城京の遷都にさいしての「四禽 図に叶い、三山 鎮を作す」という有名な詔の一節についても、これは『隋書』高祖紀の影響を受けたレトリックという見方を提起されている（私はこの見解については異論がある）。またさきの陰陽師の「視占」にかんしても、「視察と卜占が一体として述べられており、したがって卜占、つまりは神の意志を聞き取り、その神の意志による土地選定がこの時の『陰陽師』の職掌であり、『気』の流れる地理・地形を判断する、風水による選地ではない」と主張される。

日本の古代の宮都は、風水思想の観点から読み解けばこのように整然と解釈できる、したがって設計思想として風水が使われたのだ、というのが黄氏の立場で、それにたいして、文献的な証拠によって裏付けができないなら、それは事実として認めがたい、というのが井上氏の立場である。私としては、黄説は「事実」というより「解釈」という面が強いと思うが、しかし一方で、それを実証する文献がなければ「事実」はなかったと断言しうるのか、とも思うのである。いずれにしても、「風水」という観点の導入によって、隠された都市構造が解明されたのは事実だし、また、井上氏の反論は、日本の風水受容のある種のあいまいさ——あるいは風水術を記録から遠ざけようとする姿勢——の証明にもなっているように思う。

天皇陵と風水

もっと早くに断っておくべきだったのであるが、私は日本史の専門家ではない。日本の風水についても、専門的に研究しているわけではない。また、風水研究において文献とともに重要なアプローチの方法であるフィールドワークについても、後述する沖縄は別にして、武蔵野陵（昭和天皇陵）と墓誌の出土で有名になった太安万侶墓を巡検した程度にすぎない。こういう筆者にとって都合のよいことに、つい最近、丹念なフィールドワークを通して天皇陵と風水のかかわりを論じた書物が刊行された。来村多加史氏の『風水と天皇陵』（講談社現代新書、二〇〇四年）がそれである。

著者は本来、中国考古学が専門の由であるが、中国留学時代に行なった南京（六朝時代の王陵が多数現存）での実地調査を踏まえ、日本の古代天皇陵の立地の多くが中国南朝の王陵と同質であることを実証し、「六世紀から平安時代までの陵墓に堪輿（かんよ）（風水）術の影響が見えるという持論を展開し」ている。驚かされるのは、足と眼を駆使した徹底的な実地検証である。多くの天皇陵が立地する地形はすでに当初のものではないが、著者は地図と自己の眼をたよりに、目前の風景を消去して古代の地景をあざやかに蘇らせる。この復元力も並ではない。そして著者は、谷からの景観を軸にした天皇陵を図（次ページ）のような四パターンに集約し、南朝陵墓との比較の視点を提供する。

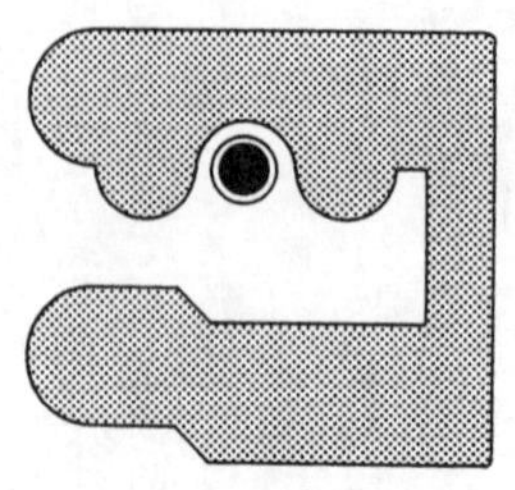

谷側部密着型

東西方向に走る谷の北側斜面に寄せて古墳が築かれたもの。古墳の左右に短い尾根が突出するものが多い。
例：舒明天皇陵（桜井市）
　　峯塚古墳（天理市）

E字型

古墳が築かれた尾根の左右にやや長い尾根が突出するもの。前方に小丘が隆起するものもある。
例：岩屋山古墳（明日香村）
　　艸墓古墳（桜井市）

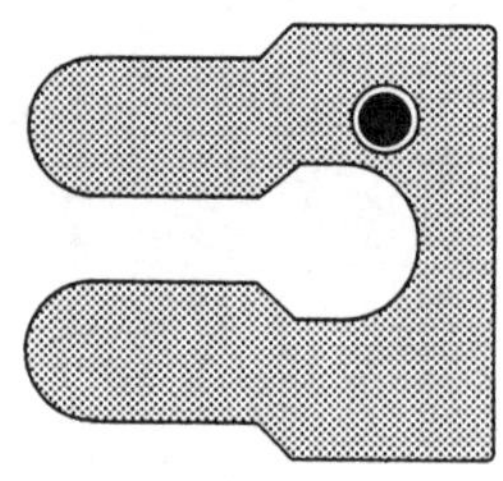

谷奥部密着型

谷奥の斜面に古墳が築かれたもの。古墳の位置を北側に寄せて南側の空間を広くとるものが多い。
例：高松塚古墳（明日香村）
　　キトラ古墳（明日香村）

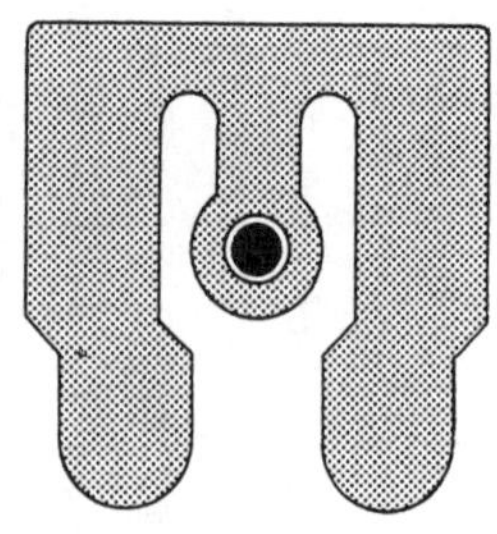

谷奥部突出型

谷奥に突出する舌状の尾根に古墳が築かれたもの。E字型よりも谷の懐が深く、包まれている印象が強い。
例：与楽鑵子塚古墳（高取町）
　　天武・持統天皇陵（明日香村）

古墳の選地模式図（来村多加史氏による）

ここまで実地調査を積み上げられると、読者としては著者の主張に同意せざるをえなくなってくる。ただ、風水説においては選地はそのシステムの前半にすぎない。すでに述べたように、墓地風水では死者の安寧とともに子孫の繁栄がその後半を構成している。これは考古学という学問の性格なのであろうか、著者の精力は前半部分に傾注され、後半部分については「自然回帰」という語で墓主の願望を括るだけである。そしてそこから、「自然環境回復の道を示す道標」、著者の別の語で言えば「エコロジー」としての風水思想の現代的意義を導き出している。

私としては、少し結論を急いだかな、という思いが残った。古代の天皇の死生観を自然との一体化だけで総括できるのかどうか、また、風水には環境保護思想はないではないが、一方で耕地の圧迫、自然のエゴイスチックな囲い込みといった側面も歴史上顕在化したのであって、そうした負の部分に目を瞑ってよいのかどうか、疑問を感じたのも事実であった。

沖縄の風水

ヤマト（日本）では、風水は結局、陽宅風水（家相）と庭の風水（『作庭記』などを見よ）に縮んでゆき、気の概念も希釈化され、雄大な宇宙論も矮小化されていった。言っては悪いが、現代のインテリア風水などというものはそのなれの果てであろう。

しかし、沖縄では事情がかなり異なっている。近年、沖縄学において風水研究の重要性が認識されはじめ、すでにその成果も出されている。詳しくはそちらに譲って（たとえば『沖縄の風水』平河出版社）、本書ではごくかいつまんでポイントを述べるにとどめる。

最近の研究によれば、沖縄への風水初伝は一六二九年、浙江省出身の漂着中国人によってもたらされたというが、風水思想はまず、琉球という国土を一個の有機体的統一体として捉える視点を知識人に提供した。第三講において朱子のマクロな国土観を紹介し、そのもとづくところが風水思想であったことを指摘しておいたが、同じことが沖縄でも起こっている。宰相の蔡温（一六八二―一七六二）は、その「三府龍脈碑記」のなかで、「わが国三府四十一県」を「万山一貫の理」である龍脈の流れとして把握している。

沖縄の場合特徴的なことは、風水は一種の科学技術として歴史の表舞台に登場したという事実である。その立役者が蔡温であった。彼は福州（福建省）に留学して朱子学とともに風水も学び、帰国後、これを都市計画、治水、植林などに応用して転換期の渦中にあった琉球社会の改編に尽力した。風水が国家の政策の一部として活用された例など他の地域にあっただろうか。私は寡聞にして知らない。

蔡温がその植林論『山林真秘』のなかで提唱した「抱護」という概念は、山や河が人間

沖縄・伊是名島の亀甲墓（筆者撮影）

を「抱き護る」という風水思想に典拠を仰いでいる。彼はこれを植林に応用し、周囲を「抱護」するように山が囲繞している場所が最も美材を産出する良地だと述べている。この「抱護」の思想はその後、しっかりと沖縄に根付いていった。やがて人々は、村落や家の周りに福木や松を植え、それらをそれぞれ「村抱護」「屋敷抱護」と呼ぶようになる。「浜抱護」というのは、海岸沿いに植えて強い潮風から村を護る樹木のことである。これらが大切に保護されたのは言うまでもない。

一方で風水は「フンシ」と呼ばれて民衆化してゆく。ヤマトの場合、さきに述べたように、都市、村落、陽宅（家）、陰宅（墓）の四ジャンルのうち、結局陽宅風水

新垣正一画「クシバル」（筆者撮影）

（家相）しか残らなかったが、沖縄ではこの四ジャンルの全域にわたっており、とくに孝道や祖先崇拝と結びついて民間では墓地風水が栄えた。沖縄を旅すると、風景の中に溶け込んでいる大きな亀甲墓をいたるところで目にする。私は結局のところ、風水は欲望の体系と考えているが、沖縄の墓地風水に関しては、せっぱつまった欲望を感じないのである。人々の関心のベクトルが、生者＝子孫より死者の方に向いているからであろう。

図版に掲げたのは、名護のオリオンビール工場見学のさい、たまたま目にとまった油絵である。ヒンブン（屏風）も屋敷抱護も描かれている。この絵は、沖縄人の心の原風景とも読めるし、また同時に沖縄の「風水画」にも見えてくる。家の背後のS字形の白い道は龍脈で、手前の水は気のバリアとしての風水池（台湾の農家などで多く見うけられる）とも取れぬことはない。

さて、日本の風水の記述は歌で始めたので歌で閉じることにしよう。そして同時に、これをもって小著も閉じることにする。以下に引くのは口承の琉歌（沖縄の短歌）で、墓の完成後、神人（かみんちゅ）の司祭で墓室に入り、三味線（さんしん）の伴奏で歌う祝歌の一節である。ここでは、「風水（ふんし）」は墓の代名詞になっている。

——真茅（まかや）　茅葺（かやぶ）ちゃ（真茅の茅葺きは）
仮宿（かりやどぅ）どやゆる（仮の宿です）
風水（ふんし）　真地金（まちかにぃ）や（風水の本物の金は）
万代までん（万代までも）

あとがき

「風水講義」などとエラそうなタイトルを付けてしまったが、長年教師をしてきたので高いところから教え諭すという習性がつい出てしまった、というわけではない。だいたい「風水」などという民間地理学、もっと言えば通俗的幸運招来術――もっとも、本文でも触れたように一方で宮廷の秘術でもあったのだが――に「講義」などという語はあまり馴染まない。早い話、風水の本のタイトルはもう使われ尽くしてしまっていて、これくらいしか思い付かなかったのである。

せいぜい三百枚くらいの小著とはいえ、「風水」で一冊の本を書き下ろしたのはこれが初めてなので、ようやく脱稿したいま感慨なきにしもあらず、いろいろ昔のことを思い起こしている。

何がきっかけでこういうものに興味を抱くようになったのか、思い出そうとするのだが、記憶の底には茫漠とした薄暗がりが拡がるばかりで何も浮かび上がってこない。ただ、牧尾良海氏が訳されたデ・ホロートの『風水』は、すでに一九七九年には読んでいたし、村山智順氏の大著『朝鮮の風水』も一九八二年には読み終えていた。両氏とも本邦における風水研究の開拓者であるが、デ・ホロートを読了したあと、まったく面識のない牧尾氏に質問の手紙を書いたら、丁寧なお返事を下さったことはよく憶えている。

私の専門分野は中国学であるが、当時周りを見回しても、このようなものに関心を持っている学人は見当たらなかった。中国学の王道はやはり儒教研究で、そこから見おろせば、風水などというものはB級文化もいいところであったからであろう。こんな「迷信」を研究して何になる、という雰囲気もなくはなかった。かく言う私も当時は一方で朱子学を勉強していて、風水については「禁じられた遊び」をしているような意識があった。この一種の後ろめたさは今でも少し引きずっているところがある。

八〇年代に入って、風水に関する論考ともエッセーともつかない短い文章をポツポツ書くようになった。そうした折、ある建築雑誌の企画で同い年の毛綱毅曠（もづなきこう）氏と風水をテーマに対談する機会に恵まれた。氏は人も知る建築界の奇才で、風水の発想を取り込んだ釧路市立博物館（釧路は氏の故郷）などの設計で一九八四年、日本建築学会賞を受賞している。対談というのは剣術の立ち会いのようなものであるが、氏の驚くべき博識と、どこからやって来るかわからない自由自在な切っ先にこちらは防戦一方であった。毛綱さんの友人たちは彼のことを「天才」と呼んでいるが、ほんとにそうだと思う。もっとバリバリ仕事をしてほしかったのに、還暦直前の二〇〇一年の秋口、突然遠いところに旅立ってしまった。

これも本書で書いたことだが、一九八九年、渡邊欣雄（よしお）氏の呼びかけで「全国風水研究者会議」が組織され、私も加えていただいた。私はいわば中国学からの「出向」であったが、逆ほかのメンバーは人類学、建築学、地理学、民俗学、朝鮮学、沖縄学等々さまざまで、逆に風水世界の大きさに目を開かれたのであった。この研究会はしばしば沖縄で公開研究会を持ち、沖縄の風水を発掘していったが、これが縁になって私の沖縄通いが始まった。奄美大島も含めて、私の南島通いはこれからも続くだろう。南島に対する私の関心は、風水から易や日選びや信仰などへ拡大している。

本文より先にこの「あとがき」を読まれた読者は、ここまで読み進んできて、本書のスタンスというものがだいたいお分かりになったのではないかと思う。風水なるものには上述のように多様なアプローチの仕方があり、当今はやりのインテリア風水などもそのひとつであるが、残念ながら本書は実益の獲得については何の役にも立たない。風水の文化的土壌とそのシステムを伝えたいのが著者の願いなので、かなりカタイ箇所があるのはいかんともしがたい。それに私の専門は中国学だから、いきおい古典籍を扱わざるをえず、いよいよ敬して遠ざけられるかもしれないが、固い殻の内部にこそ本当の滋味はある。

「風水は宝の山」と言われたのは中野美代子氏であったが、この小さな書物でどれだけ宝を掘り起こしえたか、はなはだ心もとない。方位論や羅盤についてはほとんど言及できなかった。最終章の「風水文化圏」のところをはじめとして、書き残したことが少なくない。また、テキストを中心に記述していったので、風水が現実の人々の暮らしにどのような影響を及ぼしたのか、いわばテキストに対する「慣行」についてはほとんど言及していない。そちらは人類学や歴史学が得意とする方面であり、当方は文献学だからこのような形にならざるを得なかった。ただ、古典籍にもとづいて書かれた風水の基礎的な案内書はこれまであまりなかったように思うから、本書にはそれなりの意義はあるべしと、いささかの自負はないではない。

文藝春秋社でもこのたび新書を刊行する運びになったから、なにか一冊書いていただけませんかと、編集の明野潔氏が私の当時の勤務先（大阪市立大学）に訪ねてこられたのは一九九七年九月のことであった。以来なんと八年！　それを思うと冷汗三斗どころではない。私は比較的締め切りは守る方で、こんなに長く待たせたことは今まで例がない。この八年間はとくに身辺騒がしく多事多難であった、などと言っても何の弁解にもならないだろう。その間、明野さんは慌てず騒がず、年に数回電話や手紙（いつも毛筆）を下さっても催促がましいことはほとんど言われず、お会いしても、雑談を交わすだけで悠然と帰って行かれることが多かった（私はその都度、空手形を切りまくったのである）。あの新書執筆の話はなかったことにして下さい、と宣告されても文句は言えないのに、静かに待っていて下さった明野さんと文藝春秋社の度量の大きさに頭が下がる。

私を推挙して下さったのは田中明氏である。田中さんとは朝日新聞社の記者時代からのご縁であるが、八十に近い今でも、朝鮮半島とそこに住む人々について健筆を振るっておられる、今どき珍しい硬骨のサムライである。田中さんも、こんなに原稿が遅延したのにお叱りにもならず、ついこの前、脱稿祝い（出版祝いではない）だと言って池袋でご馳走してくださった。なんの徳もない私にここまでしていただいて、感謝の言葉もない。

明野さんは今年部署を変わられ、今度は細井秀雄氏に担当していただくことになった。細井さんからは、ここはもっと詳しく、ここはさらりと書いては、といった有益な示唆をいただいた（新書は初めてなのでコツがまだよく分からない）。また、お名前は存じ上げないが、私の思い違いを正したり多くの的確な情報をゲラに書き込んで下さった、文藝春秋社の校正の方にも、この場を借りてお礼を申し上げたい。

二〇〇五年十二月二日

神戸・保久良山麓・鬖鬆洞にて

三浦國雄

付篇

アジアの自然観と風水地理説

一　前言

前言の前言

「アジアの自然観」などと、大きなタイトルを掲げてしまったが、朝鮮半島や沖縄地域に若干言及はするものの、ここで取り上げるのは主として中国であり、そこを起点に他のアジア諸地域へ展開できれば、という願望を託したにすぎない。また、このタイトルの真ん中の「と」もかなり曖昧であるが、風水地理説に現れたアジア（つまり中国）の自然観、または、風水地理説の自然観の特徴、というほどの意味だと御理解ねがいたい。

風水説に関しては、最近、環境思想の観点から論じられることが多いが[1]、自然観という観点からはあまり議論されてこなかったように思う。このような観点は、自然観を考察する場合にも、風水説を考察する場合にも果たして有効かどうか、確信があるわけではないが、少なくとも、かねてアジアの自然観や風水説に関心を抱いてきた私個人にとっては意味のあるテーマだと考えている。

用語の問題

中国の自然観を考える場合、まず、用語上の問題がある。つまり「自然」という語それ自体の問題である。この言葉が中国の自然観に微妙な影を落としているので、初めにこの関門を通り抜ける必要がある。よく知られているように「自然」という漢語には本来、今日のような具体的な山川草木という意味は含まれておらず、それは「自ら然る（おのずからしかる）」という、むしろ哲学的な概念であった。これが今日のような、たとえば「自然保護」などと、東アジア共通での意味で使われるようになる最初のきっかけを作ったのは、稲村三伯（一七五八―一八一二）であった。彼は蘭和辞書『波留麻和解』を編纂して「NATURE」を和訳するのに「自然」という語を選んだのである。しかしこの翻訳語は、江戸時代を通じて全くといってよいほど普及しなかった。これが一般化してゆくのは、明治二十年代に森鷗外が独語の「NATUR（ナツール）」の訳語として使うようになって以来のことと言われる。(2) ここに、「自然」（日本仏教の「自然法爾（じねんほうに）」も含めて）の上に「NATURE」が重なってくるのである。これはしかし、近代以後の日本の自然観の問題ということになってくるが、「自然」という用語の問題は、実は前近代の中国人の自然観を考える上でも等閑にはできないのである。

まず、「自然」という語の用法を確認しておこう。この語と、いわゆる「無為自然」の思想の初出である『老子』には四例ほどの用例がある。その中でも名高いのは次のような用法である。

人は地に法(のっと)り、地は天に法り、天は道に法り、道は**自然**に法る。(『老子』第二五章)

たとえば、井筒俊彦氏の英訳では"spontaneity"と翻訳されているように(3)、「自然」は決して具体的な存在物ではない。そしてこれ以後、清朝崩壊に至る旧体制の中国において「自然」は原則的にそのような意味で使われ続け、山川草木を直接指すことはなかったのである。具体的な自然を表す言葉は別にあって、両者の使い分けはかなり厳密に守られていた。その別の言葉というのは、たがいにニュアンスの差はあるものの、「天地」「造化」「万物」「山水」「山川」「山林」「山泉」……等々、きわめて多彩である。逆に言えば、この中では「山水」が代表格とはいえ、今日の「自然」のごとき、統括的な語がなかったことにもなる。

では、「自然」という哲学概念と「山水」という語に代表される自然物とは没交渉であったのかというと、実はそうではない。

通説によれば、魏晋時代、老荘思想の流行によって、所謂自然界が老荘の「無為自然」をよく体現しているものとして気づかれ、ここに作為ある人間界に対立するものとしての自然界という概念が成立してきたという。[4] かくして、「自然」という概念と現実の自然界とが限りなく接近してくる。実際、この時代以降、自然物の意かと疑われる「自然」の用例が現れてくる。陶淵明（三六五—四二七）の人口に膾炙する有名な詩句を引いてみよう。

少きより俗に適う韻なく
性　本と邱山を愛す
……
久しく樊籠の裏に在りしが
復た**自然**に返るを得たり
（「帰園田居　其一」）

この例などは文脈からして「自然世界」の意に取りたいところである。初めに、自分はもともと俗世間より山が好きで、今ようやくその「自然」に帰ることができた、と言っているのであるから、この「自然」は「邱山」と同義のように見える。しかしここは、「束縛のない、作為を必要とせぬ自由さ。この時代の自然ということばは、**nature**という意味よりも、**natural**の方に近い」とする一海知義氏の解釈に従うべきであろう。[5] ここで言う「自然」とは、「邱山」のような具体的な自然物のもひとつ上のレベルの、「本来の場所」「本来のあり方」というほどの意であろう。

他に、たとえば次のような例がある。草木に囲まれた会稽の龍華寺を歌う陳の江総の「修心の賦」の一節である。

自然の雅趣を保ち
人間(じんかん)の荒雑を鄙(いや)しむ

(『陳書』江総伝)

これなどは「自然」と「人間(じんかん)」とが対比され、この「自然」はさながら、人間界に対する自然界を意味しているように見える[(6)]。しかし、この場合も私は「自ら然る」あり方を意味していると考えるが、百歩譲っても、私はこの例は一種「ニアミス」と言うべきものではないかと思う。ほとんど孤例であって一般化しにくいのである。この点は、福永光司氏の説とは違う[(7)]。

まとめて言えば、「自然」と自然界とは接近してきたとはいえ、両者は完全に重なることはなかったのである。用語法から言えば、「自然」は一旦は前景に競り出てきたものの、結局前景を占領したのは「山水」であり、「自然」はいわばその「体」としての「山水」の「用」として背景に退いたのであった。しかし両者が交錯した結果、自然界はこれ以降、「自ら然る」あり方をその内実として持つことになった、ということにもなる。先取りすることになるが、こうした自然の見方は、後述する中国的自然観の一つに加えるべきであろう。

自然観の射程

上に述べたように、自然界とは別に「自然」というあり方があり、しかも両者は時に接近し交錯するという事情は、中国における自然観というものに特有の相貌を与えた。私たちの中国学界で「自然観」という時、ほぼ二つに分化する。すなわち、

①「自然」の思想史『老子』に始まる例の「自然」概念の展開史。この場合、「おのずから然る」あり方は、外部（自然界）と内部（人間）を問わないから、宇宙論や人性論や道徳論が問題になる。しかしここでは、具体的な山水の自然はほとんど問題にされない。(8)

②天地自然・山川草木・景観の見方、それらに対する人間の態度・受け止め方を問題にする。(9)

以上はごく大雑把な概括であるが、これをさらに単純化して言えば、本邦の場合、中国哲学家は「自然」概念、中国文学家は自然景物の研究という風に、初めから研究の方向が決まっているような印象も受ける。むろん、この二つの自然観研究は全く没交渉なわけではなく、橋が架けられることもあるが、(10)しかしこれらの二領域を丸ごと包括した自然観の研究書はまだ出ていないように思う。私が本稿で述べる自然観というのは後者の方である。

今これを便宜上、山水的自然観と呼んでおく。

二　中国の自然観

自然の発見

これから述べることも、通説を整理しただけなのがいささか心苦しい。中国においては、古代より自然は美しく魅惑的なものと思われていたわけではない。自然の代表格である山について言えば、『山海経』などでは、珍奇で怪異な神や動物の棲む世界として空想されている。一般には魑魅魍魎の棲む恐ろしい場所と思われていたようで、晋の葛洪（二八三—三四三）は『抱朴子』の中で、入山符をはじめ入山に際しての身を守るさまざまな作法を開示している（登渉篇など）。また、『楚辞』招隠士などでは、長くは居れない不快な場所として描かれている。(11)

一口に「名山勝水」と言うけれども、いったい名山とは古代においてはどのような山のことだったのか。司馬遷は『史記』を擱筆するにあたり、自分の書いた大世界史の膨大な原稿を、「これを名山に蔵し、副（本）は京師に在り」と述べている（『史記』太史公自序）。ここでいう「名山」とは、景勝のすぐれた山というより、国家の祭祀の対象になるような

【図1】空心塼　前漢末〜後漢初

格付けの高い山のことであろう。山、とりわけ「名山」、それに大河などの自然の景物は、その背後に神格が想定されて、歴代、国家によって祀られた。

さきの『抱朴子』では、山には「神霊」が棲むと言っているが（登渉篇）、山は一方でまた、神仙の棲む世界であった。漢代の磚に厚い二重の稜線を持つ山を刻んだものがあるが、林巳奈夫氏によれば、これは霊山の発する気＝オーラを表しているという[12]。事実、この山には羽人や得体の知れない鳥獣が蠢いている（図1）。近年、韓国の扶余で発掘された高さ六〇センチに余る博山炉は（私はこれを観るために扶余の博物館まで行ってきた）、その流れを汲んでいるはずである（図2）。かくして四世紀半ば、道教徒は山中に洞天福地という不死のユートピアを作り出す。山はまた、普通の生活者にとっては、生活物資や薬草を採取し動物を狩る、実利の対象でもあったにちがいない。

魏晋時代、こうした自然観に変化が生じる。花や樹木は別にして、山や河という大自然は、それまで美しいもの、魅惑的なものとして観賞の対象になったことはなかった。むろん、例外はあったであろう。しかし時代思潮の大きな流れとしての「自然の発見」は、魏晋まで待たねばならなかった、というのが通説である。この時代に始まる玄学や老荘思想の流行が、人々の関心を人為の都市から無為の自然世界へ向けさせたというのも通説になっている。この当時、貴族たちは自然の苛酷な北方の地を追われて南渡し、文字通り「名山勝水」に富む江南の自然と出会ったわけであるが、こうした自然環境の変化も山水への傾斜を後押ししたであろう。

この時代の「自然の発見」は、さまざまな局面で見られる。自然の美しさを観賞する姿勢が、さらに自然との一体化へ向かうのはそれこそ自然の流れである。ここに、隠逸や遊山や行楽が生まれる。もとより隠逸はこの時代に始まったことではないが、これ以前の隠逸が都市や官界からやむなく山中へ押し出されたという傾向が強かったのに対して、魏晋以降のそれはむしろ山中の暮らしを楽しむ方

【図２】扶余陵山里出土の博山炉

へ変化したと言えるはずである。なお、隠逸生活の思想的背景としては、老荘思想だけでなく、仏教や道教も考慮の内に入れなければならないであろう。しかし、やがてそこから、「隠逸」という自意識やもろもろの思想性が脱色された、山居生活というライフスタイルが確立されていったはずである。(13)

文学では、いわゆる山水詩の隆盛がある。むろん、それまで自然が歌われなかったわけではない。たとえば『詩経』でも自然は数多く登場する。しかしその「興」という自然描写にしても、人事を呼び起こすための修辞にすぎないし、総体的に『詩経』では自然の美が賛美されているわけではない。小尾郊一氏が指摘するように、魏晋以前の自然を詠ずる詩はおおむね叙情詩であり、自然に託して自分の気持ちを歌うから、主体はあくまで人間の側にある。それが魏晋以後になると、純粋な叙景詩が現れる。これはあたかも絵画において、それまでは背景であった自然がこの時代になると前景にせり出してくるのと対応している。(14) 山水詩の最高峰は、言うまでもなく山水詩人の祖と讃えられる謝霊運(三八五―四三三)である。彼は言う、

それ衣食は生の資るところ、山水は性分の適するところ、今資るところの累を滞め、その適するところの性を擁せんのみ。

(「遊名山志序」)

さまざまな自然

一口に自然と言っても、そのありようは多様である。というより、多様な存在を「自然」という語で括ったのだから多様なのは当たり前ではある。

実体という観点から言えば、山であり河である。そしてそこに生きる動物であり植物である。また、地を離れた天の風であり雲であり雨である。

場所という観点から言えば、都市の近郊と深山幽谷とは区別する必要があるであろう。あるいは両者の中間にもう一つ場を設定すべきであるかもしれない。むろん、こうした区分はモデルとして提示しているにすぎず、現実の都市と自然環境との関係はもっと複雑であり錯綜している。大室幹雄氏は、魏晋南北朝時代の貴族たちの生活空間を、都市（建康）から外へ同心円状に広げて、都市―郊外―田園―原野という四つの空間に「分節」し、それぞれに、「邸宅」と「園林」（都市）―「郊居」（郊外）―「園田居」（田園）―「山居」（原野）という生活形態を対応させている[15]。これでゆくと、「園田の居に帰る」と歌った陶淵明の生活の場は、「郊外」と「原野」の間にあることになる。いずれにせよ、それぞれの場において自然は異なった相貌を見せるはずである。

以上のような、都市や人工の構造物以外のものを自然と呼ぶとすれば、庭園はどちらに属すのだろうか。中国の庭は、山林に対しては人工、都市に対しては自然という両義性をもっているが、ここでは擬似自然として自然の範疇に加えておきたい。なぜなら、中国の庭は基本的には自然風景式庭園であり、人は自然を観賞するのと同じ姿勢で庭の自然を楽しむからである。ちなみに、十八世紀の英国の風景式庭園には中国の庭の影響があるという説もある。(16)

そういう意味では、風景画や山水画もまた第二の自然、今日風の言い方をすれば、バーチャルの自然、と言い得るかもしれない。六朝・宋の山水画家宗炳（そうへい）（三七五―四四三）は、老いて病を得、もはや自由に動けなくなった時、自室の壁にかつて巡り歩いた天下の名山を描き、横になってそれを眺めつつ、想像上の遊覧を楽しんだという。「臥遊」の故事である。(17)

人為の自然

上に述べたのは、主としていわゆる山水的自然観であったが、もとよりそれだけで中国人の自然観の全てを覆いうるわけではない。他に幾つか、私が気付いた特色のある自然観に触れておきたい。上に述べてきたことは、「人工対自然」という思考枠で捉えられた自然であったが、これから述べるのは、むしろ人工・人為の中に自然を見出すといった底（てい）の自然観である。

『漢書』溝洫志に次のような記述がある。

然れども河は乃ち大禹の道く所也。聖人　事を作すや、万世の為に功をなし、神明に通ず。恐らくは改更し難し。

これは、大工事によって黄河の河道を変改すべし、との上奏に対する時の天子の返答である。山川――この場合は黄河――は聖人の禹が整えたものだから軽々に改修すべきではない、というのである。宮﨑順子氏が指摘するように、ここには、自然は人間――この場合は聖人であるが――の手を経ることによって完全なものになる、という自然観が見られる。ちなみに宮﨑氏は、禹が導いたとされる山脈のいくつかは、のちの風水地理説の龍脈に影響を与えたと述べている(18)。

次は、先述した庭園である。中国における造園は、確実な文献資料によって裏付けうるものに限って言えば、秦の始皇帝が咸陽に築いた蘭池宮に始まると言われている(19)。しかし、当初は皇帝のための大規模な苑囿、いわゆる「皇家園林」であり、皇帝たちはそこで狩猟や遊興を楽しみ、また、みずからの神仙嗜好を満たしたのであった。個人が都市のただ中や郊外の別墅に造営するいわゆる「私家園林」は、魏晋南北朝時代、江南のみやこ建康を中心に貴族たちによって競うように造られ、彼らは居ながらにして自然を観賞したのである(20)。先述した、この時代における「自然の発見」と山水趣味、それに山水詩の隆盛と密接に繋がっているのは言うまでもない。

ここで述べたいのは中国の庭園史ではなく、その自然観である。中国の庭の基本的なコンセプトは、自然に似せて限りなく本物の自然に接近するところにあるが、興味深いのは、そこからさらに跳躍し、庭を通して本物の自然よりもっと本物らしい自然を現出せしめうると信じていることである。周維権氏は『中国古典園林史』（第二版）において、中国の「古典園林」の設計思想としてその筆頭に「自然に本づき自然より高し」という考えを掲げている。[21] 私はそこに、人工は自然より真の自然を表現しうる、という逆説的な自然観を見たいのである。

このような自然観を少しずらせると、自然に人為の手を加えてこそ真の自然になる、という思想になる。盆栽のルーツは中国であるが、その底を流れるのは、自然＋人為＝真自然、という自然観であろう。景観においても同様である。私見によれば、中国では名勝というものは美しい景色だけでは不十分であって、何代にもわたる詩人や文人の賞讃の言葉が必要なのである。李白や蘇東坡をはじめ、無数の文人墨客から讃歌を捧げられた杭州の西湖などは、中国における名勝形成のもっとも見事なサンプルである。[22]

中国の景勝地に行くと、山肌などにその場所を讃える詩文が大きな字で刻まれていて（題刻）、我々日本人には目障りに感じるが、中国人にとってはあれ（つまり人為）がないと物足りないのであろう。絵画の余白に直接讃辞を書き付ける「画讃」なども同質の考えに基づいているはずである。

西湖に戻るが、西湖は中国全土の湖のモデルになった。揚州の痩西湖は特に有名であるが、中国各地に「西湖」がある（王暐『西湖考』）。のみならず「西湖」は外国にも輸出された。ベトナムはハノイの西湖（ホー・タイ）は文字通りそのままだし、わが九州福岡の大濠公園もそうだし、上野の不忍池はかつて小西湖と呼ばれていた(23)。ここには、見立ての自然観というものが現れている。このような自然の見方は、風水においても顕著に見られる。

【図3】『元始無量度人上品妙経内義』南宋時代

見立ての自然観は、自然を別の自然に見立てるだけでなく、人間に見立てる場合も少なくない。特に道教では、大宇宙＝小宇宙（人体）観への傾斜が強いが、ここでは人体を自然に見立てる発想を指摘しておきたい。図3に掲げた「**体象陰陽升降図**」はそのうちの一つで南宋時代のものであるが、これは山水画ではなく人体画であって、水として描かれた気が人体の内部で周流する様子が表現されている[24]。これを道教の修行図としてではなく自然観の視点から見た場合、人体もまた一個の自然だとするメッセージが伝わってこないだろうか。

三　風水地理説の自然観

風水地理説のシステム

以上に概観した中国の自然観を踏まえながら、次に風水地理説を自然観という観点から考察してみたい。結論を先取りするようだが、前節で述べた中国の自然観、特に「人為の自然」観は風水説のそれと通底する部分がある。

村山智順（一八九一―一九六八）といえば、日本による朝鮮統治時代、朝鮮総督府の嘱託として調査を行ない、多数の民俗調査記録を残した人物であり、そのうちの業績の一つである浩瀚な『朝鮮の風水』（昭和六年初刊、昭和五十四年、国書刊行会復刻）は、本邦における風水研究の草分けであり、本邦では今なおこれを超える研究書は現れていないし、韓国でも近年、二種類も翻訳が刊行された。村山智順とはいかなる人であるか、長らく不明なままであったが、最近ようやくその経歴が解明され、その膨大な業績が再評価されつつある。[25]

その『朝鮮の風水』に、欧米の近代地理学とアジアの民間地理学（民間地理学というのは私の造語）というべき風水とを比較し、その拠って立つ基盤の相違を指摘した一節がある。なお、「地理」というのは先述の「自然」と同じ翻訳語であり、geography という学問が入って来た時、明治の先覚者が漢語の中から「地理」という語を選んでそれに当てがったのである。この語の初出は『易経』繫辞上伝、「仰いで以て天文を観、俯して以て地理を察す」であるが、翻訳者は、この語は中国では通常、風水を意味する（四字でいえば「風水地理」）ことを知っていたのかどうか、前々から気になっている。なお、「風水」は「地理」より後出の用語である。それはともかく、村山は近代地理学に伝統的な地理説を対置して、後者は「地を生的、動的に考へ、地と人生との関係を直接なものとして観察する」と述べたあと、風水説の立場を次のように代弁するのである。

地には万物を化生する生活力を有し、この活力の厚薄如何に依って人生に吉凶禍福を賦与するものであり、且つ地に存在する生気は直ちに人体に至大の影響を及ぼすものと謂ふのである。

ここには風水説の要諦が尽くされているが、これを私流にまとめれば次のようになる。

なお、上に言う「生活力」は「生気」（生エネルギー）と同義と考えられる。

①大地は生命体であり、②そうあらしめているのが大地中を流れる生気であって、③その生気は人間に作用を及ぼし（この作用を感応という）、④その作用如何によって吉凶が生まれる——。これが風水地理説の思想的大綱であるが、これを自然観という観点から捉え直すと、目に見える自然の奥に見えない自然があるという二重構造になっていて、可視の山河を手がかりに不可視の気を探すのが風水術ということになる。分かったようで分からぬ表現ながら、これをひとまず「気の自然観」と呼んでおこう。

風水説では、その見えない生気を見つけ出すために五つのアプローチ法が考案されている（趙九峯『地理五訣』ほか）。すなわち、

（1）龍法
（2）穴法
（3）砂法
（4）水法
（5）向法

私としては、この他にさらに（6）時法というものを付け加えたい。

以下、簡単に説明する。

（1）の龍法は、生気が流れる筋道（龍脈）を見つけ出す方法である。通常龍脈は山沿いに走るから（山脈）、山のある地では山を見、山のない平野では河を見る。

（2）の穴法は、龍脈上に生気が濃密に溜まっているポイント（龍穴）を探し出す方法である。そこに家を建て、墓を造り、さらにそのポイントを囲む一帯に村を造り都市を造営する。したがって穴法こそは風水の眼目であり、最難関のテクニックである。

（3）の砂法の「砂」とは、龍穴を囲む周囲の地形を指し——通常は丘陵——、これを四方位に振り分けてそれぞれ、青龍（東）、白虎（西）、朱雀（南）、玄武（北）のいわゆる四神の名で呼ぶ。龍穴の生気を囲い込んで外へ漏らさないのがその役割である。

（4）の水法の「水」は、「風水」の「水」であり、そのまま河や溝渠などの水路を指す。水は、生気を導き、また生気を遮って漏出を防ぐという背反する二重の役割を負わせられている。

（5）の向法の「向」は住居や墓の向き、つまり方位を意味する。すでに『易経』に表明されているように、方位はどこを向いても同じ均質な空間ではなく、空間の中心に立つ人間の生まれ年などの個人差に応じて吉と凶とに差異化される。私は沖縄中部の備瀬(びせ)という村で、てんで別々の方角を向いている十数基もの墓を見たことがある。

（6）の時法なるものは、要するに日の選択、日選びである。古人は日常の営為のほとんど全てに亘って日に吉凶を設定したが、特に「動土」（土木工事）、「破土」（墓の造営）、「安葬」（埋葬）などは慎重に吉日を選んで行なったから、これもまた風水のシステムに組み込むべきだと思うのである。

この六法を総覧すると、龍・穴・砂・水は地（の気）に関わり、向・時は天（の気）に関わっており、風水説は大地の気だけを問題にするシステムでないことが分かるのである。

その自然観

すでにその生命体的自然観（大地や山を龍や四神に見立てるのも同じ観念）については紹介したが、むろんそれだけで能事終わるわけではないので、次に大局的な地形把握について述べたい。これを自然観と称してよいのかどうか、少し躊躇(ためら)われるところもないではないが、さりとて「自然観」以外の見方も思い浮かばない。まず、朱子の言説を検討するが、すでに本書六五ページに引用ずみである。朱子の自然（科）学や自然哲学については、山田慶児氏や韓国の金永植氏らによって目覚ましい成果が挙げられているが[26]、どちらかというと天文学が中心で、朱子の「地の学」に関してはほとんど研究が進んでいない。この朱子の語からも明らかなように、朱子は風水に理解のあった数少ない知識人の一人であった[27]。それが結果的に、近世以後の風水の隆盛をもたらす一因にもなったのである。

朱子がそこで使っている地形把握モデルは明らかに風水地理説である。先述の風水システムで言えば、龍法（山脈）、穴法（冀州＝龍穴）、砂法（四神、案山）、水法（黄河）と、メインの四法が全て揃っている。しかし管見の及ぶ限り、朱子以前に、ほぼ中国全土というこれだけ大きな局面が風水地理説において論じられた例は寡聞にして知らない。つまり朱子は、通常、大きくとも都市レベルの風水説を中国全土というスケールに拡大させたのである。換言すれば、風水説が国土の全体把握を可能にした、と言いうるのではないだろうか。

似たケースに朝鮮の『大東輿地全図』がある（本書第三講、六三頁参照）。作者は朝鮮の伊能忠敬というべき金正浩（?―一八六四）である。この地図を含む彼の『大東輿地図』は実地調査によって作り上げられ、朝鮮王朝における最大・最高の科学的実測地図と評価されている(28)。しかしその一方で、風水地理説の影響も指摘されている。実際、この地図の詞書きには、『山経（風水の古典）』に言うとして、次のように述べられている。卓越した「科学性」と前近代的な地理説とが同居し得ているところが実に興味深い。

崑崙山に発源する三大幹龍の一つが医巫閭山（遼寧省にある山）となり、脈が断たれて遼東の平原となったあと、白頭山として隆起する。この白頭山こそ朝鮮の山脈の祖山であり……。

ここでも風水地理説――この場合は龍脈説――が朝鮮半島の全体把握を可能にしている。ここに描かれているのは、朝鮮半島の祖山である白頭山から発した脈が半島全域にわたって生命組織のように張り巡らされた、いわば山のネットワークである。

沖縄にも同じような事例がある。その主役は宰相・蔡温（一六八二―一七六一）である。福建省福州で儒学とともに風水を学んだ彼は、構造的な転換期の渦中にあった当時の琉球社会の改編のために次々と手を打っていったが、朱子学の他にその施策の有力な根拠になったのが風水であった。ここでは、数ある彼の文章の中から「三府龍脈碑記」の一節を引いてみる。

> わが国三府四十一県の岡巃と平原とは、分合し向背して虎伏龍蟠の勢いを成し、幹を同じくし枝を異にするの宜しきを得、龍脈綿綿として大いに天然の姿を顕わす。これ誠に万世洪福の国なり。……斯の文を碑石に鐫み、永く後人をして龍脈の邦家の景運に係り、万山一貫の理有ることを知らしむ。

このように琉球においても風水は、琉球という国土を一個の有機体的統一体――右の引用に言う「万山一貫の理」――として捉えるマクロな視点を蔡温と琉球の人々にもたらしたのであった。

次に、特有の擬人化について述べたい。擬人法はいわゆる山水的自然にも見られるが、風水説の擬人法には二つの側面がある。一つは、大地それ自体を身体と見る思考である。先述した一個の生命体と見る大地観は、人間の体から発想されたに違いない。先に、人体の中に自然を見る道教の修行図を紹介したが、こちらの方はその裏返しになる。

かなり大雑把な仮説であるが、私は大地と人間の体との間に、次のような対応関係が成り立つのではないかと考えている。

大宇宙＝大地（龍脈―龍穴）
風―気
水―血
小宇宙＝人体（経絡―経穴）

つまり、龍脈と経絡（人体中を流れる気のルート）とが対応し、龍穴と経穴（つぼ）とが対応する。そして、風と水は人体内の気と血とパラレルな関係にある。「風水」という呼称の意味については分からぬことが多いが、私は一応、大地の中を流れる気は本来目に見えないものなので、これを具象的な風と水に置き換えてイメージしようとしたのではないかと考えている。

風水説では、大地は擬似身体であるばかりか、一人の体を超えて複数の体の集合――家

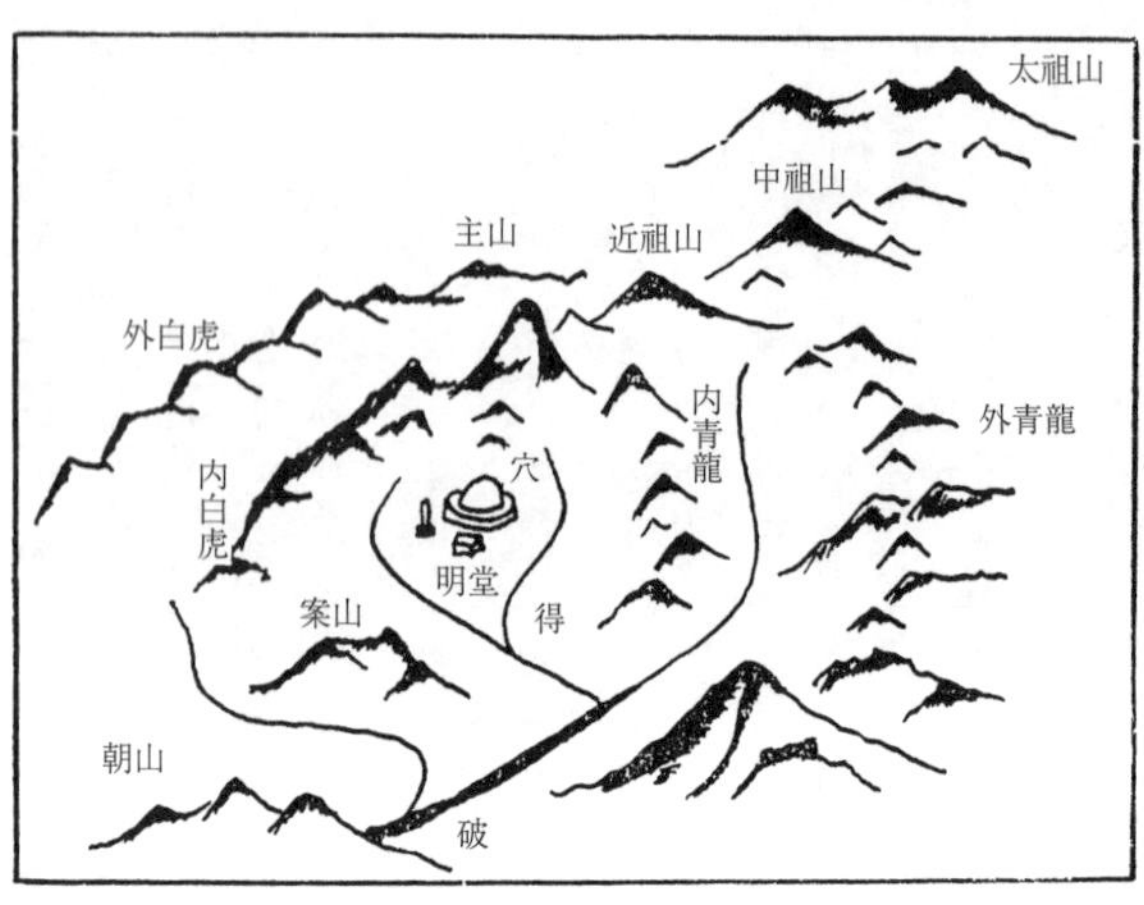

【図4】風水概念図（崔昌祚『韓国の風水思想』による）

族制（宗族制）——に見立てられることもある。図4と図5に掲げたように、龍脈の流れが、遠い祖先（太祖）から近い祖先（少祖）を経て父母に至り、父母から自分（龍穴）が生まれて育ってゆくプロセスとして捉えられている(29)。そこを貫いて流れているのは気にほかならないが、ここでは血脈として血の流れも意識されていたかもしれない。なお、中国医学では気がすべての根源であり、一口に「気血」と言うこともあるけれども、血は気が液化したものとされる。ともあれ、山脈という固定的な空間配置を、このように祖先から自分に至る時間の流れとして変換しているところにも、風水説のいわゆる生命体的大地観がうかがわれる。

図5をよく見てみよう。胎、息、孕、育という四つのポイントが記されている。右に述べたように、龍穴としての自己が懐胎され、ついで生育してゆく過程が表現されているわけであるが、『山法全書』という風水書に「この四つのポイントは葬法の緊関（キーポイント）」だと書かれている。そうするとここには、家族制の擬制の他に、死者の再生という願望も託されていると読めるのではなかろうか。風水のモデル図の中に、女性性器を思わせるものがあるのがその一証になる（本書第五講、二二六頁参照）。つまり、人はここに葬られ、そしてここからまた新たな生へと旅立つのである。

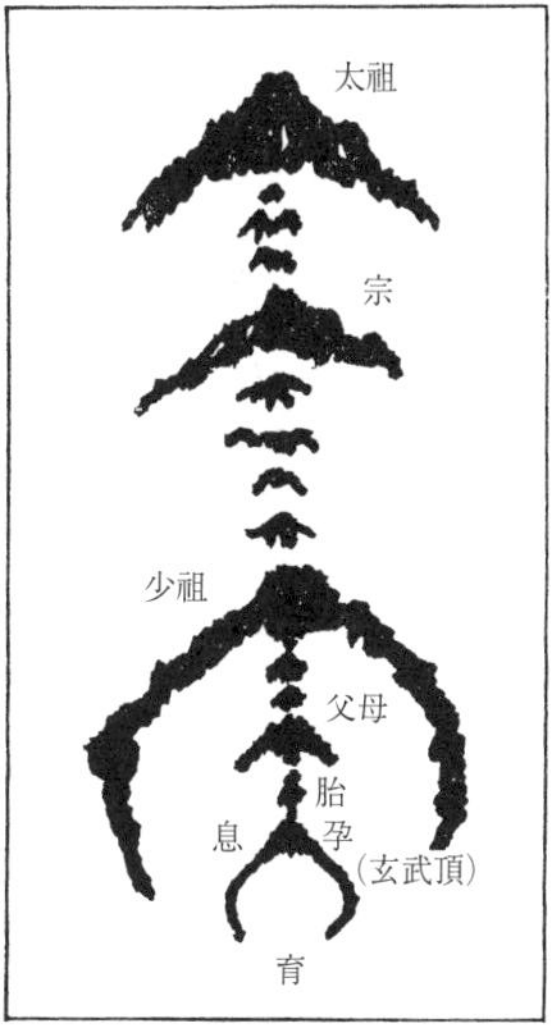

【図5】父母、胎、息、孕、育
（崔昌祚『韓国の風水思想』による）

風水にはもう一つの擬人法が見られる。右に述べたのが自然の人体化とするなら、これから述べるのは自然の人間化である。これは中国の詩文によく見られる修辞であり、小川環樹氏の有名な論文「自然は人間に好意をもつか——宋詩の擬人法——[30]」には次のような蘇東坡の詩句が引かれている。

東風は我が山行せんと欲するを知りて
吹断す　簷間の積雨の声を　（「新城道中」）

「私が山歩きに出ようとしているのを知っているのか、東風は連日降り続いた軒端の雨だれの音を吹き払ってしまった」という意であるが、この詩句では「東風」が擬人化されている。たとえば「花が咲く」の「咲」の字は本来は「笑」であったらしいが、小川氏は、このような擬人法という修辞の発達の背後に中国人の自然観の変化を読み取って、「古代から中世へかけての中国人の自然への恐れがしだいに薄らぎつつあった過程を反映するもののように考えられる」と述べておられる。

風水説における擬人法の典型は「有情」と「無情」という観念である。人間に対して好意をもっているように見える山と水は「有情」であり、そうでないのが「無情」である。風水では、この両者が良き風水と悪しき風水とを見分ける重要な基準になる。宋代の儒学者・蔡牧堂の著書とされる『発微論』に次のように言う「向」と「背」が、それぞれ「有情」と「無情」に当たる。

いったい、風水地理と人事とはかけ離れたものではない。人間の性格や感情（性情）は多様であるが、「向」「背」というあり方は目で見ることができる。私に向かって来る人は、必ず私の世話をしてくれ親しもうとする気持ちがある。私に背をむける人は、必ず私を嫌って振り向こうともしない態度をとる。……地理も同じことで、土地を観る人は、必ずその土地の情（きもち）の向と背とを観るものなのだ。……風水の要点は山水の向背に尽きる。

前章で述べた見立ては風水の重要な手法でもあり、風水用語で言えば「喝形（かっけい）」であるが、これもまたこの擬人法の一種と見ることができる。(31)「玉女弾琴形」とか山川を人間に見立てるわけであるが、「金鶏抱卵形」などのように見立てられるのは人間だけとは限らず、十二支やその他の動物が使われることも多いけれども、既知のものを媒介にして自然を捉える姿勢は限りなく擬人的である。

自然から環境へ

こうした風水説の「有情」の思想を「抱護」として受け止めたのが沖縄であった。「抱護」という語そのものは中国の風水書には滅多に出てこないものの、「抱」という語なら頻出する。しかし、風水の「有情」や「抱」を、自然が人間を抱き護ってくれる意の「抱護」として深化させ、今日風に言えば一つの環境論として展開させたのは沖縄だけである。ここでも蔡温がキーパーソンになっている。彼はその林業論を開陳した著書『山林真秘』

の中で、美材を生み出す環境的条件を考察し、周囲を隙間なく山に「抱護」された場所こそ樹木を育てる山気が満ち溢れている良好の土地だと述べている。これはまさに風水の四神砂の発想でもある。要するに蔡温は、「術」（占術）としての風水を「技」（技術）に転換したのであった。このように沖縄では、風水説は当初、一種の科学技術として導入されたのである。

蔡温によって提起された「抱護」の思想は、その後沖縄にしっかりと根を下ろしていった。やがて人々は、村や家の周囲に福木や松を植え、それらをそれぞれ「村抱護」「屋敷抱護」と呼ぶようになる。「浜抱護」というのは、海岸沿いに植えて強い塩風から村を護る樹木のことである。これらは大切に保護され、各村落の掟には必ずといってよいほど、これらの「抱護」に関する条文が盛り込まれている。

風水地理説は、このように沖縄においては、朝鮮半島におけるがごとく負の側面はそれほど顕在化せず、総じて軟着陸したと評価できよう。しかし、それは必ずしも風水説それ自体の中に良質の環境論が内蔵されていることを意味しない。

風水説が自然環境に対して、おおむね保護のスタンスを取るのは事実である。風水の悪しき所には樹木を植えたり、時には塔を建てたりして補修はしても（裨補(ひほ)という）、大規模な土木工事に対しては、龍脈が断たれるとして警戒的で、「妄りに（土地を）穿鑿(せんさく)すべからず」という表現は風水書に頻出する。本来それは土地改造ではなく選択の術であったからである。この上に先述した生命体的大地観を重ねると、風水説は良質な環境論として立ち現れてくるような印象を受ける。しかし、はたしてマイナス面はないのだろうか。

まず、これを山水的自然観に対置してみよう。風水説において美景を重要な風水評価の基準にしているのは事実である。しかし、風水宝地は美景であるが、美景は必ずしも風水宝地とは限らない。山水的自然観と決定的に異なるのは、自然を資源とする考え方である。資源といっても、山から木を切り出したり鉱物を採掘したりするわけではない。そこから奪ってくるのは良き気であるが、しかし観賞したり一体化したりする対象ではない。

また、例の擬人法は人間中心主義と言い換えることができるが、これを環境論としてみた場合、生態学も取り入れた今日的な環境保護論とはかなりずれてくる。つまり、そこには人間を自然の中の一員として相対化する視点はなく、人間本位のエゴイズムが臭ってくる。たとえば風水図（図6参照）は、鳥瞰図のスタイルを取って龍脈の流れを描いているが、決して鳥の視点から自然を眺めているわけではない。鳥や獣にとっては、龍脈などというものは何の意味も持たないはずである。

そしてその人間中心主義のエゴイズムは、さらに縮むと、一族や一家や個人のエゴイズムになってくる。都市や村落における空間意識は今は論ぜず、もっとも栄えた墓地風水や

【図６】唐家と趙家の祖先墓
（『地理人子須知』清刊本による）

陽宅風水について言えば、ある土地の風水がよいという場合、それはそこに住居を営む個人や一族にとってよいということにすぎない。しかも、その風水環境は個人やクランによって占有されていて、他者に対して開かれているわけではない。ここにはそもそも公空間としての「環境」という概念も成立しないのである。（ちなみに、「環境」という語は生物学のターム environment の訳語として大正時代、日本で造られた）[32]。墓地風水の栄えた朝鮮王朝時代、人々は争って幸運を生み出す墓地を求めたため、耕地を圧迫して大きな社会問題になったが、ここでは風水は環境破壊の元凶でさえあった。

「環境共生の思想」として風水説から知恵を汲み取るのは間違っていないと思うし、事実、風水説にはそのような要素も含まれている。しかし、結局のところ風水地理説は欲望の体系であって、同時にまた、その負の側面も見極めておく必要があると思うのである。

注

（1）たとえば、村田あが『風水　その環境共生の思想』、環境緑化新聞社、一九九六年、目崎茂和『図説　風水学——中国四千年の知恵をさぐる——』、東京書籍、一九九八年、など。なお、これは小論発表後に刊行されたものであるが、上田信『風水という名の環境学』（農山漁村文化協会、二〇〇七年）という魅力的な著作を補っておきたい。

（2）稲村三伯（一七五八—一八一一）『波留麻和解』、寛政八年（一七九六）。鷗外と巌本善治との論争は明治二十二年。以上は、柳父章『翻訳の思想——「自然」とNATURE——』、平凡社選書、一九七七年、同『翻訳語成立事情』、岩波新書、一九八二年第一刷、などによる。

（3）"Lao-tzu: The Way and Its Virtue", Keio University Press, 2001.

（4）小尾郊一『中国文学に現われた自然と自然観——中世文学を中心として——』、岩波書店、一九六九年第二刷。小論は本書に多くを負うている。

（5）一海知義『陶淵明』、岩波書店、中国詩人選集、一九六七年第九刷。

（6）小尾前掲書、四八頁にこの詩を引いて言う、「『人間』に対して『自然』というところをみると、この『自然』は、自然界、自然物のごとき意味を思わせるものがある」。

（7）福永光司氏は言う、「本来、〝道〟の在り方を説明する言葉であり、おのずから然るもの、事物の本来的な在り方を意味した老荘の『自然』も、この時代においては感覚的に具象化され、六朝人の『自然』とは、人間的な作為に汚されない外界の事物、とくに山水の自然を意味するのが一般的であった」（『芸術論集』、朝日新聞社、朝日文明選、一九七一年、一五一頁)。なお、「自然」という語の用法については、寺尾五郎『「自然」概念の形成史——中国・日本・ヨーロッパ——』、農山漁村文化協会、二〇〇二年、が参考になる。

(8) たとえば、画期的な中国思想辞典である『中国思想文化事典』、東京大学出版会、二〇〇一年、は、第I部「宇宙・人倫」の中に「自然」という大項目があるが、「道から万物の自然へ　仏教の用例　人欲自然」という見出しからも察せられるように、もっぱら哲学概念としての「自然」が扱われていて、自然界や山水は論じられないし、他の箇所でも山水自然は取り上げられていない。森三樹三郎氏は、中国思想史におけるこうした哲学概念としての「自然」を「無為自然」と「有為自然」とに大別したあと、仏教(自然法爾)や日本思想(宣長・芭蕉)をも包摂した広い地平においてその展開をトレースしておられる(講談社現代新書『「無」の思想』、一九六九年)。

(9) たとえば、青木正児「支那人の自然観」(全集第二巻、春秋社、一九七〇年)、小尾前掲書など。

(10) たとえば、小論でしばしば引用する小尾前掲書四七頁など。

(11) 同上、一四八、一五七頁参照。

(12) 『東方学報』京都第六一冊、林巳奈夫「中国古代の遺物に表はされた「気」の図像的表現」。

(13) 貴族たちによる山林での別墅経営は六朝時代に始まり唐代に継承されるが、書目に徴してみると、宋代には『山家清供』『山家清事』等の書が現れていて一般の士人にも普及していたことが読み取れ、明代になると、文人のライフスタイルとしてすっかり定着していったように思われる。
(14) 小尾前掲書、五〇三頁等参照。
(15) 大室幹雄『園林都市――中国中世の世界像――』、三省堂、一九八五年、四七八頁。
(16) 川崎寿彦『楽園と庭――イギリス市民社会の成立――』、中公新書、一九八四年、一九八頁参照。
(17) こういう考え方を拡大してゆけば、山水詩や遊山記も第二の自然と言いうるかもしれない。作者と読者は、詩文を媒介に自然を観賞するわけである。
(18) 前掲『中国思想文化事典』、「地理・風水」の項。
(19) 田中淡・外村中・福田美穂編『中国古代造園史資料集成』、中央公論美術出版、二〇〇三年、田中淡序。
(20) 「皇家園林」「私家園林」などの語は、周維権『中国古典園林史』(第二版)、清華大学出版社、一九九九年、による。
(21) 同右、一三頁。
(22) 拙稿「秋の西湖」(『中国文学歳時記　秋上』、同朋舎、一九八九年)参照。
(23) 金文京「西湖と不忍池」(『俳諧と漢文学』、汲古書院、一九九四年)参照。
(24) この図の図解については、拙著『不老不死という欲望――中国人の夢と実践――』、人文書院、二〇〇〇年、一一六頁を参照されたい。
(25) 朝倉敏夫「村山智順氏の謎」(国立民族学博物館『民博通信』、一九九七年)、日本ナショナルトラスト『自然と文化』六六、「特集　村山智順が見た朝鮮民俗」二〇〇一年、参照。

(26) 山田慶児『朱子の自然学』、岩波書店、一九七八年、Yun Sik Kim "The Natural Philosophy of CHU HSI", American Philosophical Society, 2000（華訳、金永植著、潘文国訳『朱熹的自然哲学』、華東師範大学出版社、二〇〇三年）。

(27) 拙稿「朱熹の墓」（『風水／中国人のトポス』、平凡社ライブラリー、一九九五年）参照。

(28) 全相運『韓国科学技術史』、高麗書林、一九七八年、三五三頁以下。

(29) 崔昌祚『韓国の風水思想』、人文書院、一九九七年、六五頁、による。

(30) 小川環樹『風と雲――中国文学論集――』、朝日新聞社、一九七二年、所収。

(31) 何曉昕『風水探源――中国風水の歴史と実際――』、人文書院、一九九五年、八四、八六、一一三頁参照。また、徐之鏌重編『地理天機会元』二九巻、「喝形取類」、前掲村山智順『朝鮮の風水』、第四章「風水と類形」等を見よ。

(32) 井上十吉『井上和英大辞典』、大正十二年版、「環境 environment：surroundings 環境の外的相違」。

（『早稲田大学二一世紀COEプログラム　アジア地域文化エンハンシング研究センター報告集Ⅲ（二〇〇四年度）』、二〇〇五年三月刊）

風水研究の新局面

一

当局の強力な迷信撲滅キャンペーンによって息の根を止められたはずの風水が、いま中国で息を吹き返しつつある。「中国」といっても、香港や台湾での話ではない。これらの地域では政治権力によって風水が弾圧されたことはなく、近年の隆盛は蘇生というより加熱というべきであろう。ここにいう「中国」とは大陸（タールー）にほかならない。

たとえば、こういう現象がある。『玉匣記（ぎょっこうき）』といえば、択日（たくじつ）（日選び）を中心に日用便利情報を登載した伝統的な通書の一種で、大陸を除く華人社会では今にいたるもなお広く重宝され続けている冊子であるが、それが大陸で最近復活の兆しが見られる。本書には「安葬日」（埋葬の吉日）という項目もあって、もともと風水と因縁浅くはないが、私が最近大陸で入手した新刊の『玉匣記』には、従来の通行本にはない実用的な風水術（陰宅風水）のノウハウが付録としてついていて一驚させられた。

また、最近の大陸では別墅（べっしょ）（別荘）や墓地の開発が盛んなのであるが、先日、河南省鄭州出身の中国人留学生が見せてくれた「鄭州晩報」一九九四年三月四日号の広告欄に、「嵩山（すうざん）公墓公告」と題された、次のような記事が掲載されていた。このような立地の捉え方は風水思想そのものである。

嵩山公墓は、中岳（嵩山のこと）の山ふところに抱かれた第一の形勝地・公善寺風致地区に位置している。頭は嵩山を枕とし、脚は潁水（えいすい）を踏み、東は臥龍崗に依り、西は虎丘峯に連なっている。三方を山に囲まれ倚（よ）るがごとく抱かれるがごとくであって、かかる場所では「気」は凝集して散じない。一方が水に臨み、銀河が伸びやかに流れているから、「気」は動いても止まることができる。当地は歴代、世人から天の恵みとして讃えられてきた「風水宝地」なのである。

こうした風水への関心の高まりは、老百姓（ラオバイシン）（人民）の実利レベルに止まるかというとそれほど単純でもなさそうで、一九九三年、交換研究員として北京を中心に約一年間、かの地に滞在された渡邊欣雄氏によれば、中国国家建設部主催の風水理論講習会なるものが大々的に開催され、氏も外国人講師として招聘されて、日本の風水研究の現状について講演した由である（沖縄タイムス、一九九三年九月二日号）。講習会の主旨としては、「西洋理論偏重からの脱却と、海外における研究同様に（海外で先を越されている風水研究に負けないように——三浦注）伝統理論の再興を促してい」て、参加費六百元（約一万二千円、むろん各地の公的機関もち）を納めた受講者の顔ぶれは、「市町村の建設委員会、設計士、不動産業者など、首長級レベルの役員だった」という（同右）。こういう消息を耳にすると、つい先頃まで風水が迷信視されていたことが嘘のように思えてくる。

最近、中国の「環境」問題がクローズ・アップされてきたようである。経済発展の陰画（ネガ）としての中国の環境劣化に警鐘を鳴らす本（V. Smil, China's Environmental Crisis）も現れはじめたし、当の中国でも「環境保護」を論じた専著があいついで刊行されている（『東方』一五二号所載、加納喜光氏の書評参照）。風水熱の高まりは、こうした問題意識とも連動しているはずである。風水は自然環境に対して、龍脈を断つことのタブーに窺われるように基本的には保護する側に立つ。大がかりな自然改造は風水に馴染まない。その有機体的な気の大地観ともあいまって、風水が環境破壊の防波堤とみなされるゆえんである。

気功（チーゴン）もまた、「環境」を媒介に風水に接近しつつある。最近草した駄文の一節を引用することを許されたい。

> 近年、気功の側から風水が見直され始めたのも、風水のもつこうした考え方（大地と人体とのアナロジー観）に触発されてのことである。気功とは簡単にいえば気の功（トレーニング）

であるが、その際、トレーニングの対象としての気は自己の内なる気（内気）と外なる気とに分けられる。前者は場所を選ばないとしても、後者の場合、悪い気場で練功すれば逆に体に害毒をもたらしかねない。これを個人対気場の問題にとどめておかず、社会的レベルにまで拡大していった時、気場は「環境」として立ち現われてくる。今、わが国の気功は、気功オタクの段階から環境気功にまで世界を広げつつある。こうした日本の気功界の新しい動きと連繫しつつ、一九九三年六月、中国は四川省成都において『気功と環境』なる雑誌が創刊されたのは、一九七〇年代の後半から始まった気功ブームの中でも特筆すべき出来事である。本誌には、気功や環境の観点からみた風水の論文も掲載されている。

（『気の中国文化』創元社、二〇八頁）

このような風水熱は、当然出版にも反映される。一九九〇年代に入って、風水関係文献が陸続と刊行されつつある。気功書ブーム、易書ブームのあとは、風水書ブームのおもむきだ。当初は当局も神経を尖らせていたようで、ある実用的な風水書はゲラの段階で抑えられたし（一九九〇年、ひょんな縁で私はそのゲラを読ませられた）、アングラ的な出版物も多く、出版されてもどことなく肩身の狭い売られ方をしていた。高友謙氏の『中国風水』（一九九二年、中国華僑出版公司）なる本は北京では見かけず、私は一九九二年九月、河北省承徳の露店で巡り会った。高友謙氏は国家建設部の研究員で、前述の講習会でも講演した人物である。なお、ついでに言っておくと、何曉昕氏の本書は、北京崇文門近くの新華書店の書架に堂々と並べられていた。同じく一九九二年のことである。

なぜ近年大陸（タールー）において風水がよみがえりつつあるのか。現代中国のウォッチャーでもない筆者にはこれは難問であるが、自分なりの見方を参考までに述べておこう。現象論的な見方で気が引けるが、伝統文化の見直しという潮流が絡（から）んでいるように思う。最近、大陸の各地を旅行して気づくことは、日本でいえば「地方起こし」にあたるのだろうか、旧時代の街並みの復元が意欲的に行なわれている事実である。北京の琉璃廠（リュウリチャン）もいつの間にか面目を一新していたし、天津の古文化街（元・明・清時代の建物の復元）、開封の宋御街（宋代の街並みの再現、本書一〇五頁）などを歩くと、タイム・スリップの幻覚を味わうことができる。開封ではさらに、宋代の「清明上河図」の一部をそのまま再現する計画が進行中とも聞いた。伝統文化の再評価といっても、このような大事業には当然、観光開発による経済効果というソロバン勘定も潜んでいるはずである。

いずれにせよ、伝統文化への回帰は、社会主義の転落とその箍（たが）の緩みと無関係ではなかろう。万能のはずであった社会主義の神話に代わるものとして、伝統文化が登場してきたのではないだろうか。由来、この国の転換期に復古主義がせり出してくることは、歴史の教えるところである。

しかし、それにしても、よりによってなぜ風水なのか。先述した「環境」からの線も一因ではあろう。また、日本・韓国など東アジア世界における風水熱の波及ということも考えられる(韓国の風水ブームについては、最近、人文書院から出た野崎充彦氏のドキュメンタリー『韓国の風水師たち』を参照)。潘谷西氏は本書に寄せた序文の中で、「風水熱の高まりは外から内に伝わる反応が起こした作用」かもしれないと述べている。かつて欧米人によって再発見された「ジャポニズム」が箔をつけられて里帰りしたようなものだろうか。また、この国の人々の方術好きということも与っていよう。「社会主義」が引き受けていた未来への夢を、伝統的な占術によって代替させようとしているのかもしれない。この国ではいま、「神秘主義」という語に特別な付加価値がついている。

二

さて、そのような風水復活の流れの中から躍り出てきた本書は、数ある他の風水書に比して特異な輝きを放っている。本書は、風水の啓蒙的な概説書でもないし、また、風水術の実用的なノウハウを説いたものでもない。著者は、本来の風水と、種々の「迷信的巫術」によって捏ね上げられた風水とを峻別し、前者の形姿を根源にさかのぼって正しく把握し（原題「風水探源」の由来）、現代に生かそうと試みている。彼女によれば、本来の風水とは、人間と自然（環境）との調和――古い中国哲学の用語を使えば「天人合一」――を目ざす経験の集積であり、それに「科学」という語を冠することに対して彼女はためらわない。

自序に言うように、本書は建築学科の修士論文がもとになっている。したがって陽宅風水が主に扱われ、墓地風水に関しては必要最少限度の記述に止まっている。しかしその陽宅風水は、家屋・村落・都市、さらに宗教建築まで視野に収められており、研究の蓄積の少ないこの領域に多大の貢献を果たしている。のみならず、その研究方法も独自であって、各地の族譜のたぐいを丹念に収集して風水的分析を加えた第二部は、本書の圧巻といってよい。デスク・ワーク（文献調査）とフィールド・ワークとの調和がとれているのも、本書の魅力の源泉である。調査地域が東南部（江西・安徽・福建・江蘇・浙江）に集中して北ないし西方に及んでいないのは、元来風水は東南中国で栄えたからである。妥当な選択と言わねばならない。

本書はこのように、かなりレベルの高い研究書なので、読者の理解を助けるために部ごとのおおよそのポイントを提示しておきたい。

全体として三部構成になっている。第一部では風水の歴史が語られ、第二部では中国東南部の伝統建築が風水の観点から分析され、第三部では風水の現代的意義が具体的に考察される。

第一部「風水の歴史」においては、古代の仰韶遺跡から清朝に至る風水の展開が巨視的に辿られる。著者は、その仰韶時代にすでに良好な居住環境の選択や方位観念、それに陽宅と陰宅との区別意識が働いていたとし、仰韶の集落を風水の源流に位置づけている。まことに、「風水は生活と農業生産における需要から芽吹いた」のであった（二三頁。頁数は『風水探源』、人文書院、一九九五年のもの。以下同）。

その後の展開は一〇七頁に要約されているとおりである。すなわち、風水はその後「卜宅」によって巫術的衣裳を纏わされたが、「相宅」が風水に科学的要素を盛り込んだ。以後風水は荒唐無稽な俗説と野合しつつも、中国の社会や文化の発展と密接に連動しながら歴史を貫流していった。

陰陽五行説に対する著者の評価もこの第一部で表明されている。彼女は、陰陽五行説が風水による吉凶の占断にあやしげな理論を提供したことは批判しながらも、漢時代以降、風水が素朴な実用の段階から跳躍して、宇宙の全体構造をシステマティックに捉える理論を確立するうえで不可欠の要素であったことは認めている。おそらく彼女は、本音としてはこれを非科学的な観念論として断罪したいのであろうが、もはや風水の骨格となってしまったこのものを排斥することは風水の否定にもなりかねないので、注意深くこれを「伝統文化」の範疇に包み込んでそのジレンマを解こうとするのであろう。

風水が宗法（長子相続を旨とする家族制度）や儒教的礼制と連繋しながら展開してきたという指摘も重要である。環境との調和という対自然観と同時に、対社会的な視点も著者は備えているのである。

羅盤（風水師の使う方位盤）についても、本書は現時点における研究の水準を提示してくれている。著者は、王振鐸やニーダムの研究を踏まえながら、漢時代に起源をもつ六壬盤と司南（方位指示器）とが結合され、風水師によって晩唐の頃に発明されたこと、風水用の羅盤がのちに航海に応用されたこと（その逆ではない）、明清時代には風水師の必需品となるほど普及していたこと、偏角も風水師によって気づかれていてそれが羅盤に反映されていること――等々を明らかにしている。羅盤に対する著者の総合的評価は、次の語に集約されている。「羅盤の意義は、単に哲理を含んだ経験の総括というところにあるだけでなく、モデルやシステムを造り上げた、その論理的な思考にもある」（一〇六～一〇七頁）。

ニーダムはかつて式盤（円形の天盤と方形の地盤から成る宇宙モデル盤）に触れて次のような懸念を表明したことがあるが、当の大陸にそのたしかな応答が現れたというべきであろう。

現代の科学者は、自分たちがそこから出てきた場所である擬科学という穴の中へ、時として歴史的な研究さえをも軽蔑の念をもって捨て去ってしまうのだが、学者たちはいまだ、その軽蔑の念によって影響されている。

（『中国の科学と文明』第七巻、物理学、思索社邦訳版、三二四頁）

なお、余談ながら本書の余得を一つ紹介しておきたい。本年（一九九四）三月、わが藤原京で珍しい木簡が出土したと報道された（三月五日付各紙朝刊）。その木簡には「年卅五　遊年在乾　絶命在離……」と書かれていて、これを「八卦占いのルーツ」とする新聞もあったが（読売新聞）、この木簡の墨書は本書（九八頁）に引く図21『八宅周書』乾卦の図ときれいに一致する。該書は家相の本で、これを下敷きにして、かの木簡を読み直すと、あれは易占としての「八卦占いのルーツ」などではなく、「家相のルーツ」になってくる。もっとも、『八宅周書』は清代の本で、この遊年法という占法がどこまで溯りうるかは（隋の『五行大義』にも見えることは見えているが）、本邦に風水がいかなる形で伝来したか、というテーマとも絡んで今後の研究課題ではある。

第一部は、現時点での研究の蓄積を著者なりに咀嚼して書いたもので、形法派―理気派という風水流派の枠組みをはじめ、従来の風水史の捉え方を踏襲しているところが少なくないが（それにしても、著者の文献操作能力は並のものではない）、著者の独自性と力量とが遺憾なく発揮されているのは第二部である。ここで彼女は、先述したように族譜・家譜・地方誌を丹念に検討し、豊富な地勢図を引用しながら、陽宅の造営にいかに風水が強力に作用したかを生彩ある筆致で解明している。風水を愚かしい迷信と考えている人は、そうした単純な見方の修正を根底的に迫られるはずである。

著者がここで行なっている多様なアプローチは本文に就いて見られたいが、印象的な捉え方をいくつか任意に紹介しておこう。

風水空間をモデル化して表象するのはわが国でも若干試みられているが（たとえば樋口忠彦『景観の構造』技報堂出版刊を参照）、中国では著者以外に先例のあることを私は寡聞にして知らない（一一三頁）。「弁土法」について、これを「地基の許容力を科学的に考察すること」（一五二頁）と述べたり、石敢当や鎮山海（魔除けの石）を地景論・空間論の観点から捉え直す記述は、若い研究者らしく斬新であり、大陸の学問にも新しい風が吹いてきたことを実感させられる。

ふつう「龍脈」というと山沿いに走る生気のルートというふうに解釈されていて、それは決して間違った理解ではないのであるが、著者は「山地では脈を見、平地では水を見る」と述べる「宅譜指額」を引いて、中国東南の平野部では水が龍脈とみなされていると重要な指摘を行なっている（一一九頁）。

山や地形を動物や事物に見立てて、本来無機的なはずの自然を身近に引き寄せる方法は、特に朝鮮の風水に顕著であるが、本書は、中国においてもこれを「喝形（かつけい）」と呼んで村落レベルで愛用されたことを明らかにしている。

宗教建築に与えた風水の影響というのは、重要なわりに従来等閑視されてきたテーマの一つであるが、著者はこの問題に対しても着実な考察を行なっている。著者は、道教を風水の源流とする、中国の学界の一部で有力らしい見方を排して、両者は本来別個のシステムだと、まことに説得的な結論を下している（二〇七頁。仏教と風水については二一二頁以下を見よ）。しかしながら、歴史的事実としては「両者は姉妹のような関係で並行して発展し、互いに浸透しあった」（二〇七頁）のであって、著者は、道教と仏教建築の中に「浸透」した風水の実態を、豊富な事例を挙げながら具体的に論じてゆく。

この第二部における著者の独壇場は、なんといっても「水口」の記述である（左頁図参照）。「水口は現代建築の給排水に似ているが、その働きと象徴的な意義は給排水理論のよく及ぶところではない」（一四五頁）とする著者は、これを「村が内包する魂」（同）とまで讃揚する。著者は、風水の最良の遺産として、水口をさまざまな角度から再評価につとめており、これほど情熱的で詳細な水口論に私はお目にかかったことがない。

考川陽基水口——徽州『仁里明経胡氏宗譜』より模写

風水讃歌という奇抜な趣向で結ばれた第二部を受けて、第三部では改めて風水が定義し直され、肯定的な評価が与えられる。

まず第一章では、風水が自然に対する人間の生存・安全・心理上の基本的欲求という母胎から生み出されたものであること、また一方で、それが中国人の原初的な信仰形態（祖先崇拝、アニミズム）と強い親和力をもっていたこと等が述べられている。陰陽・五行・八卦説が中国人の「集合的無意識」に変成しただけでなく、それらを取り込んだうえ「幾多の定まったモデルを生み出し」た風水もまた、「一種の集合的無意識」

となった、という指摘もおもしろい。「集合的無意識」であるゆえに、現代においても突如復活するのであろう。

第二章では、風水に対する著者の基本的なスタンスが確認される。すなわち、風水は「中国古代の哲学的・科学的・美学的な智恵を凝縮したもの」であり、「天・地・人に対する、大智大勇の真の叡知を秘めて」いたが、巫術的要素が混入したり、「道」（哲学）に対する「器」（技術）として一段低い扱いをされたために、まっとうな知識人から蔑視を受けてきたにすぎないのだ、と。

第三章では、風水のもつ「自然回帰」（古い用語で言えば「天人合一」）の思想や技術等が、現代建築に貢献しうる可能性を示唆して全篇が結ばれる。

本書が中国でどのように評価されているか、私は詳しくは消息を把握していない。ただ、いくつかの風水研究書では無視しえない業績として言及されているようである。たとえば、妙摩・慧度氏の『中国風水術』（一九九三年、中国文聯出版公司）では、「何曉昕、王玉徳（『神秘の風水』の著者）らの実地調査を行なった大師」という表現で取り上げられている。

また、先にも触れた李遠国主編『気功と環境』の創刊号（一九九三年六月刊）に李慶という人の書評が掲載されている。これは書評というより内容紹介というべきものだが、最後に「疏漏の処」として、㈠陰宅風水の記述が不備、㈡風水のペテン的側面に対する追求が足りない、という二点を挙げている。本書は陽宅風水を主とすると、著者自身が断っており、それを「不備」と決めつけても批評にならない。もっとも、著者は墓地風水をどのように評価するのか、私自身も何暁昕さんに尋ねてみたい気持はある。第二点も批判になっていない。「風水のペテン的側面」を充分認識したうえで、そこから真正の風水を救い出そうというのが著者の立場なのだから。私自身、全体として第三部がやや「疏漏」という印象を持った。第二部で力が尽きたのであろうか。なお、本書の初版は一九九〇年六月に刊行されたが、早くも翌年の七月には第三版が出た。その第三版までの総発行部数は、なんと二一万部である。

三

本書との出会いは・沖縄で渡邊欣雄さんから教示されたのが最初である。そうこうしているうちに、ありがたいことに渡邊さんから一冊現物が拙宅に郵送されてきた。ざっと読んでみると、陽宅風水が図像入りで具体的に論じられており、従来のどの本にもない視点があって新鮮でおもしろい。本邦では建築家の間で風水再評価の気運があることだし、風水ブームといっても、「学」「術」ともにまだ入門の段階に止まっている本邦の読書界に紹介するのも有意義ではないか、と考えて、人文書院の谷誠二さんに打診したところ、快諾を得た。一九九二年四月のことだったと記憶する。

このように企画は順調にスタートしたものの、私もそれなりに多忙だったので、大学院を終えて間もない宮崎順子君に協力を依頼したら、意欲的な応答が返ってきた。「協力」などと偉そうなことを言ったが、本書の訳はすべて宮崎君の辛苦の産物である。何曉昕女史の原文は必ずしも読み易い中国語ではないが、宮崎君の下訳はよく熟(こな)れた日本語になっていて、この翻訳を通して腕を上げてきた彼女が頼もしく思えた。彼女のこの仕事への打ち込みようは尋常ではなく、一九九二年の夏、未知の著者に会うために女ひとり武漢に旅したいきさつについては、本人の「あとがき」を参照されたい。また、実は今日（八月二十日）、彼女は安徽省休寧へ旅立って行った。羅盤の実態を「考察(カオチャー)」するためである。休寧は名勝黄山の南麓に位置し、羅盤製造の一大中心地として知られている。江西や浙江に近接するこの一帯は、近年研究が活発になってきた徽州文書（宋から民国に至る徽州商人の生活記録）の原郷でもあり、今後の研究の進展によっては、おびただしいその資料の中から風水文書が発掘される可能性もある。むろん、何女史もこのあたりには足を踏み入れている。宮崎君の旅の収穫の一端は本書にも披露されるはずである。

著者は若さに似合わず博引傍証の人である。引用は漢籍に止まらず洋書にも及んでいる。我々は当然のことながら、一つ一つ引用文献にあたって確認する作業を怠らなかったが、著者が独自に収集した家譜のたぐいは言うに及ばず、豊富に引用する風水書の大部分はついに本邦で探し当てられなかった。風水という術数に関わる書物は、わが国の大学や伝統のある漢籍所蔵機関では熱心に収集してこなかったからである。

心残りの第二点は、我々の理解力の問題である。本邦の風水研究は特に都市・村落の風水に関して蓄積が少ない、などと言うと責任転嫁もよいところであるが、著者の意図を正確に受け留められずに一応の訳をつけておいた個所もなくはない。今後、我々も研鑽を積み、修正しうるところは修正してより完全な翻訳に近づけてゆきたい。読者諸賢の御教示を乞う。

なお、本文中の〔 〕は原注、（ ）は、出典の表示以外は我々の訳注である。また、本書の図版は著者が直接トレースしたものが大半を占めているが、なかには出処を明記しないで他書から引用しているものも含まれている。我々はそれらのソースを調べて、一部のものについては確認しえたが、全体には及んでおらず、結局原著どおり出典を明示しないまま刊行に踏み切らざるを得なかった。著作権という概念がかの国ではまだ成熟していないので致し方ない。事後承諾ながらこの場を借りて、原図作成者各位に当翻訳版への転載の御許可を乞う次第である。
編集の谷さんには、中国側との翻訳権の交渉でも御苦労をかけたし、若い編集者である北山裕美子さんにも種々お世話になった。末筆ながらお礼を申し上げる。

一九九四年八月二十日

（何曉昕著、三浦國雄監訳、宮﨑順子訳『風水探源――中国風水の歴史と実際』、人文書院、一九九五年一月刊）

「賢い母親」と「愚かな娘」

ひと頃の「風水ブーム」は去り、当今「風水」は一個の占術として人々の暮らしの中にそれなりの居場所を確保しているように見える。その「ブーム」と時期的に重なって、このものが一個の研究対象として見直されはじめた事情は一般には余り知られていない。研究対象としての「風水」の歴史を振り返ると、今を去る一五〇年ほどの昔にこのものの真相を解明しようとしたヨーロッパ人が居たことはもっと知られていない。そういうわけで、読者が誤解しないように本書はハウツウ本ではないことを初めに断っておきたい。とはいっても、カタイだけの面白味のない本ではなく、伝道師として中国生活の長かった作者の血が通っていることも言っておかねばならない。

さて、本書にはすでに訳者中野美代子氏による周到な解説が付されている。のみならずなんという親切さか、本文だけでなくその解説にまで丁寧な注が施されている。それなのにここでまた筆者が解説をするというのは、当文庫の体例とはいえ、文字通り屋上に屋を架す愚を犯すことになりかねない。原著については全面的に中野氏の解説に譲り、ここでは「中野美代子」という当世希代の知性を語るべしというわが内心の呟き（つぶやき）が聞こえぬでもない。しかしながらここはそういう場ではない。主役はあくまでアイテル『風水』であるからだ。そうすると、本書と「中野美代子」とが接する界面を歩むという選択肢が現れてくる。単行本刊行時の本書の副題「欲望のランドスケープ」（文庫版では「中国哲学のランドスケープ」に改題）はそもそも原書にはなく、ここにすでにその一端が露呈しているように「風水」というこの特異な地理学は「中野ワールド」を構成するかなり重要なファクターなのである。

そういうわけでここでは、中野氏が解説中で述べている本書を訳出した三つの意義（または本書の価値、評価）を基軸に論を進めて読者の理解を助けたいと思う。

氏はまず第一点として、本書の意義は「欧米のみならず日本を含めての近代的な風水研究の嚆矢（こうし）といえる」ところにあるとする。筆者もその一人であるのだが、一九八〇年代以前に「風水」なるものをシノロジー、または地理学、民俗学、さらには人類学などの研究対象として学ぼうとする場合、牧尾良海氏によって翻訳紹介されたオランダの宗教人類学者デ・ホロートのものがほとんど唯一の入門書であった（本書訳者解説一八一頁およびその注6参照）。恥ずかしながら筆者も、本書の訳が出るまで、デ・ホロートに二十年も先行するこのアイテルの書物のことはまったく知らなかった。

右に、希有な入門書としてデ・ホロートの翻訳書を挙げたけれども、日本人の手になる記念碑的な風水研究として、村山智順『朝鮮の風水』（一九三一年初刊、一九七九年国書刊行会復刻）を落とすわけにはゆかない。本書は中野氏の解説中でも言及されている（注9）。村山は朝鮮総督府の嘱託として朝鮮の民俗・習慣・信仰・暮らしを実地に調査し、厖大な報告書を残した。その主著が本書なのであるが、彼は「生気」を根拠とする風水の有機体的大地観を近代地理学に対置し、理論と実践の両面から「風水の邦」（中上健次の語）としての朝鮮半島における風水の実態を余すところなく記述している（総八五七頁）。韓国で本書の二種類の韓訳が出ていることを付け加えておこう。

少し横道に逸れたので、急いでアイテルに戻らねばならない。中野氏は本書を「近代的な風水研究の嚆矢」と評価しているわけであるが、ただ斎藤斉氏の「風水研究に関する主要文献目録　和文・欧文編（刊年順）」（三田史学会『史学』五九―四、一九九〇年）などを見ると、欧米ではアイテル以前に風水研究を行なった複数の学人がおり、必ずしもアイテルが風水研究を始めたわけではないようである。筆者は洋学に暗いのでアイテル以前の先行研究をトレースできないが、厳密な意味で「嚆矢」かどうかは別にして、本書が今日的な評価に耐えうる先駆的な研究書であることは動かない。

そのことより、ここで特記しておきたいのは中野氏の「風水」に対する関心の早さである。本邦の風水研究（および世間の風水熱）が盛り上がりを見せたのは、社会人類学の渡邊欣雄（よしお）氏が一九八九年に「全国風水研究者会議」なるものを立ち上げられて以降のことだと考えられる。このことは中野氏も訳者解説中で言及しておられる（一八四頁）。一方、中野氏がアイテルの本書に出会ったのはそれよりもはるかに早い（同一八九頁）。その後、風水に対する最初の言及が『中国の妖怪』（岩波新書、一九八三年）において六頁にわたってなされている（同一九四頁注9）。ここにはすでに、氏の風水に対する特異な関心のありかが示されている。筆者は「中野美代子」という希有な存在の基本的なあり方は「ヴォワイアン」（視る人）だと勝手に考えているが、絵画（中国の場合は山水画）や庭園を偏愛する中野氏にとって風水は何よりもまず、「無限にあり得べき風景の諸相」を「規範的に決めてしまう」よき手段であった（引用は前掲『中国の妖怪』一六七頁）。ここでの「規範」とは、簡単に云えば地形を「四神」（青龍、白虎、朱雀、玄武という四方位の守護神）に見立てる風水の基礎理論を指している。

次いで本格的な風水論は一九八七年、「長江をめぐる空間意識——風水文化試論」（福武書店刊『長江文明と日本』所収、のちに一九九一年、「長江をめぐるひょうたんシンボリズム」と改題して朝日新聞社刊『ひょうたん漫遊録』に再録）として発表される。これは壺または葫蘆（ころ）

（ヒョウタン）をモデルに、四川盆地、陶淵明が描いた桃源境、そして中国・朝鮮の首都選定（特に南京のケース）、さらには山水画を取り上げてそれらの同質性を風水に求めたもので、「風水から見て理想の地形は、必然的に桃源郷のトポグラフィと合致する」（同書二〇八頁）というのが結論になっている。ここでの主役は「龍穴」（風水でいう生気が集中するスポット）であり、「風水でいうところの龍穴または穴とは、山中他界としての桃源境のミニアチュアにすぎないのである」（同書二〇五頁）と云われる場合の「ミニアチュア」とは、もとより壺または葫蘆を指している。四川省成都で数年暮らしたことのある筆者は、あの広大な四川盆地を二つの出入口（剣閣と長江）を持つ壺または葫蘆に見立てる奇抜な発想には度肝を抜かれる。

そして第三弾というべきものが『龍の住むランドスケープ――中国人の空間デザイン』（一九九一年、福武書店）所収の数篇である。タイトルがすでに風水的なのであるが、本書の全体が風水を論じたものではない。紙数が限られているのでここでは風水を扱う七篇のすべてを紹介できず、以下の篇名から想像していただくほかはない。「香港上海銀行ビル」、「四神のいる風景」、「龍のいる地理学」、「風水都市」、「王維の別荘――風水と山水画（一）」、「地平線のない風景――風水と山水画（二）」、「風水とエロス」――。少しだけ補足しておけば、「香港……」は、イギリスの建築家によって設計された該銀行（一九八六年完成、四七階建て）が設計の段階で香港の風水師のアドバイスを受けていたという現代の風水事情を扱っている（訳者解説一八三頁にも言及あり）。建築と風水ということで筆者は想起するのであるが、畏友の綺想の建築家・毛綱毅曠（一九四一―二〇〇一）が釧路市立博物館と釧路市湿原展望資料館を風水の山局図（地形イメージ図）にヒントを得て設計し、日本建築学会賞を受賞したのもほぼ同じ頃（一九八五年）のことであった。最後の「風水とエロス」に関しては以下の核心的箇所を引用しておく。「風水思想の出現とその通俗化によって、この「母性」シンボリズム（三浦注／亀甲墓が母胎のような形状をしていること。本訳書四二～四三頁掲載のアロームの画にも垣間見える）は、シンボリズムの殻を脱ぎすて、ついに「母性」そのものというリアリズムに至ってしまったのである。風水は、かくして、エロスである。そして、風景もまた、エロティックにデザインされた」（同書二二二頁）。最後の「風景もまた……」は、前引村山の『朝鮮の風水』に掲載されている女性生殖器を思わせる山局図を指している（同書一七頁）。この図は有名なもので、しばしば諸書で引用されるのであるが、村山はその出処を明記していない。「エロス」もまた中野氏の重要なテーマであるが、ここでは『仙界とポルノグラフィー』（青土社、一九八九年）、『肉麻図譜――中国春画論序説』（作品社、二〇〇一年）の二書を挙げておくに留めたい。

以上、少し中野ワールドの方に傾斜しすぎたかもしれない。筆者が言いたかったのは、中野氏はいわゆる「風水ブーム」が発生するよりもっと早くから風水に着目されていたという事実である。氏は本書を翻訳した時点ではすでに風水を自家薬籠中のものにされており、そういう人物のお眼鏡にかなったのが本書なのであった。中野氏は本訳書の注釈などで、風水研究の先達として渡邊欣雄氏とともに筆者の名前を挙げて下さっているが、筆者が風水関係のごく短い文章を最初に発表したのが一九八四年のことで（「墓・大地・風水」、平凡社『月刊百科』二六〇号）、決して中野氏の先達などではない。

では、当のアイテルの本書はどういう特徴を備えているのか、中野氏はどういうところに魅力を感じられたのか。次に、本書訳出の二番目の意義についてコメントしてみよう。このことは、風水はどのように自然に向き合っているのかと問う、アイテルの問題意識と関わっている。アイテルは本書中、何度も「風水とは何か」という問いを発しつつ考察を進めてゆくのであるが、「自然」と「自然科学」と「迷信」という三者の緊張関係のどこに「風水」を位置づけるべきか、という問題意識が彼の脳裏から離れない。結論的には、「中国では、自然科学は、ついぞ育たなかった」（一八頁）、「迷信やら無知やら哲学やらの奇妙な寄せ集めもの」（一二二頁）、「せいぜい割増しして中国の自然学と呼んではいるのだが、科学的見地からすれば、子供じみた八卦図との非現実的な戯れによって美化された、自然についての粗っぽい憶測の寄せ集めにすぎない」(一二四頁)などと述べ、あまつさえ終章においてまたしても「風水とはいったい何なのか」と半ば自問気味に同じ問いを立て、以下のように念を押すのである。「それは中国人の精神が自然科学の体系を求めてやみくもに手さぐりしたこと、というに尽きるであろう。その手さぐりは、自然を実際的に観察しようとはしなかった。……」(一三三頁)。

筆者などは、このように同じ問いを何度も立て、その都度同じような答えを提出せざるを得なかったアイテルというこの一九世紀人に親しみを感じる。アイテルの心理としては、風水から自然科学的要素を見出し、敬愛する中国人とその文明を讃美したかったのであろう。その終章の同じ文脈においてアイテルは、「風水とは、賢い母親の愚かな娘」と書くのであるが、この言表を「けっして中国人にたいする侮蔑を含んではいない」とする中野氏のコメントは筆者も全く同感である(一八八頁)。ただ、筆者としては上引の「(風水師は)自然を実際に観察しようとはしなかった」という彼の見解には若干抵抗を感じる。大筋としてはそうなのだが、たとえば中国の古い族譜を見ると、決まって一族の父祖たちの墓地のあり場所が風水的な地形図として巻頭に掲げられている。あれらは風水的「規範」(中野氏の用語)という色眼鏡によってデフォルメされているとはいえ、実際の地形に限りなく近いと思う。

アイテルは、風水は「迷信」という結論を導き出さざるを得なかったけれども、上に挙げた枠組みによって風水に対峙しようとした彼のスタンスは極めて真摯で、極めてまっとうだったと思う。風水なるものは「巨大なキマイラ」（渡邊・三浦編『風水論集』凱風社、二三頁）というほかはない一種のカオスなので、アプローチの仕方が問われる。現代の風水研究は、むしろ「迷信」を前提とした上で、だからどうなんだ、という方向へ展開しているが、この一九世紀のヨーロッパ人にとっては「科学」なるものが未知のカオスを切開してゆく最も信憑すべき方法であった。

アイテルはまず、天と地から説き起こす。中国では古代以来、天と地は合わせ鏡のようになっていて、天には大地が、大地には天が投影されているとする思考が存在したが、風水というある種卑俗な土地判断の術にも宇宙の法則が活用されていることを彼が見抜いたのは慧眼であった。その法則（中野流にいえば宇宙を把握する際の「規範」）というのは、太極、陰陽、五行、八卦などという中国哲学の根幹を構成するカテゴリーであり、前引のようにアイテルが「賢い母親」と述べる当のものである。中野氏は多少の揶揄を込めてこれを「スコラ的論理」などと呼んでいる（二八八頁）。アイテルが風水の基礎理論としてまずこうした中国固有の形而上学から始めたのは正解であった。彼はさらに、中国的天文学の諸概念とそうした形而上学の諸カテゴリーとがさほど大きくはない円盤上に秩序だって刻まれている「羅盤」を丁寧に解説する。「羅盤」は風水師必携のアイテムであり、抜け目のない彼らはこの商売道具を権威づけて「羅経」と呼び慣わしていた。中野氏はこうした「賢い母親」を分析するアイテルの風水論に対する「おどろき」を読者に促すのであるが、これが中野氏の言う本書の第三の意義になる。筆者としては、アイテルが続く第四章において「気」を論じ、第六章において風水の歴史まで取り上げている目配りも大いに評価してやりたい。

いわゆる「ウエスターン・インパクト」（西学東漸）とは逆に、ヨーロッパには中国哲学受容の長くて重厚な歴史があるにせよ——このテーマに関しては先年物故された堀池信夫氏（一九四七～二〇一九）の記念碑的巨著『中国哲学とヨーロッパの哲学者』明治書院刊を参照されよ——一九世紀欧州において風水という一見あやしげな体系についてこれほど完備した研究がなされていたことに驚かされる。本書にはもとより時代的な制約や限界があるものの、風水の真面目をコンパクトにまとめた、よき入門書としての価値はなおまだ色あせていない。原書にはない中野氏秘蔵の数葉の銅版画が挿入されているのも眼の愉しみになる。先に少し触れたアロームは「アイテムとほぼ同時代に中国を旅した」イギリス人画家で（中野『天竺までは何マイル？』所収「トマス・アロームの中国風景画」、青土社、二〇〇〇年）、特に湖北省の道教の聖地・武当山を描いた画（一一六～一一七頁）は、生ある物のように隆起する山容が描かれており、アイテルの本書と深層で共振している。

（エルネスト・アイテル著、中野美代子・中島健訳『風水――中国哲学のランドスケープ』ちくま学芸文庫、二〇二一年三月刊）

文庫版あとがき

本書の元版は文春新書であるが（書名は同じ。二〇〇六年刊）、あれは何時のことだったか、文春から絶版の通告が来て書店の棚から消えることになった。文春さんとしては辛抱して重版の機会を待って下さっていたと思うのだが、売行きがはかばかしくなかったので決断されたのであろう。生き馬の目を抜くような新書界ではやむを得ない仕儀ではある。

このたび、幸運にも法藏館の編集者の目に留まり再生の機会を与えていただいて、十数年ぶりにあらためて本書を通読したのであるが、あ、これでは読者の食指が動かないのも道理だと、自分なりに納得するところがあった。文春の編集者の配慮で、「本書を熱心に読んでも幸せにはなれません――著者」と、逆説的な惹句を帯に記していただいたが、当時（おそらくは今も）「風水」というと、幸せになるためのノウハウが満載されていないと食い付きが悪く、その「逆接」を面白がって下さる読者はごく少数なのであろう。

しかし、捨てる神あれば拾う神あり、本書は幸運にも法藏館の今西智久さんによって日の目を見ることになった。そのお話をいただいた時、私は本書の「前科」も告げ、取っ付きの悪いカタイ本ですがと念を押したところ、今西さんは、弊社の文庫はむしろ学術書が狙いです、と言って下さった。それを聞いて安堵したものの、我に返って今西さんの言葉を反芻してみると、今度は逆に、本書は「学術書」の名に値するのかと気になりだし、後日送っていただいた法蔵館文庫の既刊書ラインナップ――高名な碩学の研究書も少なくない――を見るにつけ、その思いは一層募っていった。

わが国のアカデミズムは――私の知見の範囲はせいぜい中国学であるが――伝統的に「古典」を尊んで「俗」臭を嫌い、時流に乗った通俗的なものの「研究」は忌避されてきた。そういう学人たちの眼から見れば、「風水」などというものは俗学もいいところであろう。私が何故このようなものに関心を抱いたのか、今となっては思い出せないが、風水について最初に紹介文を書いたのは一九八四年のことであった（平凡社『月刊百科』「墓・大地・風水」）。その後、朝鮮や琉球の思想・文化に関心を広げてゆくにつれ、「俗」なるものの中に潜む「真」というか、風水なるものの存在感はいよいよ無視できなくなっていった。そういうわけで今の私は、謹厳な学人たちにはあまり引け目を感じなくなっており、むしろ自分はどれだけ正当に風水を把握し紹介し得ているか、それだけが気掛かりになっている。

つまるところ本書は、広汎な読者に向かって提出した私の最もまとまった風水論になる。ここで私が選んだ方法は、明代に出版されたあと、標準的な風水テキストとして流通した『地理人子須知』なる書物をまるごと紹介するというものであった（ベトナムの風水書、珠鼎『安南風水』にも本書四四頁で紹介した「瑣言」が引かれている）。こういう方法を選んだのは、このような風水論はこれまで試みられることがなかったことも預かっている。環境論といった現代的観点から評価するのも一法であるが、「実事求是」というか、原典に虚心に耳を傾けるという方法もあってもいいのではと考えたからである。ただ、テキストをまるごと紹介すると言っても、本書の「天星法」は扱えなかった。これは本書中でも断っておいたことではあるが（二二三頁）、「天星法」は風水師必須のアイテムである羅盤と関わっており、その体系と使用法の説明は私の手に余るからである。

なお、テキスト研究ということで言っておけば、私は以前、科学研究費の支給を受けて、術数学（易占、択日、風水、観相など）に関心を持つ同好の士とテキスト研究を行ない、『術数書の基礎的文献学的研究』というタイトルの報告書を三冊（正、続、三）刊行している。該書で風水書を担当したのが宮﨑順子（よりこ）氏で、その全三篇において彼女が解題を付した風水書は二十八篇の多きにのぼっている。ここまで書いてきて、テキスト研究だなんて、何だ、結局はシノロジーの王道である「古典」学への回帰ではないかと、自分で微苦笑している。

文庫本化に際し、今西さんと相談の上、付篇として三篇を新増した。「アジアの自然観と風水地理説」は、あるシンポジュウムでの招聘講演録である。その「前言の前言」で断っておいたように、地域的には中国が中心ではあるものの、朝鮮半島や沖縄地域も視野に収めているので大きく「アジア」とした。また、ここでは専らその「アジア」の「自然観」に直参するわけではなく、「風水地理説」というフィルターを通したその検討であり（後半部分）、逆に「自然観」という視点から見た「風水地理説」論になっている。中国やアジア地域において「自然」（ここで言うそれは具体的な天地山河）がどのように捉えられてきたか、従来は文学作品や絵画を通して考察されることが多かったから、本稿はそれなりの意味があるかもしれない。本稿はまた、現代的な環境論の文脈で論じられることが少なくない風水説に対する私なりの考えの提起でもある。

「風水研究の新局面」は、ある中国人研究者の手になる風水論の解説である。ひと頃、中国では夥しい風水書が刊行されたが、その中には研究書の名に値するものも含まれていた。本書もそのうちの一冊で、中国の伝統思想と西欧文化に対するその知見の広さから、我々は相当のベテラン研究者だと思い込んでいた。ところが予想に反し、著者何曉昕氏は三十前の文字通り少壮の女性研究者で、このことは、訳者の宮﨑順子氏が翻訳中に中国の武漢に赴いて著者と会面しなければ分からなかったであろう。本書のテーマは、いわゆる陽宅風水（都市、村落、家屋）の歴史とその現代的な可能性の追求であるが、これは建築学科出身という著者の来歴と関わっている（執筆当時の勤務先は武漢工業大学建築系）。この文庫版は、依拠したテキストのフルタイトルに含まれる「資孝」の語が示しているように（四三頁参照）、大部分は陰宅風水（墓地）に紙数が費やされているので、本書の補足にもなるはずである。なお、この翻訳版『風水探源』は書誌情報を欠いているので、遅ればせながらこの場を借りて補塡しておきたい。本書は、古建築文化叢書（潘谷西、郭湖生主編）中の一冊として、一九九〇年、東南大学出版社から刊行されたものである。

最後の「『賢い母親』と『愚かな娘』」は、ちくま学芸文庫版、アイテル原著『風水』に求められて寄せた解題である。当初はたいへん名誉なことと引き受けたものの、本書の元版である青土社版の段階から、訳者の手になる充実した訳注と中野美代子氏による周到な「訳者解説」が付され（この「解説」自体にも詳細な注が付せられ、筆者未見の何曉昕著『風水史――風水・民俗・郷土文化』まで引かれている！）、これでは自分の出る幕がないではないかと、戸惑ったことを覚えている。そしてこの度の、この「あとがき」という名の自作に対する解題である。いささか唐突ながら筆者としてはただ、「中野美代子という希代の学人と同じ時代の空気を吸い得た僥倖に感謝！」とだけ述べて、屋上に屋を架す愚を回避したい。

二〇二三年六月

三浦國雄　謹識

三浦國雄（みうら・くにお）

1941年、大阪市生まれ。大阪市立大学文学部中国学科卒業。京都大学大学院博士後期課程中退。京都大学助手、東北大学助教授、大阪市立大学教授、大東文化大学教授、四川大学教授を歴任。現在、大阪市立大学名誉教授。文学博士。専攻は中国思想史、東アジア比較文化論。著書に、『人類の知的遺産19　朱子』（講談社。のち『朱子伝』平凡社ライブラリー）、『中国の人と思想7　王安石――濁流に立つ』（集英社）、『中国人のトポス――洞窟・風水・壺中天』（平凡社選書。のち『風水　中国人のトポス』平凡社ライブラリー）、『気の中国文化――気功・養生・風水・易』（創元社）、『朱子と気と身体』（平凡社）、『不老不死という欲望――中国人の夢と実践』（人文書院）、『風水・暦・陰陽師――中国文化の辺縁としての沖縄』（榕樹書林）。訳注書に、『中国文明選3　朱子集』（吉川幸次郎と共著、朝日新聞社。のち『「朱子語類」抄』講談社学術文庫）、車柱環著『朝鮮の道教』（共訳、人文書院）、『鑑賞中国の古典 第1巻　易経』（角川書店。のち『中国の古典　易経』角川ソフィア文庫）、姜生著『道教と科学技術』『漢帝国の遺産――道教の勃興』（ともに東方書店）などがある。

風水講義（ふうすいこうぎ）

二〇二三年一一月一五日　初版第一刷発行

著　者　三浦國雄
発行者　西村明高
発行所　株式会社法藏館
京都市下京区正面通烏丸東入
郵便番号　六〇〇-八一五三
電話　〇七五-三四三-〇〇三〇（編集）
　　　〇七五-三四三-五六五六（営業）

装幀者　熊谷博人
印刷・製本　中村印刷株式会社

ISBN 978-4-8318-2656-5　C0110